Lebensumstände

Eine ermutigende
Lebensbetrachtung

von Britta Kanacher

Erstveröffentlichung: 2019

Alle Rechte vorbehalten
Covergestaltung: BoD
Fotorechte by Britta Kanacher

© 2019 Kanacher, Britta
Herstellung und Verlag: BoD – Books on Demand,
Norderstedt
ISBN: 9783750404502

Nicht was wir erleben,
sondern wie wir es empfinden,
macht unser Schicksal aus.
(Marie von Ebner-Eschenbach)

Meinen Kindern
und meiner Mutter

Inhalt

Die Freiheit, sich gut zu fühlen

Noch vor kurzem hätte ich die folgenden Sätze so nicht denken oder gar aussprechen können. Es hätte sich irgendwie falsch angefühlt. Heute fühlt es sich richtig an und deshalb kann ich aus tiefstem Herzen sagen: Mein Leben ist großartig. Mein Leben ist erfüllt von Chancen und Möglichkeiten, mich gut zu fühlen! Ich kann diese Fülle in meinem Leben endlich sehen und genießen. Ich nutze sie jeden Tag und fühle mich gut!

Für dieses Lebensgefühl musste ich gar nicht viel tun. Ich musste nur meine Augen öffnen und mein Leben anders sehen. Mein Leben ist lebens- und liebenswert – ganz ohne „Wenn und Aber" und „Hätte ich doch nur"!

Allzu lange habe ich immer wieder gedacht: „Das Leben könnte so schön sein, wenn ..." Ja, wenn nur dieses gewesen oder jenes eben nicht gewesen wäre. So vieles schien zu fehlen, während anderes da war, obwohl es nicht da sein sollte. Ich haderte fast täglich mit meinen Lebensumständen.

Inzwischen ist mir klar: Dieses Hadern war mein größtes Problem. Schon in meiner Kindheit hörte ich immer wieder den Spruch: „Wenn das Wörtchen *wenn* nicht wär', wär' mein Vater Millionär." Dieser Spruch tauchte immer dann auf, wenn irgendetwas wegen zu wenig Geld nicht machbar war und das Leben deshalb weniger lebenswert und weniger wertvoll erschien. So wurde ich schon als Kind auf mein „Wenn und Aber"-Denken eingeschworen. Später steigerte sich dies noch in ein chronisches, meinen Selbstwert zerstörendes „Hätte ich doch nur"-Denken.

Dieses Denken sowie eine Vielzahl anderer Denkmuster konnte ich mittlerweile ablegen. Ich konnte dies, weil ich meine Freiheit entdeckt habe. Meine Freiheit, die besagt: „Ich darf, sollte und kann mein Leben auch ganz anders sehen, denken und empfinden!" Diese Freiheit hat mir die Augen geöffnet für alles, was ich lange Zeit verzerrt oder gar falsch gesehen habe. Sie hat mir aber auch die Augen geöffnet für alles, was ich übersehen habe: das Gute, Schöne, Lebens- und Liebenswerte.

Mittlerweile kommt es mir seltsam vor, wie lange und wie weitreichend meine verzerrte und falsche Sicht der Dinge wirkte. Wegen ihr habe ich meinen Selbstwert von negativen Grundhaltungen, äußeren Lebensumständen und der Bewertung anderer abhängig gemacht. Geradezu blind für alles Positive, blickte ich ausschließlich auf das, was nicht stimmte oder fehlte.

Ich hatte diesen Blick, weil andere mich aufforderten, meine Welt genau so zu sehen. Zwar sagte mir nur ganz selten jemand direkt, was er oder sie von mir und meinem Leben hielt. Doch von außen wurde mir immer wieder (mal mehr, mal weniger offenkundig) deutlich gemacht, dass ich doch eigentlich ganz anders und vor allem besser leben sollte, könnte, ja müsste. Dies habe ich dann irgendwann selbst geglaubt. Deshalb habe ich alles getan, um irgendwie besser zu leben. Aber ich habe es nicht geschafft. Meine einzig logische Schlussfolgerung war: „Du schaffst es nicht, besser zu leben. Du versagst an diesem Ziel!" Bald fühlte ich mich durch und durch als Versagerin!

Dieses Gefühl wurde auch davon genährt, dass es allen anderen so viel besser zu gehen schien. Zudem begleitete mich die ständige Wahrnehmung, nicht genug Geld zu haben. Ich dachte immer öfter über meine finanzielle Situation nach. Fragen drängten sich auf wie: „Warum hast nur du so wenig Geld?", „Warum schaffst du nicht, was alle anderen schaffen?", „Warum kannst du es nicht zu etwas bringen?", „Warum bist du so erfolglos?".

Stellte ich mir diese Fragen, suchte ich nicht wirklich nach objektiven Antworten. Denn irgendwo hinten in meinem Kopf hatte ich ja Antworten. Diese lauteten: „Irgendwas an dir muss falsch sein!" oder „Etwas kann mit dir nicht stimmen!" oder „Du bist nicht gut genug!" Ein Teufelskreis war in Gang, bei dem sich mein Blick zwanghaft immer weiter verengte. Ich konnte nur noch auf meine finanzielle Situation und meinen vermeintlichen Mangel blicken. Alles andere geriet aus meinem Blickfeld.

Obwohl mich mein verengter Blick fast täglich begleitete, war ich mir dessen lange Zeit leider nicht bewusst. Ich spürte zwar eine diffuse Frustration über mein vermeintliches Versagen, ich spürte auch latente Hilflosigkeit, Selbstzweifel, Traurigkeit, Mutlosigkeit, Selbstvorwürfe, Verbitterung und Hoffnungs- bzw. Perspektivlosigkeit bis hin zu Verzweiflung. Richtig bewusst wurden mir diese Gefühle aber nicht. Sie flackerten allenfalls kurzfristig auf, um von mir rasch wieder verdrängt zu werden.

Doch irgendwann waren meine belastenden Gefühle stärker als meine Kraft, sie zu verdrängen. Mir wurde klar: So frustriert und depressiv bin ich kein Gewinn für meine Familie, mein Umfeld, die Gesellschaft und auch nicht für mich selbst. Folglich wollte ich mich von meinen destruktiven Gedanken und Gefühlen befreien. Doch wie sollte mir dies gelingen?

Während ich darüber nachdachte, fiel mir auf, dass offenbar alle Menschen, die es in unserer Gesellschaft „zu nichts bringen", in einen Topf geworfen werden. Es heißt, sie sind entweder nicht schlau genug, oder sie strengen sich nicht genug an. Wenn sie nicht als zu faul oder zu dumm bewertet werden können, wird ihnen unterstellt, dass sie an ihrer Lage selbst schuld sind. Hintergrund dieser Bewertungen sind Auffassungen wie: „Jeder kann alles erreichen!", „Wer sich nur genug anstrengt, der erreicht auch was im Leben". Daher: „Wer es zu nichts bringt, ist selbst schuld!"

Nach meinen Beobachtungen sind solche Denkansätze in unserer Gesellschaft sehr verbreitet. Deshalb bezeichne ich sie als Grunddenken. Dabei ist dieses Grunddenken gar nicht immer auf andere bezogen. Nie habe ich Menschen, die nicht viel erreicht hatten oder gar arm waren, negativ bewertet oder verurteilt. Mich selbst habe ich aber sehr wohl verurteilt. Verurteilt zu einem frustrierten „Versagerdasein". Irgendwo im Hinterstübchen meines Gehirns waren die Leitsätze: „Jeder kann alles erreichen!", „Wer sich nur genug anstrengt, der erreicht auch was im Leben" und „Wer es nicht zu etwas bringt, ist selbst schuld!" versteckt. Und von dort wirkten sie auf mich und mein Leben. Auf meine eigene Person bezogen, hatten diese Aussagen volle Gültigkeit.

Nachdem ich diese Leitsätze in meinem Denken entdeckt hatte, wollte ich vor allem zwei Dinge: Diese Sätze und das mit ihnen verbundene Denken und Fühlen irgendwie loswerden – und herausfinden, ob noch weiteres Grunddenken in mir verborgen ist.

Mit diesem Wunsch begann ich meine Lebensumstände zu analysieren. Dabei bin ich noch auf einige andere Leitsätze gestoßen, die mich beeinflussten. Diese konnte ich aus meiner Gedanken- und Gefühlswelt entfernen oder durch andere, positiv wirkende Überzeugungen ersetzen. Hierdurch konnte ich so manches wieder ins Lot rücken, anderes konnte ich gänzlich neu sehen.

Es entwickelte sich allmählich ein objektiver Blick auf mein Leben. Dieser führte zu vielen kleinen Aha-Erlebnissen, die meine Selbstbewertung Stück für Stück veränderten. Befreit von negativen Grundgedanken konnte ich mein Lebensgefühl von äußeren Lebensumständen unabhängig machen. Meine Abhängigkeit von der Meinung anderer konnte ich ebenfalls ablegen.

Dies alles stärkte mein Selbstwertgefühl. Mit diesem erstarkten Selbstwertgefühl kann ich heute meine Lebensumstände mit innerer Gelassenheit und ruhigem Gewissen wahrnehmen, ohne Wenn-und-Aber-Denken und deshalb auch befreit von Angst, Hilflosigkeit, Verzweiflung, Schuld oder Scham.

Ich bin wieder aktiv, interessiert und motiviert und kann endlich sagen: „Ja, ich habe ein erfolgreiches Leben hinter mir. Ich lebe ein erfolgreiches Leben und werde ganz sicher auch in Zukunft ein erfolgreiches Leben leben und erleben."

Diese Sätze zu denken und aus tiefstem Herzen zu empfinden, stellt für mich einen wesentlichen Erfolg in meinem Leben dar. Damit verbunden ist ein starkes Freiheitsempfinden. *Ich bin frei, mich gut zu fühlen.* Ich fühle mich frei, zu sagen: „Ich bin ich. Ich bin gut. Ich bin wertvoll. Ich bin es mir wert, ein gutes und wertvolles Leben zu führen, ganz egal, was andere meinen oder sagen."

Frei nach dem Motto: „Auch aus Steinen, die einem in den Weg gelegt werden, kann man etwas Schönes bauen." (Johann Wolfgang von Goethe), habe ich mir meinen neuen Lebensweg gepflastert.

Weil sich mein neues Lebensgefühl so richtig anfühlt, habe ich mich entschlossen, meine Erkenntnisse aufzuschreiben. Ich verbinde damit die Hoffnung, anderen Menschen Mut zu machen.

Ich finde, kein Mensch sollte seine eigene Wertschätzung, seinen eigenen Selbstwert, seine eigene Würde verlieren. Kein Mensch sollte sein Leben mit überflüssigen und oft auch destruktiven Gedanken und Gefühlen belasten. Jeder, dessen Leben auf diese Weise belastet ist, sollte die Chance haben, wieder mit Lebensfreude zu leben.

Ohne Wenn und Aber ...

... den Schuldrucksack ablegen

Ich bin unendlich glücklich, heute frei von Schuld leben zu können. Es fühlt sich gut an, ohne Schuldgefühle und Schuldzuweisungen zu leben. Schuld ist ein schrecklich zermürbendes Gefühl.

Dabei habe ich lange gebraucht, um auf Schuld als einen zentralen Grund meiner Unzufriedenheit zu kommen. Andere Gefühle schienen vorrangiger zu sein. Deshalb konzentrierte ich mich zuerst auf meine chronische Angst, nie ein besseres Leben führen zu können. Neben dieser existierte noch die Angst, alles, was ich hatte, auch noch zu verlieren. Hierdurch lebte ich, mal mehr mal weniger konkret, in ständiger Existenzangst.

Heute weiß ich, dass dies so war, weil auf der Angst der große Schatten der Schuld lag. Irgendwo ganz tief in meinem Hinterkopf wirkte ja der Satz: „Wer nichts erreicht, ist selbst schuld!" Dieser führte dazu, dass ich glaubte, ich hätte mich nicht genug angestrengt – erste Schuld. Wer sich nicht genug anstrengt, versagt – zweite Schuld. Mit diesem Versagen hatte ich mir noch eine weitere Schuld aufgeladen. Ich glaubte, weil ich versagt hatte, sei ich an allem in meinem Leben selbst schuld – dritte Schuld. Ein Teufelskreis der Schuld, der von der potenziellen Schuld: „Wer alles verliert, ist erst recht selbst schuld!" zusätzlich angetrieben wurde.

Doch meine Schuld zeigte sich mir nicht offen. Sie trug lange Zeit eine Tarnkappe. Sie verbarg sich hinter meinem Versagensgefühl, hinter Selbstzweifeln, Enttäuschungen, Scham, Angst und vielen anderen Gefühlen mehr. Meine Schuld trieb ihr Unwesen im Verborgenen.

Hierin lag das größte Problem. Schuld erscheint als ein sehr schwerwiegender Begriff. Deshalb wird in der Öffentlichkeit nur selten offen über Schuld gesprochen. Ich konnte überhaupt nicht konkret sagen, worin meine

Schuld letztlich bestand. Ich überlegte, wie ich mich diesem Thema nähern konnte.

Als Erstes gilt es, zwischen strafrechtlicher und moralischer Schuld zu unterscheiden. Strafrechtliche Schuld ist an Recht und Gesetz gebunden und kann entsprechend verfolgt werden. Moralische Schuld kann und wird nicht strafrechtlich verfolgt. Dafür erscheint sie viel zu abstrakt, zu diffus. Deshalb kam ich auch lange nicht darauf, hinter meinen Unzufriedenheitsgefühlen moralische Schuld als das eigentliche Problem wahrzunehmen. Ich musste einen Weg finden, mir diese Schuld irgendwie verständlich zu machen.

Ich fand folgendes Bild: Weil für mich moralische Schuld nichts wirklich Greifbares ist, verstehe ich sie eher als Virus. Ich denke, dieser Schuldvirus befällt manche und manche nicht. Hat dieser Virus einen Menschen befallen, frisst er sich tief in die Gefühlswelt eines Menschen hinein. Dabei befällt er nicht nur ein isoliertes Gefühl. Ekel oder Angst vor einer Spinne sind solche isolierten, spezifischen Gefühle, die eindeutig einem Auslöser zugeordnet werden können: Ist keine Spinne da, wird das Gefühl von Ekel oder Angst auch nicht empfunden.

Bei moralischer Schuld verhält es sich anders. Sie ist meist nicht eindeutig an einer Sache, einem Umstand oder einem Auslöser fest zu machen. Manchmal sind solche Schuldgefühle sogar gegeben, wenn keine konkrete Ursache auszumachen ist. Daher lässt sich dieser Schuldvirusbefall auch so schwer diagnostizieren. Er lässt sich aber an einer Vielzahl diffuser Symptome erkennen.

Fragen wie: „Tue ich das Richtige?", „Bin ich gut genug?", „Kann ich genau das, was gerade gefragt ist?", „Nutzt mir das, was ich gerade mache?", „Habe ich den richtigen Partner?", „Habe ich den passenden Job?", tarnen sich als einfache und geradezu alltägliche Fragen. Nach meiner Einschätzung können sie aber Ausdruck eines möglichen Schuldvirusbefalls sein. Ich denke, in diesen Fragen spiegeln sich Ängste vor falschen

Entscheidungen. Damit verbunden sind Ängste vor möglicherweise fatalen Folgen. Hinter diesen Ängsten verbirgt sich das diffuse Gefühl, sich mit einer falschen Entscheidung schuldig zu machen. Schuldig daran, nicht mehr das Bestmögliche erreichen zu können. Schuldig daran, nicht das bestmöglichste Leben leben zu können.

Liegt ein Schuldvirusbefall vor, nagt der Virus immer an mehreren Gefühlen gleichzeitig. Dabei hat er eine besondere Vorliebe für alle positiven und motivierenden Gefühle. Der Verdacht, alles im Leben selbst verschuldet zu haben, zerfrisst jegliches Selbstvertrauen, Selbstbewusstsein, Selbstwert, Zuversicht, Lebensfreude und Begeisterung. Übrig bleiben Selbstzweifel und Scham. Verbunden mit den Gefühlen von Hilflosigkeit, Verzweiflung, Hoffnungslosigkeit und Angst ergibt sich ein zerstörerisches Gefühlschaos. Die Gefühlswelt gerät aus der Balance. Unzufriedenheit wird geschürt. Diese Unzufriedenheit breitet sich aber so schleichend aus, dass die Entdeckung eines Schuldvirusbefalls enorm schwierig ist.

Irgendwann hatte ich den Verdacht, dass hinter meinem Gefühlschaos noch etwas anderes versteckt sein musste. Der Satz: „Wer nichts erreicht, ist selbst schuld!" richtete meinen Fokus glücklicherweise auf das Thema Schuld. Durch ihn entlarvte ich mein Gefühlschaos als Tarnkappe meiner verborgenen Schuldgefühle. Doch wie sollte ich mich von diesen befreien?

Die Antwort ergab sich letztlich wie von selbst. Ich fragte mich: Woran habe ich Schuld? An welchen Stellen meines Lebens habe ich mich schuldig gemacht? Was habe ich bewusst und damit willentlich falsch gemacht? Diese Fragen in aller Deutlichkeit zu stellen, hatte bei mir eine recht heilsame Wirkung. Ich kam ziemlich schnell darauf, dass ich gar nicht so viel falsch gemacht hatte – zumindest nicht wissentlich und willentlich!

Deshalb keimte eine andere Frage auf: Wenn ich nicht schuld war, wer war es dann? Konnte es nicht sein, dass vor allem andere Schuld hatten? Die Versuchung, eigene – vermeintliche oder auch tatsächliche – Schuld anderen Personen zuzuschieben, lag so nahe, dass ich dies natürlich auch erst einmal gemacht habe. Aber ich musste erstaunt feststellen: anderen die Schuld zu geben, bescherte mir weder ein besseres Selbstwertgefühl noch mehr Lebensfreude. Im Gegenteil, meine belastenden Gedanken und Gefühle nahmen eher noch zu. Das erschien mir paradox.

Geholfen hat mir schließlich wieder eine bildhafte Vorstellung. Ich stellte mir die moralische Schuld als Rucksack vor. Zuerst steckten alle Gefühle, die mich wegen meiner vermeintlichen Schuld und dem damit verbundenen Versagen belasteten, in diesem Rucksack. Er war deshalb unglaublich schwer.

Als ich auf den Gedanken kam, die Schuld bei anderen zu suchen, änderte sich eigentlich gar nichts. Ich hatte den Schuldrucksack immer noch auf dem Rücken. Er war jetzt zwar nicht mehr gefüllt mit Vorwürfen, Ärger, Wut, Schuld und Scham mir selbst gegenüber, aber er blieb gefüllt mit diesen Gefühlen. Zusätzlich kamen noch Gefühle von Enttäuschung und Verletzung hinzu. All diese Gefühle bezogen sich zwar nicht mehr auf mich, aber auf andere Personen, vermeintliche oder tatsächliche Ungerechtigkeiten oder einfach nur auf die böse ungerechte Welt. Mein Rucksack war nun noch schwerer, noch unerträglicher. Die Summe der Schuldzuweisungen beschwerte mein Leben noch mehr.

Ich befand mich in einer emotionalen Zwickmühle und suchte verzweifelt nach einer Lösung. Irgendwann wollte ich nur noch eines: meinen schweren und lästigen Schuldrucksack gänzlich und für immer loswerden.

Ich fragte mich, wie ich dies schaffen könnte. Dabei fiel mir auf: Manchmal sehen Menschen die Gründe für das, was ihnen in ihrem Leben widerfährt, in übernatürlichen oder schicksalhaften Gegebenheiten. Werden solche göttlichen oder schicksalhaften „Kräfte" vermutet, wird niemals von Schuld gesprochen. Niemand käme auf die Idee zu sagen: „Gott ist schuld!", „Die (wie auch immer geartete) übernatürliche Kraft ist schuld!" oder

„Das Schicksal hat Schuld!" Solche Aussagen klingen regelrecht absurd. Schuld spielt hier einfach keine Rolle mehr.

Deshalb ist die Haltung, Gründe in göttlichen bzw. übernatürlichen oder schicksalhaften Zusammenhängen zu finden, so befreiend. Sie ermöglicht es denen, die sich von diesen Kräften beeinflusst fühlen, sich erstens ihrer eigenen Schuldgefühle zu entledigen und zweitens aller Gefühle, die mit Schuldzuweisung zu tun haben. Schließlich kann ja niemandem eine Schuld zugewiesen werden! Könnte auch ich mich auf diesem Wege von Schuldzuweisungen – mir und anderen gegenüber – befreien?

Ich dachte an meinen sinnbildlichen Schuldrucksack. Ich wusste, es geht bei meiner Lebensbetrachtung und -bewertung nicht um Schuld! Ich wollte keine Schuldigen ausfindig machen. Ich wollte Lebensfreude, Begeisterung und ein gesundes und motivierendes Selbstwertgefühl. Schuld zerfrisst und verhindert diese Gefühle! Mir wurde klar, das Leben geschieht. Es passiert einfach – vieles passiert einfach. Es ist absurd, zu denken: „Das Leben ist schuld!"

Mit diesen Gedanken im Kopf und im Herzen war es mir möglich, meinen lästigen Schuldrucksack abzulegen. Ich spürte buchstäblich, welch große Last mir von den Schultern genommen wurde. Ich konnte das Thema Schuld hinter mir lassen. Ich konnte nun alle Schuldfragen gänzlich ausklammern.

Befreit vom Schuldthema wollte ich voller Tatendrang mit der Analyse meiner Lebensumstände beginnen. Ich wollte verstehen und begreifen, was mit mir und meinem Leben passiert ist. Ich wollte verstehen, warum ich so unzufrieden werden konnte. Ich wollte zu Lebensfreude und Gelassenheit finden.

Dabei erinnerte ich mich als erstes daran, wie ich einmal frustriert und traurig zu einem Freund sagte: „Ich möchte endlich mein Leben leben!" Er antwortete: „Es ist dein Leben! Jeder vergangene, jeder gegenwärtige und jeder zukünftige Tag ist dein Leben! Dein Leben ist jeden Tag dein Leben!" Ich fragte ihn: „Wieso kann ich dies nicht empfinden? Wieso kann ich mein Leben nicht jeden Tag mit tiefer Freude und in Dankbarkeit genießen?" Er antwortete: „Vielleicht bist du noch nicht bereit."

In dem Moment, da ich meinen Schuldrucksack abgelegt hatte, wurde mir plötzlich klar, was mein Freund damals meinte, als er sagte: „Vielleicht bist du noch nicht bereit." Ja, ich war damals noch nicht bereit. Meine Schuldgefühle und meine Schuldzuweisungen machten mich unfrei. Wegen ihnen stand ich unter dem Zwang, mein Leben mit den gängigen Leitsätzen und Grundgedanken zu bewerten und zu leben.

In dem Moment, da ich meinen Schuldrucksack ablegte, wurde ich von diesem Zwang befreit. Ich spürte ein zartes Gefühl von Freiheit. Es war noch schwach, aber es war da. Durch dieses Gefühl angeregt, fragte ich mich: Will ich weiter zulassen, dass mein eigenes Denken und Fühlen mich in einem unzufriedenen Leben gefangen hält? Die Antwort war ein eindeutiges Nein! Will ich mein Denken und Fühlen ändern? Die Antwort war ebenfalls eindeutig: ja! Natürlich folgte darauf die Frage: Kann ich mein Denken und Fühlen überhaupt ändern? Die Antwort war ein eher zweifelndes: ja!?

Ich kannte ja meine negativen Gedanken wie: „Ich schaffe das einfach nicht so wie die anderen" oder „Ich bin nicht so gut wie die anderen". Ich hatte immer versucht, diese negativen Empfindungen zu verdrängen. Dies tat ich mit gedanklichen Sätzen wie: „Du hast doch so vieles! Du hast eigentlich keinen Grund, unzufrieden zu sein."

Wirklich funktioniert hat dieses Verdrängen leider nicht! Meine Gedanken waren eher verzweifelte Versuche, mir mit Hilfe meines Verstandes Zufriedenheit einzureden. Mein Verstand konnte aber die aus dem Unbewussten aufsteigenden negativen Gedanken und Gefühle nicht wirklich in ihre Schranken weisen. Mit dieser Feststellung kamen Zweifel auf und diese flößten mir direkt wieder Angst ein. Diese Angst wollte mich schon von meinem Projekt abbringen.

Ich erinnerte mich aber daran, dass in der Behandlung von Depressionen vielfach auf die Notwendigkeit der Veränderung von Denkgewohnheiten hingewiesen wird. „Ihre depressiven Verstimmungen sind das Ergebnis verzerrten Denkens. Sie können Ihr seelisches Tief dadurch überwinden, dass Sie dieses verzerrte und negative Denken durch ein realistisches Denken ersetzen", heißt es zum Beispiel in dem Buch „Wenn das Leben zur Last wird" von Rolf Merkle (Mannheim 2008, S. 49).

Orientiert an diesem Zitat wollte ich mich meinen Zweifeln entgegenstellen. Ich wollte meine negativen Gedanken durch realistisches Denken ersetzen. Bekräftigt wurde dieser Wunsch durch die feste Überzeugung, eine Wahl zu haben. Ich musste mein bisheriges Denken und Fühlen nicht beibehalten.

Da ich meinen Schuldrucksack abgelegt hatte, stand ich bereits nicht mehr unter dem Zwang, mein Leben mit den gängigen Leitsätzen und Grundgedanken zu bewerten und zu leben. Ich wusste, ich habe auch die Freiheit, mich gegen eigene verzerrte Gedanken und Gefühle zu entscheiden. In einer Volksweisheit heißt es: „Der Wille versetzt Berge". Mein Wille sollte meine Berge an negativen Gedanken und Gefühlen versetzen – am besten ganz abtragen.

Mein erster Schritt war also, mich bewusst für ein anderes, ein realistisches Denken und Fühlen zu entscheiden. Diese Entscheidung war etwas Wichtiges und Richtiges für mich. Ich hatte das Gefühl, dass etwas auf mich wartet. Dieses Etwas war die Aussicht auf ein zufriedenes und erfüllendes Leben. Eine wunderbare Aussicht! Diese Aussicht gab mir neue Hoffnung, und deshalb wirkte sie so kraftvoll und motivierend. In mir festigte sich die Überzeugung: Wenn ich ein anderes, ein realistisches Denken und Fühlen aus tiefstem Herzen möchte, dann kann ich es auch entdecken, entwickeln und in mir wachsen lassen.

Hierfür musste ich, so meine Überzeugung, erst einmal herausfinden, welche verzerrten Gedanken und Gefühle es waren, die in mir wirkten. Ich musste meine Gedanken und Gefühle also unter die Lupe nehmen, sie näher kennen lernen. Danach, so meine Überzeugung, würde ich mein Leben frei von negativen Gedanken und Gefühlen wahrnehmen und empfinden können!

Ich fühlte mich beschwingt und bestärkt. Ich glaubte daran: Ich kann lernen, mich und mein Leben objektiv zu betrachten. Mit diesem Gedanken begann ich, meinen Lebensweg mit all seinen Lebensumständen umfassend und dabei möglichst objektiv und mit emotionaler Distanz zu betrachten. Ich wollte sehen, wie sich mein Leben *wirklich* entwickelt hatte. Das war eine große Herausforderung. Mich dieser zu stellen, hat sich aber gelohnt.

Ich konnte Stück für Stück mein selbst auferlegtes Versagerimage und mein damit verbundenes Selbstschuldimage ablegen. Die objektive Betrachtung meines Lebens konnte mein vom Schuldvirus bedingtes Gefühlschaos wieder in eine gesunde Ordnung bringen. Gefühle von Minderwertigkeit, die auf meinem Selbstwert lasteten, konnten endgültig verschwinden. Damit verbundene Gefühle von Hilflosigkeit, Angst, Verzweiflung und Scham konnten sich auflösen. Übrig blieben Selbstvertrauen und Selbstwert.

Um zu verdeutlichen, wie sich dieser Prozess entwickelte, erscheint es mir sinnvoll, mein Leben darzustellen. Nur so kann in den darauffolgenden Kapiteln deutlich werden, inwiefern ich meinen Blick auf mein Leben verändert habe und welche Veränderungen dies nach sich zog.

... den Lebensweg betrachten

Lange Zeit glaubte ich, einen eher ungewöhnlichen Lebensweg beschritten zu haben. Heute erscheint er mir doch eher wenig ungewöhnlich, ja geradezu gewöhnlich.

Ich komme, wie man so sagt, aus „einfachen Verhältnissen". Bei meinen Eltern konnte ich erleben, dass man sich daraus sehr wohl emporarbeiten kann. Also war ich zuversichtlich, dass dies auch bei mir so sein würde. Nahrung erhielt meine Zuversicht dadurch, dass ich die Möglichkeit hatte, Abitur zu machen. Danach wollte ich für ein Jahr als Au-Pair nach Schottland gehen. Leider musste ich nach nur drei Monaten meine Gastfamilie verlassen. Die Frau wurde wieder schwanger und ihr war jeden Tag schrecklich übel. Sie konnte deshalb nicht weiter erwerbstätig sein. Da sie aber das Familieneinkommen erwirtschaftete, konnte die Familie mich nicht mehr bezahlen. Da ich noch nicht nach Hause fahren wollte, suchte ich mir ein Zimmer und ein paar kleine Jobs. So konnte ich doch ein ganzes Jahr in Schottland bleiben.

Nach meinem Auslandsjahr begann ich ein Studium in Deutschland. Während des Studiums habe ich mich, wie so viele andere Menschen auch, verliebt. Nach einem Jahr zogen mein Freund und ich zusammen – und „der Himmel hing voller Geigen". Im dritten Jahr unserer Beziehung, mit nur 25 Jahren, erkrankte mein Freund an Krebs.

Für mich war diese Tatsache kein Grund, unsere Beziehung zu beenden. Vielmehr war es für mich selbstverständlich, diese Situation mit ihm gemeinsam durchzustehen. Die Heilungschancen standen gut. Nicht im Traum wäre mir der Gedanken gekommen, dass er sterben könnte. Wir wussten aber, dass seine Erkrankung zur Zeugungsunfähigkeit führen konnte. Da wir aber gerne Kinder miteinander haben wollten, fällten wir eine Entscheidung: Wir wollten Kinder, und zwar jetzt! Bestärkt wurde ich in meinem beherzten Ja für Kinder noch durch folgende Überlegung: Wenn ich Kinder schon im Studium bekam, würde diese Tatsache es späteren Arbeitgebern erleichtern, mich einzustellen. Schließlich würde ich dann ja nicht mehr durch Schwangerschaften ausfallen. So jedenfalls meine damalige Überzeugung.

Wir heirateten also noch während des Studiums und bekamen unsere Wunschkinder. Es war eine wirklich glückliche Zeit und ich war rundum zufrieden. Das Leben mit meinem Mann und meinen Kindern bereitete mir tagtäglich große Freude. Das Studium machte mir auch viel Spaß. In dieser Zeit hatten wir nie viel Geld zur Verfügung. Das empfand ich aber als durchaus normal. Welcher Student hatte schon viel Geld? Ich sah mich jedenfalls nicht als Person am Rand der Gesellschaft, empfand mich nicht als finanziell benachteiligt oder arm. Ich hatte ein glückliches Leben und die Perspektive, dass es finanziell einmal besser werden würde.

Zudem wurde mein „Früh gefreit – nie bereut" ebenso gewürdigt wie mein Mut zu Kindern. Immer wieder wurde ich anerkennend, fast neidvoll-bewundernd gefragt: „Wie schaffst du das nur, Kinder und Studium?" Das stärkte mein Selbstwertgefühl und gab mir Selbstbewusstsein.

Zu unseren beiden Kindern gesellte sich nach fünf Jahren noch ein Drittes. Nicht direkt ein Wunschkind, eher eines, das sich selbst gewünscht haben musste. Dieses neue Leben wuchs unvorhergesehen in mir. Dennoch kam eine Schwangerschaftsunterbrechung für mich nicht in Frage. Mit einer solchen Entscheidung, so meine Denkart, muss ich ebenso lange leben wie mit dem Kind. Da wollte ich lieber mit dem Kind als mit der Entscheidung für einen Abbruch leben. Zudem wollten wir ja vier Kinder. Eigentlich sollten die nächsten zwei Kinder in finanziell gesicherteren Verhältnissen zur Welt kommen. Aber manchmal läuft das Leben halt nicht nach Plan. Wir blieben gelassen. Das würden wir schon schaffen. Also freuten wir uns.

Im Jahr der Schwangerschaft machte ich meinen Magisterabschluss. Mit meinem Studienabschluss war ich keine Studentin mehr. Dies brachte nach einiger Zeit Veränderungen mit sich, mit denen ich so nicht gerechnet hatte. Nun hieß es eigentlich: Auf ins Berufsleben! Ein Einstieg in die Berufstätigkeit war mir jedoch wegen der Kinderbetreuung nicht möglich. Eine größere Woh-

nung oder ein finanziell besser gepolstertes Leben ebenso wenig.

Die Tage vergingen, mein Frust wuchs. Aber warum?
Ich hatte die Kinder doch gewollt? Wollte ich sie nun auf
einmal nicht mehr? Zum ersten Mal stellte ich mein
ganzes Leben in Frage. Und mich selbst gleich dazu.
Was war ich eigentlich? Studentin war ich nicht mehr.
Einen Beruf hatte ich (noch) nicht. Und was war mit
meinem Abschluss als Religionswissenschaftlerin? Der
half mir auch nicht weiter. Von außen betrachtet war
ich – wie ich mir zu meiner eigenen „Schande" eingeste-
hen musste – schlicht und einfach Hausfrau und Mutter. Auf einmal hatte es mit der früheren Bewunderung
dafür, wie ich meine „Doppelrolle" meisterte, ein Ende.
Niemand stärkte mehr durch Worte der Anerkennung
mein Selbstvertrauen. Schöne Pleite! Wofür hatte ich eigentlich studiert? Konnte ich nicht wenigstens halbtags
erwerbstätig sein? So hatte ich mir meine Zukunft ganz
und gar nicht vorgestellt!

Aus dieser Frustphase konnte ich mich befreien, indem ich mich mit meiner Rolle als Hausfrau in einem
Buch auseinandersetzte: „Ich bin Hausfrau, na und?!
Plädoyer für ein neues Selbstverständnis" (Walter-Verlag
1995). In Folge der Veröffentlichung wurde ich sogar in
eine bekannte Fernseh-Talkshow eingeladen. Einige
Frauenverbände luden mich zu Lesungen ein und ich
veranstaltete auch selbst Lesungen. Ich war erfüllt von
der Idee, das Hausfrauenimage zu verbessern. Ich wollte
anderen Frauen, die in einer ähnlichen Situation waren,
helfen. Gleichwohl wollte ich dies nicht zu einem Beruf
ausarten lassen. Schließlich lebte ich endlich in Harmonie mit meiner Rolle als Hausfrau und genoss mein Leben. Ich hatte mein Selbstwertgefühl mit meinem Haus-
frauendasein in Einklang gebracht.

Dazu trugen auch noch andere Faktoren bei: Mein
Mann hatte inzwischen sein Studium beendet und eine
Anstellung gefunden. Damit wendete sich unsere finanzielle Situation zum Besseren. Wir konnten uns eine
größere Wohnung leisten und endlich umziehen. Wir

entschieden uns für eine recht große Wohnung mit 120 Quadratmetern. Diese war wie ein Haus auf zwei Etagen gebaut. Sie war nicht gerade preiswert. Wir dachten aber, wir könnten dort wohnen, bis die Kinder erwachsen sind. Die Kinder gingen inzwischen alle in die Schule oder in den Kindergarten.

So hatte ich freie Zeit, die ich genießen und sogar dazu nutzen konnte, meine Doktorarbeit zu schreiben. Natürlich hatte ich dabei den Hintergedanken, meine Qualifikation zu verbessern, um hierdurch größere Chancen auf dem Arbeitsmarkt zu haben.

Mir fiel es nicht schwer, mich trotz der Kinder auf das Schreiben meiner Doktorarbeit zu konzentrieren. Leider beschwerten sich aber die Mieter unter uns immer wieder darüber, dass unsere Kinder zu laut seien. Ich finde, Kinder sind halt Kinder, die durch die Wohnung rennen, toben und springen. Nach meinem Verständnis sollten sie dies auch tun dürfen. Meine Nachbarn sahen das anders. Meine Bemühungen um Verständnis konnten oder wollten sie nicht gelten lassen. Nach nur zwei Jahren in der Wohnung stellten sich Gedanken an Umzug ein.

Anfangs dachten wir noch nicht an ein eigenes Haus. Aber die meisten Wohnungen oder Häuser, die vermietet wurden, waren für eine Familie mit nur zwei Kindern konzipiert. Außerdem waren die Mieten sehr hoch. So fragten wir uns irgendwann, ob es nicht doch besser sei, ein Haus zu kaufen. Schließlich fiel die Entscheidung für einen Hauskauf. Diese gründete sich auf die „Sicherheit" des recht guten Verdienstes meines Mannes, auf die Möglichkeit, dass ich in absehbarer Zeit selbst erwerbstätig werden würde und auf die vom Staat eingeführte Eigenheimzulage, die uns als Startkapital diente.

Wir kauften also ein renovierungsbedürftiges älteres Haus. Für einen Neubau reichte das Geld leider nicht. Die Höhe der Darlehensraten war nicht höher als die Warmmiete für die große Wohnung. Trotz der Kompromisse, die wir eingingen, waren wir glücklich. Die Kinder hatten Platz, konnten nach Lust und Laune toben – und niemand fühlte sich gestört. Wir hatten uns zwar hohe Schulden aufgeladen, aber damit würden wir schon klarkommen!

Ich arbeitete nebenbei an meiner Doktorarbeit weiter. Diese beschäftigte sich mit der Integration von muslimischen Kindern in der Bundesrepublik. Aufgrund dessen lag es für mich nahe, mich im Bereich der Integration auch ehrenamtlich zu engagieren. Ich fand einen kleinen Verein, der sich mit interkulturellem Lernen und Migrationsforschung beschäftigte. So schrieb ich ehrenamtlich für das Presseorgan des Vereins Artikel und arbeitete in der Redaktion mit. Natürlich hoffte ich, über diese Vereinsarbeit Kontakte knüpfen zu können. Schließlich wollte ich ja in absehbarer Zeit eine bezahlte Arbeit finden.

Zwei Jahre lief alles sehr gut und ich glaubte, alle seien glücklich. Doch mit diesem Glauben lag ich wohl falsch. Denn irgendwie festigte sich in dieser Zeit in meinem Mann eine fatale Überzeugung. Diese besagte, dass ich nicht die richtige Frau für ihn sei.

Mitten in den Aufbauarbeiten meiner Karriere und den notwendigen Renovierungsarbeiten des Hauses überschlugen sich plötzlich die Ereignisse: Die Erkrankung meines Vaters wurde schlimmer, er sollte bald sterben. In dieser schwierigen Phase meines Lebens wartete mein damaliger Mann mit einer Freundin auf. Gern hätte ich die Kinder und mich vor einer drohenden Scheidung bewahrt. Doch mir fehlte die Kraft. Ich bekam einen Nervenzusammenbruch. Mein Mann musste mich mit einem Heulkrampf in eine Klinik bringen.

In der Klinik konnte ich mich fünf Tage erholen, um einige Tage später meinen Vater zu beerdigen. Emotional lag ich am Boden, aber irgendwie musste es weiter gehen. Da ich damit rechnen musste, demnächst alleinerziehend zu sein, meldete ich mich beim Arbeitsamt als arbeitssuchend. Vom Amt wurde mir die Fortbildung „Callcenter-Agent für Akademiker" angeboten. Damals sprossen Callcenter wie Pilze aus dem Boden. Ich entschloss mich dazu, diese Chance wahrzunehmen. Eine

Woche nach der Beerdigung meines Vaters begann ich diese Weiterbildung.

Während ich daran teilnahm ereilte mich die Nachricht, dass meine Doktorarbeit an der Uni angenommen sei. Dies bedeutete, dass ich auch zur Promotionsprüfung (drei Fächer mit jeweils einstündiger mündlicher Prüfung) zugelassen war. Diese Prüfung wurde auf Anfang Februar terminiert. Somit musste ich im Dezember, mit der Promotionsprüfung im Hinterkopf, für die Abschlussprüfung meiner Weiterbildung lernen.

Während der Weiterbildung kam mir immer wieder der Gedanke, dass ich das, was die Dozenten darboten, mindestens genauso gut machen konnte. Vielleicht sogar besser. Also fasste ich einen Entschluss. Ich wollte mich bei den Institutionen, bei denen ich die Fortbildung machte, als Dozentin bewerben. Mitte Dezember war die Prüfung, die ich erfolgreich ablegte. Als mir einige Tage später mein Abschlusszertifikat übergeben wurde, gab ich meine Bewerbungen als Dozentin ab.

In beiden Weiterbildungsinstitutionen wurde ich als freiberufliche Dozentin angenommen. Festanstellungen waren leider nicht möglich. Dennoch war ich überglücklich. Zu dieser Zeit beteuerte mein Mann immer wieder, dass die Beziehung zu seiner Freundin beendet sei. Ich wollte dies zu gerne glauben. Leider wurde ich im Januar eines Besseren belehrt. Es gab keine Chance mehr für unsere Ehe.

Das Leben ging weiter. Für mich war nur eines wichtig: Die Kinder sollten möglichst wenig unter dieser Situation leiden. Anfang Februar bestand ich meine Promotionsprüfungen. Anfang März ging ich mit einem Freund zum rheinischen Karneval. Dabei lernte ich einen sehr netten Mann kennen. Wir trafen uns auch nach Karneval einige Male. Nach Karneval hatte ich auch meine ersten Einsätze als freiberufliche Dozentin. Meine Themen waren Kommunikation, Konflikttraining, Bewerbungstraining, Arbeitsorganisation und Zeitmanagement.

Anfang April ging ich zur Kur. Diese wurde mir bewilligt, da ich ja im September des Vorjahres einen Nervenzusammenbruch erlitten hatte. In der Kur stellte ich fest, dass ich erneut schwanger war. Nicht von meinem Mann. Ein Schock! Glücklicherweise war ich zu diesem Zeitpunkt in der Kurklinik. So hatte ich psychologische Unterstützung und die Möglichkeit, mich mit den vielen Frauen dort auszutauschen. Dies half mir über den ersten Schock zumindest etwas hinweg. Trotz aller Schwierigkeiten konnte ich mich letztlich nicht für eine Schwangerschaftsunterbrechung entscheiden.

Nach der Entscheidung für das Kind musste das Leben also neu geordnet werden. Mein Mann zog aus. Um den Kindern weiter ein Leben in unserem Haus zu ermöglichen, mussten die Kreditraten für die halb renovierte Immobilie irgendwie bewältigt werden. Deshalb übernahm ich immer mehr Aufträge als Dozentin. Das ging einige Monate sehr gut.

Mit der Geburt des vierten Kindes musste ich meine Tätigkeit als Dozentin aber erst einmal aufgeben. Krippenplätze waren damals noch Mangelware. An einen Einstieg in eine klassische Erwerbstätigkeit war deshalb nicht zu denken. Meine finanzielle Situation war also alles andere als rosig. Nicht die Kinder fraßen mir, wie man so schön sagt, „die Haare vom Kopf", sondern vor allem das Haus.

Mit dem Tag, da mein Mann auszog, ging die Zahlungsverantwortung für die Kredite voll auf mich über. Mit der Scheidung wurde später die Hälfte des Hauses, die vormals meinem Mann gehörte, auch offiziell auf mich überschrieben. Dies barg jedoch im Wesentlichen keinen Gewinn. Es barg vor allem die nun schriftlich fixierte Pflicht, finanziell für das Haus gänzlich allein aufzukommen. Ich bekam regelmäßig Unterhalt für die Kinder. Dennoch reichten die Finanzen nur für das Nötigste. Obwohl ich mich nun immerzu am Rande eines finanziellen Kollapses bewegte, wollte ich das Haus auf Biegen und Brechen halten. Ich wollte den Kindern unbedingt ihr gewohntes Umfeld erhalten. Mein Leben bestand zunehmend aus dem Kampf um meine finanzielle Existenz.

Glücklicherweise ergab sich dann durch meine ehrenamtliche Tätigkeit wieder eine neue berufliche Chance. Durch den Verein konnte ich an einer Weiterbildung mit dem Titel „Migration und Integration" teilnehmen. Während dieser Weiterbildung fielen dem durchführenden Professor meine umfassenden Kenntnisse auf. So kam es, dass ich bereits in dieser Weiterbildung, in der ich ja eigentlich Teilnehmende war, ein Modul gänzlich als Dozentin übernahm. Ein weiteres konnte ich zur Hälfte gestalten.

Da ich den Professor mit meiner Art und meinen Kenntnissen überzeugte, konnte ich für ihn Seminare entwickeln und durchführen. So konnte ich letztlich freiberuflich als Dozentin für Interkulturelle Bildung durch Seminare und Vorträge einiges dazu verdienen. Dies war häufig nur mit der Hilfe meiner Mutter möglich. Oft musste ich für ein Seminar eine ganze Woche verreisen. Meine Mutter kam dann angereist, um die Kinder zu versorgen.

Als meine jüngste Tochter in den Kindergarten kam, nahm ich nochmals Anlauf, um auf dem klassischen Arbeitsmarkt Fuß zu fassen. Ich wollte endlich ein regelmäßiges Gehalt. Zudem wollte ich nicht mehr so viel als Dozentin durch die Gegend reisen. Außerdem glaubte ich, inzwischen genügend Referenzen gesammelt zu haben. Ich bewarb mich deshalb auf etwa siebzig ausgeschriebene Stellen – und wurde nicht ein einziges Mal auch nur zu einem Vorstellungsgespräch eingeladen. Das ein oder andere Mal habe ich nachgefragt, warum ich nicht für die Stelle in Frage käme. Meist bekam ich keine Antwort. Einige Male bekam ich jedoch zu hören, dass ich wegen meines Doktortitels überqualifiziert und zu teuer sei.

Glücklicherweise hatte ich durch meine Tätigkeit als Dozentin Kontakt zu einem weiteren Verein knüpfen können. Auch dort engagierte ich mich eine Weile ehrenamtlich. Irgendwann wurde mir schließlich ein Arbeitsplatz angeboten. Ich entschloss mich, ihn anzunehmen, obwohl die Stelle nur als 400-Euro-Job ausgeschrieben war. Ich hegte die Hoffnung, über diese Stelle vielleicht in eine besser bezahlte Stellung zu „rutschen". Doch das hat nicht funktioniert, vielleicht, weil auf der Visitenkarte, die ich im Rahmen meiner Tätigkeit verteilte, „Geschäftsführung" stand.

Ich war die Geschäftsführerin eines kleinen Vereins im Bereich der Interkulturellen Bildung. Auch wenn ich wenig verdiente, so hatte ich immerhin endlich ein Etappenziel erreicht: eine Stelle, die meinen Qualifikationen entsprach. Doch mein persönlicher Einsatz und das finanzielle Ergebnis standen in einem krassen Missverhältnis. Das nagte an mir.

Ich kann mich noch gut erinnern, wie ich einmal zu meinem neuen Partner sagte: „Ich weiß nicht, ob dies die richtige Entscheidung war. Jetzt fühle ich mich nicht nur verantwortlich für unsere Geldnot, sondern muss auch noch für die Finanzen des Vereins Sorge tragen." Ich habe dies dennoch gern getan. Ich hatte Verantwortung und wurde den Ansprüchen, die andere und ich selbst an diese Position stellten, auch mehr als gerecht. So habe ich zum Beispiel fleißig Anträge gestellt. Wer sich mit Projektarbeit in Vereinen auskennt, weiß, wie viel Energie in die unzähligen Anträge fließt. Dabei ist meist nur ein Bruchteil dieser Anträge erfolgreich.

Laut Arbeitsvertrag sollte ich nur zwölf Stunden wöchentlich im Vereinsbüro tätig sein, doch viele Vereinspflichten müssen außerhalb der regulären Arbeitszeit erfüllt werden: Da finden Vereinssitzungen statt, da muss dem Prinzip „Sehen und gesehen werden" Rechnung getragen werden, und das Angebot an Abendkursen (Programmangebote des Vereins) muss auch reichlich sein. Also arbeitete ich ehrenamtlich viele Stunden mehr als vorgesehen.

Dennoch suchte ich mir eine weitere Einnahmequelle und arbeitete noch mehrere Stunden pro Woche als freiberufliche Dozentin in einer Berufsschule. Beide Tätigkeiten führten bei einer Fünf-Tage-Arbeitswoche oft genug zu 10-Stunden-Arbeitstagen – bei einem finanziellen Ertrag von etwa 600 Euro netto im Monat. Da ich durch meine Tätigkeit in der berufsbildenden Schule ja mehr als 400 Euro verdiente, musste ich mehr Steuern und höhere Elternbeiträge im Kindergarten zahlen. Letztlich blieb vom Zusatzverdienst wenig übrig.

Zwischenzeitlich heiratete ich, nach fünf Jahren Beziehung, den neuen Mann in meinem Leben. Im Monat unserer Hochzeit zog er zu uns ins Haus. Leider verbesserte sich dadurch die finanzielle Situation nur kaum. Mein Mann arbeitete als Küchenmeister, und die Gehälter im Gastronomiebereich sind (auch mit Meisterbrief) eher bescheiden. Durch die große Schuldenlast des Hauses floss das Geld nur so weg. Zusätzlich war ständig etwas zu renovieren oder zu reparieren. Ach ja, und dann die Kinder: Wer Kinder hat, weiß, wie viel Geld sie kosten. An Urlaub und anderen Luxus war nicht zu denken. Mein Leben drehte sich nur noch um Geldbeschaffung.

Nach eineinhalb Jahren mit meinem Doppeljob wollte ich etwas verändern. Es hatte sich ja herausgestellt, dass ich als Geschäftsführerin nicht in eine andere Tätigkeit „rutschen" konnte. Wer würde schon eine Geschäftsführerin abwerben? Außer den Vereinsmitgliedern wusste doch niemand, dass diese Stelle nur mit 400 Euro dotiert war. So fasste ich den Entschluss, meinen Minijob zu kündigen und mehr Stunden als Dozentin zu absolvieren. Doch leider ging meine Rechnung nicht auf. Statt mehr Stunden in der Berufsschule übernehmen zu können, wurde mir dort völlig überraschend „betriebsbedingt" gekündigt.

Nun, ich wollte des Schicksals Fügung wieder einmal annehmen. Ich genehmigte mir ein halbes Jahr Zeit, um mich neu zu sortieren. Genau in diesem halben Jahr wurde ich krank. Mein Körper zog die Notbremse. Oder war es die Seele? In der einen Klinik wurde mir die Diagnose „Schwere depressive Episode", in einer anderen die Diagnose „Angststörung" aufgepappt. Meine eigene

Vermutung drehte sich eher um das, was die Bezeichnung „Burnout" umschreibt.

In Folge meines Zusammenbruchs war ich acht Monate lang arbeitsunfähig. Die ersten drei Monate fühlte ich mich einfach nur krank. Ich hatte alle möglichen körperlichen Symptome. Immer wieder wurde ich mit Schwächeanfällen oder Herzrasen in ein Krankenhaus eingeliefert. Erst nach drei Monaten, als ich nach vielen Untersuchungen als körperlich gesund eingeschätzt wurde, stand die psychosomatisch orientierte Diagnose fest. Danach verbrachte ich fast fünf Monate in einer psychosomatischen Klinik. Durch die Therapien wurde ich angeregt, mein Leben und meine Selbsteinschätzung neu zu überdenken.

Gerne wäre ich dieser Anregung gefolgt. Es schien aber, als wolle mir mein Leben unbedingt beweisen, dass mein Versager- und „selbst schuld"-Denken gerechtfertigt sei: Als ich aus der Klinik kam, war die Heizungsanlage in unserem Haus kaputt! Wovon sollte ein Mensch am Nullpunkt seiner Ressourcen eine neue Heizungsanlage finanzieren? Ich hatte weder Geld noch eine finanzkräftige Anstellung, nicht einmal die Perspektive auf eine solche. Mir blieb nichts anderes übrig, als zu versuchen, das Haus so schnell wie möglich zu verkaufen. Außerdem musste ich mich noch vor dem nächsten Winter nach einer neuen Bleibe umsehen.

Zuerst zogen die beiden bereits erwachsenen Kinder in eine gemeinsame Wohnung. Bevor der Winter kam, zog ich mit meinem Mann und den beiden anderen Kindern in eine Eigentumswohnung. Die Bank ermöglichte diesen Wohnungskauf, obwohl das Haus noch nicht verkauft war. Einerseits wurde uns ein Antrag auf öffentliche Mittel bewilligt. Andererseits rechnete die Bank mit einem guten Erlös aus dem Verkauf des Hauses. Auch wenn das Haus nicht im Topzustand war, so war doch einiges modernisiert worden: Fenster und Haustür waren neu, auch das „Innenleben" hatten wir komplett erneuert und geräumig gestaltet. Weiße Fliesen erhellten den Eingangsbereich sowie die Küche. Im Wohnzimmer hatten wir ein schönes Vollholz-Buchenparkett freigelegt. Außerdem stand das Haus auf einem schönen Grundstück in optimaler Südwestausrichtung und in bevorzugter Wohnlage.

Dennoch ließ sich das Haus ein ganzes Jahr lang nicht verkaufen. Der Optimismus der Bank erwies sich als unbegründet. Die Raten für Haus und Wohnung drohten mein psychisch immer noch wackliges Selbstbewusstsein erneut zum Einsturz zu bringen. Schließlich fanden wir einen Käufer. Dieser interessierte sich jedoch nur für das Grundstück, nicht für das Haus. So wurde die Erwartung eines guten Erlöses nicht erfüllt. Kurz: Nach dem Hausverkauf standen wir durch den Erwerb der Eigentumswohnung wieder auf einem Schuldenberg.

Erst sah dennoch alles recht gut aus. Mein Mann hatte eine lukrative Arbeit gefunden. Ich selbst begann im Internet Texte zu veröffentlichen und damit etwas hinzuzuverdienen. Frei nach dem Motto „Kleinvieh macht auch Mist" war ich froh über diese Möglichkeit. Gesundheitlich ging es mir inzwischen etwas besser. Zu einer klassischen Erwerbstätigkeit sah ich mich aber noch nicht in der Lage. Zudem hätte Bewerbungsfrust meinen Zustand sicherlich nicht unbedingt verbessert. Also war ich mit meiner Schreibtätigkeit zufrieden. Wir kamen alles in allem ganz gut über die Runden.

Dies sollte sich jedoch nach nur einem Jahr wieder einmal gänzlich ändern. Mein Mann wurde arbeitslos. Seine Stelle war an einen Auftrag seiner Firma gebunden gewesen. Der entsprechende Vertrag wurde aber nach dem ersten Jahr nicht verlängert. So lief sein Arbeitsvertrag aus. Mit Mitte vierzig war es für ihn jedoch schwierig, eine neue Stelle zu finden. Monate voller Bewerbungen vergingen. Der Kontostand schrumpfte und wendete sich in den Minusbereich. Gleichzeitig erwies sich mein potenzieller Zuverdienst als nicht annähernd so lukrativ wie gedacht. Es musste etwas passieren, denn das Arbeitslosengeld war nur für zwölf Monate bewilligt.

Nach etwa sechs Monaten gab es dann einen ersten Lichtblick: Ich fand rein zufällig eine Tätigkeit. Vitamin B hatte dem Glück auf die Sprünge geholfen: Einer Freundin war eine Aushilfstätigkeit angeboten worden. Sie hatte aber gerade einen neuen Job angenommen. Da sie wusste, dass ich eine Tätigkeit suchte, schlug sie mich vor. So gelangte ich an eine „Stelle" als Krankheits- und Urlaubsvertretung. Bezahlt wurden nur die Stunden, die ich wirklich arbeitete, und zwar in Form einer Aufwandsentschädigung. So hatte ich den Fuß in der Tür zum Arbeitsmarkt, und sie sollte sich auch öffnen. Nach nur wenigen Einsätzen als Aushilfskraft wurde an anderer Stelle bei meinem Arbeitgeber eine Krankheits- vertretung mit festem Arbeitsvertrag gesucht. Da ich be- reits bekannt und man zufrieden mit mir war, konnte ich die ausgeschriebene Halbtagsstelle antreten.

Endlich ein regelmäßiges Einkommen! Zwar befristet, aber mit guten Aussichten auf Verlängerung. Und das war nicht das einzige Glück. Zur finanziellen Sicherheit gesellte sich die große Befriedigung, die mir die Arbeit verschaffte. Ich arbeitete in einer Einrichtung für Be- treutes Wohnen. Dort war ich im Servicebüro als An- sprechpartnerin und „Mädchen für alles" tätig. Der täg- liche Umgang mit den Bewohnerinnen und Bewohnern bereitete mir große Freude. Leider war meine Arbeitszeit durch die vorgegebenen Büro-Öffnungszeiten auf zwan- zig Wochenstunden begrenzt. Die Fahrt mit öffentlichen Verkehrsmitteln zum Arbeitsplatz und zurück nahm täglich drei Stunden in Anspruch. So war an eine zu- sätzliche Tätigkeit nicht zu denken. Hierdurch war der finanzielle Rahmen wieder recht eingeschränkt.

Dennoch kamen wir mit den Einnahmen aus meiner Beschäftigung und dem Arbeitslosengeld meines Man- nes ganz gut klar. Aber das Damoklesschwert des Hartz IV-Bezuges schwebte weiter über unserer Existenz. Das Arbeitslosengeld sollte ja nur zwölf Monate lang gezahlt werden. So verkauften wir in Erwartung von Hartz IV schweren Herzens die Wohnung. Mit unserer jüngsten

Tochter zogen wir in eine kleine, aber wirklich schöne Wohnung. Gerade noch rechtzeitig.

Nur wenige Wochen nach dem Umzug war es soweit: wir mussten einen Hartz IV-Antrag stellen. Meine Halbtagsstelle brachte gerade genug ein, um unsere laufenden Kosten zu decken. Nachdem ein Anspruch auf Arbeitslosengeld nicht mehr bestand, blieb uns nur noch der Hartz IV-Antrag! Einige Monate bezogen wir zusätzlich zu meinem Gehalt Hartz IV. Dies änderte sich, als mein Mann wieder eine Stelle fand.

Wir waren weitestgehend schuldenfrei, lebten in einer kleinen, preiswerten Wohnung und hatten zwei Gehälter. Nach Jahren mit chronischem finanziellem Engpass hatten wir endlich finanzielle Sicherheit. Doch diesen Zustand konnte ich leider nur kurz genießen. Nach wenigen Wochen eröffnete mir mein Mann, er wolle lieber allein leben. Also zog er aus der gemeinsamen Wohnung aus.

Ich blieb mit meiner jüngsten Tochter zurück. Zur Deckung der Lebenshaltungskosten benötigte ich neben meinem Gehalt noch den Unterhalt meines Mannes für unsere gemeinsame Tochter. Fiel dieser Unterhalt weg, und dazu kam es, wenn mein zweiter Mann arbeitslos wurde, musste ich als sogenannte Aufstockerin wieder in den Hartz IV-Bezug.

Ich fand keine Möglichkeit, diese Situation zu ändern. Ich habe mich immer mal wieder um eine Stelle beworben, die näher an meinem Wohnort lag, fand aber nichts. Mit über fünfzig Jahren hatte ich es immer noch nicht in eine finanziell gesicherte Existenz geschafft. Nach der Einführung des neuen Pflegesicherungsgesetzes plagte mich zusätzlich die Angst um meinen Arbeitsplatz. Das neue Gesetz sah für alle Betreuungskräfte eine eigene Qualifikation vor. Diese hatte ich nicht. Also erwarb ich sie nebenberuflich und auf eigene Kosten.

Für diese als § 87b-Ausbildung bezeichnete Qualifikation musste ich ein dreiwöchiges Praktikum in einem Altenheim machen. Hierfür opferte ich meinen Urlaub.

Ich freute mich, als ich eine Praktikumsstelle ganz in der Nähe meines Wohnortes fand. Beides, Praktikum und Qualifikation, bewältigte ich ohne Probleme. Ich erhielt mein Zertifikat. Ich sah meine Arbeitsstelle gesichert und blickte froh in die Zukunft. Zudem glaubte ich, die Last der drei Stunden, die ich jeden Tag zur Arbeit hin und zurück fuhr, nicht mehr lange ertragen zu müssen. Sobald meine jüngste Tochter ihr Abitur in der Tasche hätte, wollte ich in die Nähe meines Arbeitsplatzes ziehen.

Doch es kam wieder einmal anders: Mein Arbeitgeber wollte den Vertrag, den er mit den Eigentümern des Betreuten Wohnens als Dienstleister geschlossen hatte, erneuern. Doch die Eigentümer wollten erst noch Angebote von anderen Anbietern einholen. Mein Arbeitsplatz schien plötzlich gefährdet. Dies motivierte mich, mich wieder einmal anderweitig zu bewerben. Wie es der Zufall so wollte, wurde in dem Altenheim, in welchem ich mein Praktikum absolvierte, eine Stelle frei. Da man mich kannte und mit meiner Arbeit zufrieden war, bekam ich die Stelle angeboten.

Ich glaubte, das große Los gezogen zu haben: Ein Arbeitsplatz in Wohnortnähe und die Möglichkeit, mehr Stunden zu arbeiten und somit mehr zu verdienen. Ich freute mich und nahm die Stelle an. Kurz nachdem ich den Arbeitsvertrag unterschrieben hatte, entschieden sich die Eigentümer des Betreuten Wohnens doch für meinen Arbeitgeber. Ich hatte aber den neuen Arbeitsvertrag unterschrieben. Deshalb musste ich bei meinem alten Arbeitgeber kündigen. Nach den vielen schönen Jahren mit den Menschen im Betreuten Wohnen fiel mir der Abschied recht schwer. Auch die Bewohnerinnen und Bewohner fanden es sehr bedauerlich, dass ich ging. Es war ein sehr emotionaler Abschied.

Dennoch freute ich mich auf die neue Arbeitsstelle. Leider fühlte ich mich dort nach nur wenigen Wochen sehr unglücklich. Ich kam mit so vielen Dingen einfach nicht klar. Die immer wieder wechselnden Arbeitszeiten fand ich ebenso unerfreulich wie die Wochenend- und

Feiertagsdienste, die ich vorher nicht hatte. Zudem waren die Bewohner in ganz anderem Zustand als die Bewohner in „meinem" Betreuten Wohnen. Das hat mich sehr belastet. Alles in allem hatte ich immer mehr das Gefühl, deplatziert zu sein. Folglich suchte ich das Gespräch mit der Hausleitung. Leider wurde der Gesprächstermin mehrmals verschoben und die Probezeit sollte bald vorbei sein. Also habe ich gekündigt. Wegen der eigenmächtigen Kündigung bekam ich kein Arbeitslosengeld. Die finanzielle Panik, die mich erfasste, traf mich wieder wie ein Schlag ins Gesicht. Doch bevor sie überhandnahm, fand ich eine neue Stelle. Wieder durch einen glücklichen Zufall, und wieder gut zu erreichen. Ich war überglücklich!

Auch wenn es ein völlig neues Aufgabengebiet war, freute ich mich auf die Herausforderung. Als es losging, arbeitete ich mich voller Tatendrang ein. Die täglichen Aufgaben waren vielfältig und ich engagierte mich. Doch leider: nach nur fünf Wochen wurde mir, für mich völlig überraschend, gekündigt. Ich war fassungslos! Ich war am Boden zerstört.

Glücklicherweise traf ich beim Arbeitsamt auf eine verständnisvolle Sachbearbeiterin. Diese schlug mir erst einmal ein Resilienz-Training vor. Ich war unendlich erleichtert und nahm das Angebot gern an. Ich war vor allem dankbar für die Zeit ohne den Druck notwendiger Bewerbungen. Dadurch konnte ich mir Klarheit verschaffen, wie es weitergehen sollte.

Eines war klar: Eine neue Stelle würde sich nicht wieder so schnell finden lassen. Ich war schon Mitte fünfzig und hatte all meine Kontakte ausgeschöpft. Erste Absagen bestätigten diese Einschätzung. Außerdem hatte meine Jüngste inzwischen ihr Abitur und wollte ihr eigenes Leben angehen. Mir wurde klar, dass ich mein Leben ändern musste.

Ohne meine Tochter im Haushalt war die Wohnung mit meinem Arbeitslosengeld nicht zu finanzieren. Ich machte bereits jeden Monat Verluste. Um einer potenziellen Privatinsolvenz vorzubeugen, musste etwas geschehen. Es gibt ja bekanntlich zwei Wege, um mit drohender Geldnot umzugehen: Entweder man erhöht die Einnahmen oder man verringert die Ausgaben. Da mir ersteres unmöglich schien, entschloss ich mich für letzteres. Ich hatte schon länger den Gedanken, später einmal zu einem Freund aufs Land zu ziehen. Er und ich wollten in seinem Haus eine „Alten-WG" gründen. Dieser Gedanke wurde durch die unvorhergesehene Kündigung wieder in meinem Denken aktiv. Der Freund hatte auch nichts dagegen, und so wurde der Einzug vorgezogen. Jetzt lebe ich in dieser WG. Durch die geringen Mietkosten bin ich mit meinem Arbeitslosengeld ohne weitere Verluste gut klar gekommen.

Natürlich ist es schwierig, auf dem Land eine passende Stelle zu finden. Dennoch blicke ich mit einer gewissen Gelassenheit in die Zukunft. Ich bin offen für Neues und lebe mit der Sicherheit, dass ich meine Chancen und Möglichkeiten nutzen werde, wenn sie sich eröffnen.

... eigene Blickwinkel verändern

Nachdem ich mir meinen Lebensweg vor Augen geführt hatte, stellten sich mir zwei zentrale Fragen: Warum fühlte ich mich mit meinem Leben so unzufrieden? Und: Warum wurde ich krank? Nach meiner Einschätzung war meine Unzufriedenheit der Grund für meine Erkrankung.

Doch warum war ich unzufrieden? Als ich krank wurde, hatte ich doch alles, was wünschenswert erscheint: Ich hatte Kinder, ich hatte einen Ehemann, ich hatte ein Haus, ich hatte mein Auskommen.

Doch ich hatte keine Orientierung mehr. Ich wusste nicht mehr, wer oder was ich eigentlich war. Ich hatte kein Gefühl mehr für mich und mein Leben. Ich fühlte mich, trotz allem, was ich hatte, nicht richtig, ja geradezu deplatziert in meinem Leben und – ich fühlte mich wie im Schleuderprogramm einer Waschmaschine. Ich rotierte immer nur ums Geldverdienenmüssen.

Obwohl ich mich für mehr Geld abhetzte, hatte ich ständig das Gefühl, nicht genug davon zu haben. Das hat mich ausgelaugt, geradezu ausgequetscht. Ich fühlte mich, als hätte ich so viel gemacht und dabei doch nie etwas geschafft. Irgendwann erschien mir mein Leben nur noch als erfolgloses „Rumeiern" – und ich hatte Angst, das würde nie ein Ende nehmen.

Dass ich mich so fühlte, lag wohl auch daran, dass mir irgendwann die Hoffnung auf Besserung verloren ging. Meine Lebensweise entsprach nicht meinen Vorstellungen und ich glaubte auch nicht mehr daran, dass sich dies ändern könnte. Ich spürte immer mehr ein Missverhältnis zwischen meinen Wünschen und meinen finanziellen Möglichkeiten. Dieses Missverhältnis wurde immer breiter und tiefer. Ich versank in einem Abgrund aus Frustration und Enttäuschung. Wie konnte das sein? Ich hatte doch so viel?

Was mir aber fehlte, war das Gefühl, mich glücklich zu fühlen. Die ständige Wahrnehmung meines chronischen Geldmangels machte es mir unmöglich, mich glücklich zu fühlen. Als wir noch im Haus lebten, rechnete ich immerzu nach, ob und wie lange ich das Haus noch würde halten können. Ich prüfte, wann welches Darlehen auslief und wann sich etwas verändern würde. Die Angst vor einer finanziellen Krise lähmte mich. Gegen diese Lähmung musste ich täglich ankämpfen. Mein Leben wurde zum Kampf. Dieser trieb meinen Stresslevel auf schwindelerregende Höhen. Das konnte nicht lange gut gehen ...

Auch wenn mir dies heute alles sehr verständlich erscheint, zum damaligen Zeitpunkt konnte ich es nicht wahrnehmen. Ich hätte es nie so erkennen und formulieren können. Mir waren diese Gedanken und Gefühle nicht zugänglich. Aber tief in meinem Innern waren sie allgegenwärtig. Deshalb reagierte mein Körper: Ich wurde krank.

Natürlich habe ich mich gefragt, ob ich einfach nur psychisch zu labil, zu schwach bin. In der psychosomatischen Klinik sind mir Menschen begegnet, deren Problemlagen mir viel schwerwiegender erschienen als meine. Manchmal erschienen mir die Gründe meines Zusammenbruchs geradezu lächerlich. Sie konnten einem Vergleich mit dem, was andere durchmachten, nicht Stand halten. Doch ich habe gelernt, nicht zu vergleichen. Jeder hat ein eigenes Maß dessen, was er aushalten kann.

Erst Jahre nach meinem Zusammenbruch, als ich schon mit meiner jüngsten Tochter allein lebte, kam ich dazu, meine Gedanken und Gefühle zu hinterfragen. Dabei fiel mir auf, dass ich mich in mein „Selbstschuld-" und „Versagerdenken" hineingesteigert hatte. Ich steigerte mich in dieses Denken, weil mich meine Umwelt darin unterstützte. Mir wurde das Selbstschuld- und Versagerimage wie ein „Brett vor den Kopf" gebunden. Ich habe dann den Fehler gemacht, es selbst an meiner Stirn festzunageln. Als es dann festgenagelt war, konnte ich natürlich nicht mehr objektiv auf mein Leben schauen. Mein Blick war durch das Brett versperrt. Wie war das möglich?

Hierzu fällt mir ein Beispiel ein: Nach meiner ersten Scheidung wurde ich von anderen immer mal wieder gefragt. „Na, was machst du gerade?" Ich konnte meist keine klare Antwort geben. Ich hatte damals keinen „richtigen" Job. Ich arbeitete freiberuflich als Dozentin. Ich antwortete dann in etwa so: „Ich arbeite freiberuflich als Dozentin. Ich bin viel unterwegs. Aber alles ist gut!" Auf diese Antwort kam dann oft die Frage: „Warum suchst du dir keinen richtigen Job?" Ich antwortete dann: „Tja, ich hätte ja gern so einen Job, aber das ist nicht so einfach!" Ich hatte mich ja oft beworben – aber keinen richtigen Job bekommen!

Anfangs habe ich noch versucht, meine Situation mit den fehlgeschlagenen Bewerbungsversuchen zu rechtfertigen. Irgendwann empfand ich diese Rechtfertigung aber selbst als unangemessen, ja geradezu unglaubwürdig.

An diesem Punkt angekommen, fing ich an, mich zunehmend selbst zu fragen, warum gerade ich keinen richtigen Job finden konnte. Das musste doch an mir liegen? Deshalb hörte ich irgendwann auf, meine Lebenssituation vor mir selbst (und anderen) mit meiner erfolglosen Jobsuche zu rechtfertigen.

Somit habe ich Umstände, die für meine Lebenssituation mitverantwortlich waren, immer mehr aus meiner Wahrnehmung ausgeklammert. Stattdessen habe ich mich zunehmend erfolglos gefühlt. Da mein Gefühl von Erfolglosigkeit immer stärker wurde, führte die eigentlich lapidare Frage: „Was machst du gerade?" immer öfter zu negativen Gefühlen. Heute sehe ich dies so: Jedes Mal, wenn ich diese Frage hörte, haben meine negativen Gefühle mir mein Brett vorm Kopf fester genagelt. Dies ist nur ein Beispiel dafür, wie sich mein Selbstschuld- und Versagerimage in mir festigte.

Um weitere Beispiele zu finden, führte ich mir erst einmal einen meiner typischen „Wenn-und-Aber-Gedanken" vor Augen. Dieser offenbarte mir einen äußerst beachtenswerten Zusammenhang von Blickwinkeln und Wertigkeiten. Der „Wenn-und-Aber-Gedanke" lautete: „Wenn meine erste Ehe nicht zerbrochen wäre, hätte vieles anders ausgesehen! Aber sie ist zerbrochen!"

Wäre meine erste Ehe nicht geschieden worden, dann hätte wohl nie jemand meine Lebensleistung in Frage gestellt. Ich selbst auch nicht! Mein Leben wäre wahrscheinlich von allen als erfolgreich bewertet worden. Wäre ich weiter verheiratet geblieben, dann hätten wir Stück für Stück das Haus renoviert. Wir hätten das Haus auch Rate für Rate abbezahlt. In gemeinsamer Verantwortung für die Kinder hätte ich sicherlich irgendwann das dazu verdient, was ich ja auch später wirklich verdient habe. Mit diesem Zuverdienst hätten wir Urlaube und bescheidenen Luxus finanzieren können. Mein Leben wäre ein ganz normales Leben gewesen. Durch die finanzielle Situation begründete Existenzängste und Verzweiflung wären kein Thema gewesen.

Hätte meine Ehe weiter bestanden, so hätte sich wahrscheinlich nie jemand für mein Einkommen interessiert. Wahrscheinlich hätte nie jemand mein Einkommen kritisiert! Es wäre einfach als willkommenes Zusatz-Einkommen gesehen worden. Wahrscheinlich hätte ich sogar Anerkennung erhalten, da ich trotz der Kinder dazuverdient hätte.

Aber es war ja anders: Ich musste Geld verdienen, da meine Ehe geschieden wurde. Hierdurch änderte sich der Blickwinkel auf mein Einkommen. Durch diesen anderen Blickwinkel erhielt mein Verdienst eine völlig andere Wertigkeit. Mein Verdienst fiel als geringer Verdienst in meinem Leben negativ auf. Unter anderen Umständen wäre er positiv aufgefallen, ja sogar willkommen gewesen.

Dieser doch eigentlich relativ leicht zu durchschauende Zusammenhang von Blickwinkel und Wertigkeit hat mich sehr zum Nachdenken gebracht. Offensichtlich kann ein und dieselbe Gegebenheit, je nach ihren Rahmenbedingungen, völlig unterschiedlich bewertet werden! Wichtig dabei ist: Entsprechend ihrer jeweiligen Bewertung können völlig identische Gegebenheiten auch zu völlig unterschiedlichem Denken und Fühlen führen.

Dies war für mich eine wichtige Erkenntnis! Wie bereits erwähnt, wurde mir von außen immer wieder deutlich gemacht, dass ich doch eigentlich ganz anders und vor allem besser leben sollte, könnte, müsste. Ich habe mich nie danach gefragt, aus welchem Blickwinkel die Menschen, die dies meinten, mein Leben betrachteten. Nachdem ich dies einmal getan habe, kam ich zu folgendem Schluss: Ich vermute, die Menschen, die mein(t)en, ich müsse doch besser leben, blendeten das Vorhandensein meiner Kinder sowie die Scheidung bei ihrer Betrachtung meines Lebens aus. Sie blendeten mein Dasein als alleinerziehender Mutter aus. Irgendwie erschienen ihnen meine Kinder und meine Scheidung eher als nebensächliche oder zu vernachlässigende Aspekte in meinem Leben.

Stellt sich die Frage, was Menschen, die mein(t)en, mein Leben bewerten zu müssen, für beachtenswert erachten? Für mich offenkundig, konnten und können diese Menschen zwar an meinem Dasein als alleinerziehender Mutter, nicht aber an meinem Doktortitel vorbeischauen. Ich vermute, für viele ist ein Doktortitel noch immer ein Lebensumstand, der eher nicht als selbstverständlich gewertet wird. Deshalb erscheint er auch als beachtenswert. Ich glaube, viele Menschen denken: „Wer einen Doktortitel hat, muss doch beruflich erfolgreich sein!"

Mein Resümee: Kinder, Scheidung und Doktortitel sind Lebensumstände, denen jeweils spezifische Wertigkeiten zugesprochen werden. Deshalb geraten meine Kinder und meine Scheidung beim Blick auf meinen (vermeintlich) möglichen Erfolg aus dem Blickwinkel. Der Doktortitel hingegen gerät ganz besonders in den Fokus. Da dies so ist, scheint eine objektive Bewertung meines Lebens offenkundig für viele Menschen meines Umfeldes letztlich nicht möglich.

Das verdeutlicht auch folgende Begebenheit: Vor kurzem habe ich einige meiner Bekannten einmal gefragt, was sie über mich und meine derzeitige Lebenssituation denken. Eine Antwort war: „So viel Intelligenz – und fängt nichts damit an bzw. kann sie nicht in bare Münze umsetzen!" Eine, wie ich meine, sehr bezeichnende Antwort! Auch ich hatte lange keinen objektiven Blick auf mein Leben. Erst durch Veränderung meines Blickwinkels konnte ich diesen objektiven Blick wiedergewinnen.

Mit diesem Blick konnte ich all die Lebensumstände, die meine finanzielle und sonstige Erfolgsgeschichte beeinflussten, anders sehen und neu bewerten. Ich beachte und anerkenne inzwischen all die Umstände, die an meinem Leben beteiligt waren. Ich bewerte sie nicht, aber ich sehe sie. Weil ich sie sehe, ohne sie zu bewerten, bin ich in der Lage, niemandem eine Schuld zuzuschieben. Niemand hat Schuld – auch ich nicht!

Mit objektivem Blick auf mein Leben kann ich wahrnehmen, was ich real erreicht habe. Deshalb kann ich nun sagen: Mein Leben ist bislang erfolgreich verlaufen! Ich kann dies so überzeugt sagen, weil ich feststellte: An manchen Stellen meines Lebens gab es einfach keine Chancen und Möglichkeiten, die ich hätte nutzen können. Die Chancen und Möglichkeiten, die sich darboten, habe ich genutzt! Dies hat dazu beigetragen, dass ich mein Leben mit meinen Kindern ganz gut bewältigt habe. Letztlich gelang es mir, durch viel Einsatz und findige Ideen, mich und meine Viererbande durchzubringen.

Ab und an kommentieren Trainer bei einer Niederlage im Fußball: „Wir hatten einfach kein Glück ... und dann kam auch noch Pech hinzu!" Ich bin so froh, dass ich mich dazu entschloss, mein Leben objektiv zu hinterfragen. Weil ich dies getan habe, konnte ich entdecken, wann ich mal kein Glück hatte und wann ich sogar Pech hatte. Ich habe all meinen Lebensumständen ihre jeweils objektiven Label zugeordnet. Manche erhielten das Label „Kein Glück gehabt", andere das Label „Pech gehabt" oder „dumm gelaufen". Ganz viele, ja die Mehrheit der Lebensumstände erhielten aber das Label „Glück gehabt!". Ich hatte in meinem Leben unendlich viel Glück. Dies kann ich heute sowohl sehen als auch empfinden.

An so mancher Stelle meines Lebens konnte ich nicht beeinflussen, was passierte. Ich musste hinnehmen, was geschah. Objektiv betrachtet hatte ich an diesen Stellen meist einfach kein Glück oder sogar Pech. Doch dies konnte ich damals meist nicht wahrnehmen. Stattdessen entwickelte ich negative Gefühle. Ich fühlte mich hilflos, manchmal sogar geradezu ohnmächtig.

„Man erlebt nicht, was man erlebt, sondern wie man es erlebt." Seit ich diesen Satz von Wilhelm Raabe in seiner ganzen Tiefe verstanden habe, achte ich sehr darauf, wie ich etwas erlebe.

Wegen dieses Satzes habe ich mich entschieden: Ich möchte endlich frei von jeglichem Hadern leben. Ich möchte positiv über mich und mein Leben denken. Ich möchte mich gut fühlen. Ich möchte meine Vergangenheit mit gesundem Selbstwert betrachten. Ich möchte meine Gegenwart und meine Zukunft mit gesundem Selbstwert leben und erleben. Ich habe die Freiheit, mir all diese Wünsche zu erfüllen.

Zusammenhänge erkennen und ...

... das Erfolgsdenken verstehen

Inzwischen bin ich sogar schon viel weiter gekommen. Ich möchte nicht nur Veränderungen „möchten" – ich lebe und erlebe meine Veränderungen! Ich habe und nutze die Freiheit, mich gut zu fühlen. Hierdurch hat sich mein tägliches Erleben positiv verändert. So genieße ich zum Beispiel jeden Tag, dass ich von dem drückenden Gefühl der (vermeintlichen) Erfolglosigkeit befreit bin. Ich genieße jeden Tag, dass ich frei von Erfolgsdruck und Erfolgsfrust leben darf und kann.

Nachdem ich den Zusammenhang von Blickwinkel und Wertigkeit erkannt hatte, beschäftigten mich die Fragen: Wieso hatte sogar ich selbst bei der Beurteilung meines Lebens vor allem meinen Doktortitel im Blick? Wieso hatte auch ich mich letztlich so auf finanziellen Erfolg fokussiert?

Nach meinen Recherchen kam ich zu folgender Antwort: Ich tat dies, weil ich daran glaubte, ich müsse meine Person und mein Leben orientiert am Leistung-Erfolg-Geld-Wert (LEG-Wert) betrachten und bewerten. Ich ging davon aus, der Wert meiner Person und meines Lebens sei von Leistung, Erfolg und Geld abhängig. Ich glaubte, nur wenn ich genug leiste, dann werde ich Erfolg haben. Wenn ich dann genug Erfolg hätte, ja dann, so war meine Überzeugung, hätte ich auch genug Geld – und dann hätte ich auch endlich einen Wert. Dieser Überzeugung gemäß habe ich versucht, durch Leistung zu Erfolg und durch Erfolg zu Geld zu gelangen.

Doch irgendwie ging diese Gleichung bei mir nicht auf. Also konnte ich mir auch keinen Wert zusprechen. Ich habe nicht erkannt, dass dieser LEG-Wert eigentlich überhaupt nichts mit meinem Selbstwert zu tun hat. Ich habe auch nicht erkannt, dass die Orientierung an diesem Wert mich letztlich meines wahren Selbstwertes beraubte. Heute steht für mich die Gleichung des Leistung-Erfolg-Geld-Wertes für „LEG deinen Selbstwert weg!"

Weil ich dies damals aber noch nicht so sah, habe ich immer weiter versucht, mir einen LEG-Wert zu erarbeiten. Ich befand mich im Sog des LEG-Wertes. Ein Sog ist eine unterhalb der Wasseroberfläche verborgene Strömung. Sie führt dazu, dass in einer Brandung das Wasser an dieser Stelle in Richtung Meer zurückfließt. Wer als Schwimmer in diesen Sog gerät, wird aufs offene Meer hinausgesogen. Ob er will oder nicht! Ich glaube, der LEG-Wert wirkte bei mir wie ein verborgener Sog. Ohne dass ich es merkte, wurde ich von diesem Sog erfasst und in ein gesellschaftliches Meer an leistungs-, erfolgs-, konsum- und wohlstandsorientierten Wertmaßstäben gezogen. Ich merkte dies erst, als ich damit begann, über mich und mein Leben nachzudenken.

Dieses Nachdenken begann mit der Frage: Was wird heute überhaupt als Erfolg erachtet? Damit verbunden war die Frage: Wie beeinflusst die gegenwärtige Vorstellung von Erfolg meine Gedanken und meine Gefühle? Um diese Fragen zu klären, schien mir ein Blick in die Geschichte sehr sinnvoll. Ich wollte wissen, ob sich die Bewertungen von Lebensläufen als erfolglos oder erfolgreich im Laufe der Geschichte verändert hatten.

Aus meiner Beschäftigung mit der Geschichte ergaben sich für mich viele spannende und hilfreiche Erkenntnisse. Ich konnte erkennen, wie sehr gegenwärtiges Denken und Empfinden von historischen Entwicklungen und gesellschaftlichen Gegebenheiten bedingt ist. Ich fand jedoch auch heraus, dass vieles auch ganz anders gedacht und folglich auch ganz anders empfunden werden kann!

Im frühen Mittelalter sah es so aus: Damals war persönlicher und gesellschaftlicher Erfolg für die meisten Menschen nur relativ eingeschränkt möglich. Das Leben war vielfach von Geburt an festgelegt. Dies lag vor allem an den festen gesellschaftlichen Hierarchien. Im frühen Mittelalter gab es eine klare gesellschaftliche Rangordnung mit nur drei Ständen: Adel, Klerus (Kirchenhierarchie) und Bauern. Etwa neunzig Prozent der Menschen waren Bauern und nur etwa zehn Prozent der Menschen waren adlig oder gehörten dem Klerus an. Nahezu alle Menschen in den jeweiligen Ständen waren und blieben über Generationen in ihrem jeweiligen Stand.

Dabei hatte es der Bauernstand am schwersten. Bauern waren und blieben meist arm. Ihr Leben war geprägt vom täglichen Kampf um Existenzsicherung. Menschen höheren Standes lebten ganz selbstverständlich in finanzieller Sicherheit mit Bequemlichkeiten, die sie sich erkaufen konnten. Sie kamen wohlhabend zur Welt und blieben wohlhabend. Jeder Lebensweg im jeweiligen Stand war in gewisser Weise vorbestimmt. Von niemandem wurde erwartet, diesen vorgegebenen Lebensweg zu verändern.

Dadurch hatte niemand die Verantwortung für seinen sozialen Status – dieser wurde ja durch Geburt zugewiesen. Persönlicher und/oder beruflicher Erfolg waren damals kein Thema. Deshalb war Erfolg im frühen Mittelalter auch kein vorrangiges Lebensziel. Der Selbstwert eines Menschen hing nicht von persönlichem Erfolg ab. Vielleicht wurde über vorhandene oder abhanden gekommene Gefühle von Selbstwert sogar überhaupt nicht nachgedacht.

Es stellte sich eher nicht die Frage, was jemand im Leben wirklich wollte. Es ging wohl ausschließlich um eines: das eigene Leben im Rahmen seines durch Geburt zugewiesenen Standes irgendwie zu bewältigen. Jeder strebte nach einem halbwegs erträglichen Leben. Wer das im Rahmen seiner Möglichkeiten erreichte, war angesehen und wahrscheinlich auch auf seine Weise zufrieden.

Inzwischen hat sich einiges verändert: Stände, in die Menschen hineingeboren werden, gibt es nicht mehr. Dies hat wohl auch die Erwartungen von Eltern verändert. Ich glaube, Eltern in ständischen Zeiten erhofften sich für das Leben ihrer Kinder, diese sollten in ihre Fußstapfen treten. Es galt die Parole: „Schuster, bleib bei deinen Leisten!"

In der heutigen Zeit scheint mir dies anders auszusehen: Heutige Eltern hoffen, dass es ihren Kindern einmal besser geht als ihnen selbst. Eltern scheinen mir inzwischen die Parole auszugeben: „Mach was aus dir! Dir ist alles möglich!" Doch nicht nur Eltern, die ganze Gesellschaft scheint mir diese Devise zu vertreten. Führt dieser Leitsatz zu einem besonderen Denken und Fühlen?

Ich für meinen Teil habe als Kind meiner Zeit den ersten Satz: „Mach was aus dir!" als Appell, als Auftrag an mich verstanden. Die Botschaft des zweiten Satzes „Dir ist alles möglich!" habe ich nie angezweifelt. Ich habe sogar auf die Richtigkeit dieser Aussage gehofft, darauf gebaut und sogar daran geglaubt. Ich glaubte, dass mir alles möglich sei! Ich glaubte daran, etwas aus mir machen zu können. Dieser Glaube stellt für mich einen besonderen Lebensumstand in meinem Leben dar. Mit ihm war der Grundstein für meinen Glauben an den LEG-Wert gelegt. Mit diesem Glauben war mir das Brett vor den Kopf gebunden.

Deshalb habe ich mich gefragt, wie es dazu kommen konnte, dass ich so uneingeschränkt an die Botschaft: „Dir ist alles möglich!" glauben konnte. Andererseits stellte sich mir die Frage, ob diese Aussage auch Auswirkungen auf mein Selbstwertgefühl hatte. Die Antwort auf diese Fragen fand ich ebenfalls in der Geschichte.

Im frühen mittelalterlichen Gesellschaftssystem mussten sich alle mit ihrer Herkunft abfinden und diese akzeptieren. Reichtum und Wohlstand waren dabei ausschließlich Klerus und Adel vorbehalten. Ein Wechsel von einem Stand in einen anderen war kaum möglich. Dies änderte sich aber.

Gestützt auf kaufmännische Gilden und handwerklich-städtische Zünfte entwickelte sich im 18. Jahrhundert ein weiterer „Stand", das Bürgertum. Es bestand aus Familien, die mit Handwerk und Handel oder durch Bildung zu Wohlstand und Ansehen gelangt waren. Dieses Bürgertum hatte sich in der Gesellschaft zwischen Adel/Klerus und Bauern „geschoben". Bildlich dargestellt, lagen diese Gruppen der Bevölkerung wie Schichten in einer Bevölkerungspyramide übereinander. Laut Untersuchungen, die sich mit jener Epoche beschäftigen, gehörten zur untersten Schicht Bauern und kleine Handwerker, zur Mittelschicht gehörte das Kleinbürgertum und Bürgertum und zur Oberschicht Klerus und Adel.

Diese gesellschaftliche Entwicklung von der Stände- zur Schichtengesellschaft offenbart für mich eine entscheidende Veränderung: gesellschaftliche Mobilität wurde möglich. Menschen konnten aus der vorher starren Hierarchie der Stände ausbrechen. Sie konnten ihren durch Geburt zugewiesenen Platz verlassen und in eine höhere Schicht aufsteigen. Wobei das Vorhandensein von Kapital für den Aufstieg in eine höhere Schicht eine entscheidende Bedeutung erhielt. Auch dies stellt eine entscheidende Veränderung dar.

Als ich die Gesellschaft und ihr Verhältnis zum Wohlstand im frühen Mittelalter betrachtete, wurde mir deutlich: In dieser Zeit war Wohlstand nicht vor allem an Geld oder Kapital gebunden.

Zu Zeiten der Ständegesellschaft waren vor allem Ländereien von Bedeutung. Wer Ländereien besaß, lebte in Wohlstand. Klerus und Adel besaßen einen Großteil der Ländereien. Sie konnten damit, als sogenannte Lehnsherren, Abgaben von denen verlangen, die ihre Ländereien bewohnten und bewirtschafteten. Nur die freien Städte konnten Eigentumsrechte gegen den Adel durchsetzen.

Aus diesem Grund verteilte sich das Eigentum (die Ländereien) des frühen Mittelalters im Wesentlichen auf zwei Personengruppen – auf die beiden Stände Adel und Klerus. Der sogenannte dritte Stand, der die große Mehrheit der Bevölkerung darstellte, war ohne Ländereien und deshalb arm und ohne Wohlstand. Der dritte Stand hatte kein Land und musste das Land der Lehnsherren bewohnen und bewirtschaften. Bauern mussten Abgaben entrichten und von dem leben, was übrigblieb. Die Menschen des dritten Standes konnten selten mehr als das, was sie am Leibe trugen, als ihr Eigentum bezeichnen. Für diese Menschen waren Kinder wichtig. Zumindest ein bisschen „reich" war, wer genug Kinder hatte, die zum Lebensunterhalt beitragen konnten. Menschen konnten damals kinder-reich sein – und dies war eine durchaus anerkannte Form des Reichtums.

Mit dem Aufkommen des (Geld-)Bürgertums wurde die Verknüpfung von Wohlstand durch Ländereien durchbrochen. Plötzlich konnten Menschen durch Handel und Handwerk zu Geldwohlstand gelangen und damit ihre Lebensumstände verändern. Diese neue Wohlstandsschicht, die sich gegen Klerus, Adel und Bauern abgrenzte, wollte aber nicht nur finanziellen Wohlstand. Sie strebte auch nach politischer Anerkennung und politischer Macht. Entsprechend wurde das Bürgertum politisch aktiv und erkämpfte sich die sogenannten Bürgerrechte.

Ich denke, mit dem Aufkommen des Bürgertums wurde die Idee vom gesellschaftlichen Aufstieg durch wirtschaftlichen Erfolg geboren. Dabei wurde diese Idee noch nicht gesellschaftlich propagiert. Sie existierte vornehmlich in den Köpfen derer, die diese Idee in ihrem Leben umsetzten und zu Wohlstand gelangten.

Dennoch entwickelte sich diese Idee weiter. Sie wurde größer und entwickelte sich vom Baby zum Kleinkind. War die Idee vom gesellschaftlichen Aufstieg durch wirtschaftlichen Erfolg vor der industriellen Revolution noch eher ein Baby, so entwickelte sie sich durch die Industrialisierung weiter zum Kleinkind.

Treibende Kraft war das Bürgertum. Es hatte ein Interesse daran, Handel und Handwerk zu automatisieren. Gleichzeitig hatte das Bürgertum das Kapital, dieses Interesse zu verwirklichen. Dort, wo das Kapital eines Firmeninhabers nicht ausreichend vorhanden war, wurde es häufig über den Verkauf von Aktien generiert. Aktiengesellschaften ermöglichten das „Sammeln" von Geldbeträgen. Die Geldgeber erhielten gegen Geld Anteile an den Aktiengesellschaften. Als Nachweis über die erworbenen Anteile erhielt der Geldgeber Aktien. Wer Geld hatte, investierte in die Industrialisierung.

Neben dem Kapital für notwendige Firmenräumlichkeiten und Maschinen benötigte die Industrialisierung aber vor allem auch Arbeitskräfte. Diese Arbeiter wurden in der Mehrheit der Bevölkerung gefunden – den Bauern und ärmeren Handwerkern. So wurden durch die Industrialisierung immer mehr Bauern, aber auch Kleinhandwerker zu Arbeitern. Es entstand eine weitere Schicht in der Gesellschaft: die Industriearbeiterschaft. Diese besaß meist nichts außer ihrer Arbeitskraft, um ihren Lebensunterhalt zu sichern. Mit der Industriearbeiterschaft etablierte sich so das System „Geld gegen Arbeit" bzw. „Arbeit gegen Geld".

War im frühen Mittelalter die Mehrheit der Menschen abhängig von Lehnsherrn, wurde durch die Industrialisierung die wachsende Arbeiterschaft abhängig von den bürgerlichen Unternehmern, ihren Arbeitgebern. Hierdurch hat sich jedoch die Unmittelbarkeit der Abhängigkeit der Stände/Schichten voneinander verändert.

Die Gesellschaft des frühen Mittelalters gründete sich einerseits auf fehlende räumliche Mobilität. Die meisten Menschen lebten zumeist ihr ganzes Leben da, wo sie geboren wurden. Andererseits gründete sich die damalige Gesellschaftsstruktur auf das unmittelbare Abhängigkeitsverhältnis von Bauern und Adel/Klerus. Klerus und Adel stellten ihre Ländereien den Bauern zur Verfügung. Die Bauern lebten auf diesem Land und sicherten sich damit ihre Existenz. Indem sie Abgaben an die Lehnsherren abgaben, sicherten sie auch deren Existenz. Eine unmittelbare gegenseitige Abhängigkeit!

Durch die Industrialisierung wurde dies grundlegend verändert. Prinzipiell sind Wirtschaftsunternehmen von Arbeitskräften abhängig. Doch kein Arbeitgeber ist auf den einen Arbeitnehmer angewiesen. Prinzipiell sind auch Arbeitskräfte von Arbeitsplätzen abhängig. Doch kein Arbeitnehmer ist von einem bestimmten Arbeitgeber abhängig. Die vormals gegebene unmittelbare Abhängigkeit hat sich aufgelöst. Die Abhängigkeit existiert eher mittelbar. Dies ist eine entscheidende Veränderung. Dieser Wandel hatte Auswirkung auf das Denken und Fühlen der Menschen insgesamt. Ich vermute, alle fühlten sich freier. Die unmittelbare Abhängigkeit war aufgelöst, die mittelbare eher unsichtbar.

Noch eine weitere Auflösung von Unmittelbarkeit vollzog sich. Im frühen Mittelalter hatten es die Bauern sicher nicht einfach. Sie lebten meist in ärmlichen Verhältnissen. Sie lebten aber auf dem Grund und Boden, der ihre Existenz sicherte. Ihre tägliche Arbeit hatte unmittelbar mit den Bedingungen ihres Lebens zu tun: gute Arbeit als Bauer bedeutete gute Ernte und diese: ein auskömmliches Leben! Auf gewisse Weise hatte es jeder selbst in der Hand, wie sein Leben aussah, jedenfalls solange die Abgaben an den Lehnsherren nicht die Existenz gefährdeten oder das Wetter oder Kriege Ernteerträge vernichteten. Diese Unmittelbarkeit der Existenzsicherung barg ein ganz eigenes Lebensgefühl. Ein Lebensgefühl, das ich mir heute gar nicht mehr vorstellen kann. Es ging durch die Industrialisierung und die moderne Lebensweise verloren.

Heute hatte und habe ich nicht die Möglichkeit, meine Lebensmittel selbst anzubauen. Wenn ich etwas essen möchte, muss ich es kaufen. Meine Kleidung konnte und kann ich mir nicht selbst herstellen. Selbst wenn ich etwas nähen will, muss ich den Stoff, das Garn usw. kaufen. Wenn ich etwas stricken will, muss ich die Wolle kaufen. Ich muss also Geld verdienen. Ich muss meine Existenz mit finanziellen Mitteln sichern. Ich bin nicht in der Lage, meine Existenz unmittelbar zu sichern. Ich konnte und kann meine Existenz nur mittelbar durch Lohn sichern. Dies ist ein Umstand, der mein Denken und Fühlen stark beeinflusste. Die Notwendigkeit, Geld zu verdienen, das Muss eines Arbeitsplatzes, beeinflusste mein Denken und Fühlen sehr stark.

Sicherlich lebten viele Bauern und Kleinhandwerker zur Zeit der beginnenden Industrialisierung meist eher in ärmlichen Verhältnissen. Aus diesem Grund erhofften sie sich, durch den Wechsel in die Welt der Arbeiterschaft eine Verbesserung ihrer Lebensumstände. Das Leben der Arbeiter der frühen Industrialisierung war jedoch geprägt von viel Arbeit und großer Armut. Teilweise mussten Arbeiter bis zu achtzehn Stunden arbeiten und lebten dennoch in ärmlichsten Verhältnissen.

Irgendwann begannen die Arbeiter damit, ihren Unmut zu äußern und sich gegen ihre Lebensbedingungen zu wehren. So entstand die Arbeiterbewegung. Wissenschaftliche Untersuchungen sprechen im Zusammenhang mit der Arbeiterschaft des 19. Jahrhunderts vom Proletariat.

Um in meinem Bild zu bleiben: Die Idee vom gesellschaftlichen Aufstieg durch wirtschaftlichen Erfolg kam zu jener Zeit in die Pubertät. Die Pubertät ist ja so etwas wie eine Orientierungsphase, die mit vielerlei Konflikten einher geht. Immer mehr Menschen erkannten, dass die Idee vom gesellschaftlichen Aufstieg durch wirtschaftlichen Erfolg prinzipiell eine gute Idee ist. Sie stellten jedoch auch fest, dass diese Idee Nachteile mit sich bringt, vor allem für das Proletariat. Zu offenkundig war der große Unterschied zwischen den Lebensbedingungen des Proletariats und den Lebensumständen der Vermögenden. Der Adel, der zwar gesellschaftlich in den Hintergrund gedrängt war, lebte meist immer noch in Wohlstand. Das vermögende Bürgertum genoss ebenfalls einen Lebensstil, der Wohlstand spiegelte. Nur das Proletariat lebte überwiegend in Armut.

Dieser gesellschaftliche Zustand veranlasste Marx und Co. zu ihrer Sozialphilosophie, die mit der Utopie vom Kommunismus verbunden war. Karl Marx und Co. wollten der offensichtlichen Ungleichheit der Lebensbedingungen von armen und reichen Menschen den Garaus machen. Sie sahen den Grund für diese Ungleichheit in der ungleichen Verteilung der Produktionsmittel. Wer die Produktionsmittel (Firmen oder Firmenanteile in Form von Aktien) besaß, konnte in Wohlstand leben. Wer keinen Anteil daran besaß, die Menschen des Proletariats, konnte nicht in Wohlstand leben. Folglich sahen Karl Marx und Co. ihre Lösung des Problems unter anderem in der Vergesellschaftung der Produktionsmittel. Sie sahen aber auch noch andere gesellschaftliche Veränderungen als wesentlich an, auf die hier nicht näher eingegangen werden kann.

Schon zu ihren Lebzeiten konnten Marx und Co. mit ihren Überlegungen nicht alle überzeugen. Dennoch schienen auch die Gegner des Kommunismus etwas einzusehen: Es musste sich hinsichtlich der gesellschaftlichen Ungleichheit etwas ändern. Unruhen durch die Arbeiterbewegung hatten deutlich gezeigt, wie unzufrieden das Proletariat war. Sie zeigten aber auch, welche Gefahr für die soziale und politische Stabilität in dieser Unzufriedenheit lag. Diese Gefahr musste unbedingt gebannt werden. Aber wie?

Seit der französischen Revolution begaben sich die Menschen der westlichen Welt auf den Weg in demokratische Gesellschaftsstrukturen. Demokratische Strukturen heißt: Nicht nur Eliten, sondern die ganze Bevölkerung eines Staates soll an der gesellschaftlichen und politischen Macht zu gleichen Teilen beteiligt werden. Doch für eine optimale Entwicklung der Gesellschaft sind demokratische Strukturen allein nicht ausreichend. Es braucht noch weitere Rahmenbedingungen.

Die historischen Entwicklungen zum Bürgertum belegten: Menschen können durch eigene Anstrengungen ihre gesellschaftliche Stellung verbessern und zu finanziellem Wohlstand gelangen. Diese Erkenntnis rückte die Idee vom gesellschaftlichen Aufstieg durch wirtschaftlichen Erfolg wieder in den Mittelpunkt. Diese Idee war ja schon recht weit entwickelt. Deshalb sollte sie weiterentwickelt und stabilisiert werden. Dabei wurde der Fokus verändert: Es ging nicht mehr gleichrangig um beides, gesellschaftlichen Aufstieg und Wohlstand; es ging nun vorrangig um finanziellen Wohlstand.

Die Idee vom Wohlstand für alle wurde mit dem Gedanken der Chancengleichheit verbunden. Es wurde formuliert, dass jeder das gleiche Recht und die gleichen Chancen auf Wohlstand haben sollte. Die Urväter dieses Gedankens machten das Recht auf Wohlstand und das

Versprechen auf Chancengleichheit zu den Grundfesten des modernen Systems von Demokratie. Damit war die Idee vom gesellschaftlichen Aufstieg durch wirtschaftlichen Erfolg „erwachsen" geworden!

In der Tat: Ich finde den Gedanken, allen Menschen ein angenehmes, unbeschwertes Leben in Wohlstand zu wünschen und zu ermöglichen, wirklich positiv. Das Recht auf Wohlstand und das Versprechen auf Chancengleichheit sind durchaus lobenswerte gesellschaftliche Ziele. Ziele, für die es sich einzutreten lohnt. Ziele, die ich aber lange nicht als Ziele wahrgenommen habe. Aus zwei Gründen:

1. Ich habe diese allgemeinen Ziele ganz egoistisch zu meinen persönlichen Zielen erklärt. Ich wollte für mich persönlich das Recht auf Wohlstand einlösen, indem ich meine Chancen auf finanziellen Wohlstand nutzte.
2. Ich wollte persönlichen finanziellen Wohlstand, da ich davon ausgegangen bin, dieses Ziel sei für die Allgemeinheit ja bereits erreicht.

Ich fühlte mich motiviert, mein Recht auf Wohlstand und meine Chancengleichheit zu nutzen. Ich habe unreflektiert an dieses Versprechen und an mein Recht auf Wohlstand geglaubt. Inzwischen weiß ich: Dieser Glaube war ein besonderer Lebensumstand in meinem Leben. Er war für viele meiner späteren selbstkritischen Gedanken und Gefühle von entscheidender Bedeutung. Er beschränkte meinen Blick ausschließlich auf finanziellen Erfolg. Eine Beschränkung, die mich für alle nicht finanziellen Erfolge erblinden ließ.

... das Wohlstandsdenken ergründen

Ich bin unendlich dankbar und froh darüber, meine Blindheit für nicht monetäre Erfolge überwunden zu haben. Ich kann heute allen Wohlstand und alle Erfolge meines Lebens sehen. Ich kann dies, weil ich meinen Blickwinkel bezüglich der Chancengleichheit und hinsichtlich meines Wohlstandes geändert habe.

Ich frage mich, würde eine solche Veränderung des Blickwinkels auch anderen Menschen guttun? Immer mehr Menschen leiden unter Depressionen, Angststörungen, Burnout oder an körperlichen Symptomen, die psychische Ursachen haben. Kann es nicht sein, dass sich viele oder zumindest einige dieser Betroffenen, genau wie ich, im Sog des Wunsches nach persönlichem Wohlstand befinden? Kann es nicht sein, dass sie sich in diesem Sog gefangen, ausschließlich anhand ihres LEG-Wertes bewerten? Kann es nicht sein, dass sie sich hierdurch mit (vermeintlich) mangelndem finanziellem Erfolg, wachsender Unzufriedenheit, Hoffnungslosigkeit, Versagen, Schuld und schrumpfendem Selbstwert konfrontiert fühlen? Kann es nicht sein, dass sie sich durch diese Konfrontation in ein stetig wachsendes emotionales Chaos manövrieren?

Wenn ja, warum ist das so? Vielleicht, weil in unserer modernen Welt Erfolg ausschließlich mit finanziellem Erfolg gleichgesetzt wird? Vielleicht, weil sich alles nur noch ums „liebe Geld" dreht? Meiner Meinung nach passiert mit Menschen, die im Sog des LEG-Wertes gefangen sind, in unserer Gesellschaft folgendes: Sie schaffen, so wie ich, scheinbar Jahre lang irgendwie alles. Sie sind aktiv, immer präsent und ständig am „schaffe, schaffe, Häusle baue".

Nach außen sichtbar geht es ihnen gut. Dennoch, in ihrer Wahrnehmung wird immer mehr irgendwie als noch nicht endgültig perfekt, als steigerungsfähig, als nicht gut genug oder gar als mangelhaft empfunden. Hierdurch wird ein mehr oder minder verborgenes Gefühl des Scheiterns und des Versagens bzw. die Angst davor zum ständigen Begleiter. Vormals gegebene Zufriedenheit wird Stück für Stück aufgezehrt. Unzufriedenheit macht sich nahezu unmerklich breit.

Dieses Gefühl steigert sich allmählich. Irgendwann scheint alles so wenig erfolgreich, so erfolglos, alles Bemühen so sinnlos. Statt aufwärts, scheint es abwärts zu gehen. Manchmal ist dies auch wirklich so – bis an den Punkt, wo auch wirklich alles zusammenbricht. Ist es nicht so, dass Betroffene meist erst an diesem Punkt registrieren, dass etwas in ihrem Leben nicht stimmt? Vor einem Zusammenbruch werden offenkundige Signale ignoriert. Potenzielle Unzufriedenheit wird ausgeblendet, sich selbst ausgeredet.

So habe ich es getan! Warum? Mir scheint, Unzufriedenheit hat in unserer Gesellschaft keinen Platz – sie ist in unserer modernen und wohlhabenden Welt nicht vorgesehen. Schließlich gilt doch: Jede und jeder kann alles erreichen! Wer unzufrieden ist, hat keinen Grund, unzufrieden zu sein. Er oder sie muss sich doch nur mehr anstrengen. Deshalb wird Unzufriedenheit bagatellisiert, verdrängt, ignoriert.

Manche Menschen scheinen zumindest das Fehlen von Zufriedenheit oder Glück zu empfinden. Doch aufgrund fehlender Zufriedenheit schließen wohl nur die Wenigsten auf eine sich festsetzende und tiefer werdende Depression oder auf ein nahendes Burnout. Dies muss ja auch nicht zwingend folgen. Dennoch kann es folgen! Deshalb sollten Signale nicht einfach ignoriert werden.

Ich kann mich noch sehr gut daran erinnern, wie ich mit meinen Kindern einen Kinofilm anschaute und dabei mehrmals herzlich lachen musste. Hinterher dachte ich: „Dass du das noch kannst!" Selbst als ich dies bewusst dachte, habe ich den Gedanken nicht weiter hinterfragt. Ich habe ihn einfach so hingenommen. Erst viel später, während meines Klinikaufenthaltes, ist mir der Verlust meiner Lebensfreude in seiner ganzen Tragweite deutlich geworden.

Ich selbst habe die Symptome bei mir viel zu lange ignoriert. Ich wollte mein Leben, mein Denken und meine Empfindungen nie ernsthaft hinterfragen. Ich konnte und wollte mich nicht mit meinem allgegenwärtigen Mangelgefühl und der fehlenden Anerkennung auseinandersetzen. Ich wollte einfach nur anders, besser, nämlich anerkannt und finanziell abgesichert, leben.

So entwickelte sich in mir ein ständiger Kampf gegen mein chronisches Mangelgefühl. Es war, als stünde ich in einem Boxring und führte dort einen einsamen Kampf im Schattenboxen. Die positiven Fakten und Seiten meines Lebens lagen außerhalb dieser Kampfarena. Dorthin kam kein Licht. Irgendwann erwachte ich völlig erschöpft und am Boden liegend.

Diese Erfahrung ließ mich fragen: Wieso habe ich so bedingungslos an das theoretische Versprechen vom Wohlstand für alle (und das Recht darauf) geglaubt? Wieso habe ich diesen Glauben nicht im Geringsten angezweifelt?

Hierfür erscheint mir die jüngere Zeitgeschichte mit verantwortlich: Über viele Jahre der jüngeren Zeitgeschichte – in den ersten Jahrzehnten nach dem Zweiten Weltkrieg – schien es, als würde sich das Versprechen vom Wohlstand für alle tatsächlich erfüllen. Auch Chancengleichheit schien in wachsendem Maße gegeben. Immer mehr Menschen konnten aus den Fußstapfen der Eltern heraustreten und mehr Wohlstand erreichen als diese.

Ich vermute, die ersten Generationen nach dem Zweiten Weltkrieg lebten deshalb in dem Glauben, ja fast in der Gewissheit, dass „es" (das Leben) immer besser werden würde. Die sogenannten Wirtschaftswunderjahre begünstigten diesen Glauben. Der Lebensstandard wuchs für so gut wie alle. Kaum jemand musste für die Verwirklichung eins gewissen Maßes an Erfolg und wirtschaftlichem Wohlstand wirklich kämpfen. Natürlich musste etwas dafür getan werden. Letztlich ergab sich aber auch einfach vieles fast wie von selbst. Die Wirtschaft boomte. Auch der Verwaltungsapparat wuchs stetig. Es gab genügend Arbeitsplätze für alle Berufssparten. Von den 1950er bis in die 1970er Jahre stiegen alle Löhne sehr stark. Gewerkschaften setzten unbefristete Arbeitsverträge durch. Arbeitszeiten wurden kontinuierlich verringert.

Die materielle Situation des vormaligen Proletariats verbesserte sich stetig. Die offensichtliche Kluft zwischen Armen und Reichen wurde immer geringer. Diese Entwicklung ging auch nach einem kleinen Abschwung durch die Ölkrise in den 1970er Jahren stetig weiter. Den Gewerkschaften ging es in den 1980er Jahren bei ihren Arbeitskämpfen nicht mehr vorrangig um höhere Löhne. Sie beschäftigten sich mehr mit dem, was heute als Work-Life-Balance bezeichnet wird. Damals wurde für die 35-Stunden-Woche gekämpft.

In diesen Jahrzehnten des Klimas von stetem wirtschaftlichem Wachstum erlebte die Idee von gesellschaftlichem Aufstieg durch wirtschaftlichen Erfolg ihre Blütezeit. Sie war erwachsen geworden und stand voll im Leben. Der Wunsch nach gesellschaftlichem Aufstieg geriet zunehmend in Vergessenheit. Wohin sollte man auch aufsteigen? Das Schichtsystem schien ja aufgelöst. Es ging also nicht mehr um gesellschaftlichen Aufstieg, sondern ausschließlich um Wohlstand. Es ging darum, seine Chancengleichheit zu nutzen und hierdurch zu finanziellem Wohlstand zu gelangen.

Dies bedingte, dass persönlicher und beruflicher Erfolg ganz allmählich und fast unbemerkt zu einem zentralen Lebensziel wurde. Gleichzeitig etablierte sich die Vorstellung, dass sich persönlicher und wirtschaftlicher Erfolg vor allem in vorzeigbaren Statussymbolen spiegelt. Ein teures Auto, ein repräsentatives Haus und die Möglichkeit exklusiver Reisen wurden zum Spiegel erreichten Wohlstandes und vorhandenen Erfolges. Was gekauft und gezeigt werden konnte, wurde zum Sinnbild für Erfolg. Hierdurch fokussierte sich die Vorstellung vom Erfolg immer mehr ausschließlich auf finanziellen Erfolg.

Ich denke, viele Menschen streben heute nach finanziellem Erfolg. Sie erhoffen sich ein leichtes Leben im eigenen Haus, mit familiengerechtem Fahrzeug und mit zahlreichen erholsamen Auslandsreisen. Ein durchaus legitimes Streben. Dabei drängte sich mir die Frage auf: Wie ist es möglich, dass bei gleichen Chancen und gleichem Recht auf Wohlstand dennoch nicht alle zum ersehnten Wohlstand gelangen können?

Während ich mich mit dieser Frage beschäftigte, kam es zu einer Diskussion um die Vermögensverhältnisse in unserer Gesellschaft, die mich sehr interessierte. Deshalb schaute ich mir die Zahlen näher an. Dabei sprang mir die Ungleichverteilung des Vermögens deutlich ins Auge.

Nach statistischen Erhebungen teilen sich die reichsten ZEHN Prozent der deutschen Bevölkerung fast SECHZIG Prozent des gesamten deutschen Nettovermögens. Die ärmsten ZEHN Prozent der bundesdeutschen Bevölkerung haben gar keinen Anteil am deutschen Vermögen. FÜNFZIG Prozent der Menschen (inklusive der bereits genannten ZEHN Prozent der Ärmsten) teilen sich etwa EIN Prozent des gesamten Netto-Volksvermögens der Bundesrepublik! (Die Zahlen sind von 2012, aktuellere Zahlen unterscheiden sich jedoch nicht grundsätzlich: „'Die Vermögensungleichheit ist zwar in Deutschland – auch im internationalen Vergleich – sehr hoch, sie verharrt aber in den letzten zehn Jahren auf diesem Niveau', erläuterte Studienautor Markus Grabka." (Siehe hierzu vom 02.10.2019: https://www.faz.net/aktuell/wirtschaft/arm-und-reich/ungleichheit-in-deutschland-10-prozent-haben-mehr-als-die-haelfte-16413612.html)

Um mir die Dimension dieser Aussagen noch deutlicher zu machen, habe ich sie in konkrete Zahlen übertragen: Das Nettovermögen der Deutschen betrug 2012 etwa 10 Billionen Euro – das sind 10.000 Milliarden (10.000.000.000.000) Euro. In der Bundesrepublik lebten 2012 etwa 80 Millionen Menschen. Bei gleicher Vermögensverteilung hieße dies: 125.000 Euro Vermögen pro Bundesbürger. Das würde in meinen Augen einen gewissen finanziellen Wohlstand für alle spiegeln! Doch die Sache sieht ja anders aus: 10 Prozent der Bevölkerung teilen sich 60 Prozent des Vermögens. Dies bedeutet, etwa 8.000.000 Menschen besitzen 6.000.000.000.000 (6 Billionen) Euro, pro Person im

Durchschnitt also 750.000 Euro. Demgegenüber teilen sich 50 Prozent der Bevölkerung – 40 Millionen Menschen – 1 Prozent des Vermögens, also 100.000.000.000 (100 Milliarden) Euro. Das macht pro Person ein „Vermögen" von 2.500 Euro.

Die Zahlen zur Vermögensverteilung in Deutschland haben mir ganz klar gezeigt: Ich war und bin hinsichtlich finanziellen Erfolges durchaus nicht erfolglos! In der Schuldenstatistik, die jährlich von der Bundesregierung veröffentlich wird, tauche ich überhaupt nicht auf. Ich bin schuldenfrei.

Ich gehöre auch nicht zu den ärmsten 10 Prozent - ich habe einen Bausparvertrag. Dieser weist nahezu 2 500 Euro Guthaben auf. Damit habe ich in meinem Leben das für fünfzig Prozent der Bevölkerung mögliche Vermögen angehäuft.

Ich habe immer geglaubt, in finanzieller Hinsicht viel zu wenig erreicht zu haben. Ich habe geglaubt, die meisten Menschen hätten viel mehr Geld als ich. Die objektiven Zahlen zeigten mir, dass dem nicht so ist. Mich hat diese Feststellung sehr entlastet. Mein Denken und mein Fühlen konnten sich angesichts der objektiven Zahlen verändern. Ich konnte mich und meine finanzielle Lebensleistung objektiv einordnen. Ich habe nicht mehr und nicht weniger als fünfzig Prozent der Bevölkerung. Dies festzustellen, ist durchaus ein Grund, gelassener zu sein!

Doch die objektiven Zahlen verdeutlichten mir auch, mit „Wohlstand für alle" ist wohl eher nicht „persönlicher finanzieller Wohlstand für alle" gemeint. Wenn es nicht um persönlichen finanziellen Reichtum geht, worum geht es dann? Geht es vielleicht darum, allen eine Lebensweise in einer Wohlstandsgesellschaft zu ermöglichen? Vielleicht verfolgten die Urväter, die diese Idee formulierten, das Ziel, die Lebensbedingungen aller Menschen so zu gestalten, dass sich möglichst viele wohlfühlen können?

Wenn ich von mir ausgehe, so kann ich viele Gründe entdecken, mich in der deutschen Gesellschaft wohlzufühlen. Hierfür ist auch das allgemeine Wohlstandsniveau verantwortlich. Hierin besteht zu einem gewissen Teil auch mein persönlicher Wohlstand. Ich fühle mich wohl und genieße täglich die Chancen und Möglichkeiten, die sich daraus ergeben, hier leben zu können.

Ich habe diese Tatsache noch bis vor kurzem für selbstverständlich genommen. Dies mache ich nun nicht mehr. Ich nehme die Wohlstandsgesellschaft, die mich umgibt, wahr und ich bin hierfür dankbar. (Dies bedeutet jedoch nicht, dass ich diese Gesellschaft kritiklos wahrnehme. Ganz im Gegenteil: Es gibt in der Wohlstandsgesellschaft so viel Schützenswertes, welches erhalten oder gar weiterentwickelt werden sollte. Weil dies so ist, gilt es, anderes, was dieses Gute bedroht, zu verändern. Durch meine Erkenntnisse fühle ich mich ermutigt, für diese Veränderungen einzutreten.)

Die Feststellung der unterschiedlichen Verteilung der Vermögen legte mir folgende Sichtweise nahe: Nach meiner Einschätzung verhält es sich mit persönlichem finanziellem Wohlstand so ähnlich wie mit der Möglichkeit, als Sänger erfolgreich zu sein. Jedem gesunden Menschen ist eine Stimme gegeben. Dennoch kann nicht jeder zum Gesangsstar werden. Niemand wird sich eine Gesangskarriere erträumen, wenn er oder sie nicht zumindest eine gute, besser noch unverwechselbare Stimme hat. Doch um mit Gesang Karriere zu machen, braucht es weit mehr als eine gute Stimme. Es braucht eine besondere Stimme, ein besonderes Talent, mit dieser Stimme umzugehen und besondere Umstände, um diese Stimme zu fördern, zu entdecken und zu vermarkten.

Ein schönes Beispiel in diesem Zusammenhang ist in meinen Augen Paul Robert Potts. Der inzwischen international bekannte britische Tenor lebte 37 Jahre mit seinem Gesangstalent unter Umständen, die ihm eine Karriere als Sänger nicht ermöglichten. Durch eine Talentshow wurde er 2007 jedoch entdeckt und gefördert. Heute ist er ein gefeierter Star. Es braucht also sowohl die besondere Stimme als auch besondere Umstände, um als Sänger erfolgreich sein zu können.

Obwohl mir dieser Zusammenhang hinsichtlich einer Gesangskarriere sehr wohl klar war, bin ich lange Jahre nicht darauf gekommen, diesen Zusammenhang auch auf finanziellen Wohlstand zu übertragen. Wer eine besondere Stimme hat, hat ein größeres Potenzial Gesangsstar zu werden. Wer eine finanzielle Grundlage oder gar Vermögen hat, hat ein größeres Potenzial, in Wohlstand zu leben, zu mehr Wohlstand zu gelangen oder gar reich zu werden.

Viele Jahre habe ich bei der Beurteilung meines Lebens meine prinzipiell fehlende Grundlage nicht bedacht. Dies jetzt zu sehen und anzuerkennen hat für mich die Wertigkeit meiner Lebensleistung stark verändert. Ich habe mir deutlich vor Augen geführt: Ich hatte von Anbeginn meines Lebens kein Vermögen. Dies ist eine Tatsache, die in meinem Leben eine Rolle spielte.

Natürlich wäre es ein Leichtes, an dieser Stelle zu denken: „Die Sache mit der ungleichen Vermögensverteilung ist ungerecht!" Es gab eine Zeit, da habe ich dies auch gedacht. Aber hierdurch sind bei mir ausschließlich Gefühle von Enttäuschung, ja sogar Gefühle von Wut gewachsen. Wo haben mich diese Gefühle hingeführt? Zu Vorwürfen gegenüber der bösen und vermeintlich ungerechten Gesellschaft. Haben mir diese Emotionen weitergeholfen? Nein! Sie haben ausschließlich meinen Schuldrucksack schwerer gemacht. Befreit von diesem, geht es nicht mehr darum, nach Schuldigen zu suchen.

Wem könnte ich auch Schuld zusprechen? Trage ich auf irgendeine Weise Verantwortung für das Fehlen von Vermögen in meiner Familie? Nein, ganz sicher nicht! Trägt irgendjemand anderes eine Verantwortung hierfür? Meinen Eltern kann ich eine solche Verantwortung sicherlich nicht anlasten. Kann ich irgendwen sonst zur Rechenschaft ziehen? Könnte ich die Politik oder die Geschichte oder irgendwelche Menschen längst vergangener Tage hierfür heranziehen? Vielleicht. Doch was hätte ich davon? Nichts! Es gibt nun einmal Menschen mit Vermögen und Menschen, die keines haben. Diese Tatsache ist nicht schuld an meinen Lebensentwicklungen. Sie stellt aber einen Lebensumstand dar, den ich nicht mehr unbeachtet lasse. Ich schenke diesem Lebensumstand Beachtung.

Hierdurch ist mir klar geworden: Ich habe nach einem Traumleben mit möglichst großem finanziellem Wohlstand Ausschau gehalten. Damit habe ich ein Leben ersehnt, das mir aufgrund fehlenden Vermögens, vielleicht auch fehlender Talente, fehlender Beziehungen, manchmal auch fehlender Kraft und/oder fehlenden Mutes eben nicht möglich war.

Erträumt habe ich mir ein Leben, wie es eigentlich nur zehn Prozent der Bevölkerung leben. Wie viele dieser zehn Prozent haben ihren finanziellen Wohlstand aus eigener Kraft erreicht? Im Artikel des „manager magazin": „Von Bezos bis Reimann: Was Geldanleger von Superreichen lernen können" heißt es: „Insbesondere in Deutschland wurde der Grundstein für die größten Vermögen schon vor Jahrzehnten gelegt, so dass heutigen Erbengenerationen vor allem die Aufgabe zufällt, den vorhandenen Wohlstand zu erhalten, zu verwalten und wenn möglich weiter zu mehren." (Artikel von Christoph Rottwilm, unter: https://www.manager-magazin.de/finanzen/boerse/reich-werden-was-geldanleger-von-superreichen-lernen-koennen-a-1289949.html, vom 02.10.2019)

Wie dieser Artikel verdeutlicht, haben wohl die meisten wirklich wohlhabenden in Deutschland ihr Vermögen geerbt. In jüngster Zeit wird immer wieder von der Erbengeneration gesprochen. Viele Menschen meiner Generation erben von ihren Eltern. Dies ist aber nicht für alle zutreffend. Auch in der sogenannten Erbengeneration gibt es Menschen, die nicht erben! In der Pfalz gibt es einen alten Spruch. Er lautet: „Wer nichts erheiratet und nichts ererbt, bleibt ein armer Schlucker, bis dass er sterbt!"

Es gibt viele Menschen, die nichts erheiraten und nichts ererben. Müssen oder sollten sich all diese Menschen als arme Schlucker fühlen? Sicherlich nicht! Ich kann inzwischen wahrnehmen und schätzen, was ich habe. Ich habe meine Freiheit genutzt und meinen starren Blick vom Geld gelöst. Hierdurch konnte ich meinen Blick von meiner Wohlstands-Fata-Morgana lösen und meinen Blick erweitern. Endlich konnte ich sehen, was ich in meinem Leben an persönlichem Wohlstand erlebt und erreicht habe.

Ich konnte meinen Reichtum erkennen: Ich bin reich an Kindern, reich an Erfahrungen, reich an Bildung, reich an wertvollen Menschen in meinem Leben, reich an positiven Lebenserinnerungen und reich an positiven Gefühlen, welche sich auf alles in meinem bisherigen Leben, meine Gegenwart und auf meine Zukunft beziehen. Dies wahrzunehmen und für wahr zu nehmen fühlt sich gut an.

... das eigene Anspruchsdenken beleuchten

Ich kann endlich wahrnehmen, in welchem Wohlstand ich gegenwärtig lebe. Ich habe ein Dach über dem Kopf, welches ich als schönes Zuhause wahrnehme. Ich kann die Heizung anmachen, wenn es kalt ist, ich kann ein warmes Bad genießen, wann immer ich möchte, ich habe immer genug zu essen und ausreichend Kleidung, um mich für jeden Anlass passend anzuziehen. Dies alles genieße ich in einer Wohlstandsgesellschaft. Diese bietet mir ein Gesundheitssystem, ein Rechtssystem, ein Sozialsystem und vieles mehr, was mir mein Leben angenehm macht.

Ich nehme dies alles nicht mehr als selbstverständlich hin. Ich nehme dies alles als bereichernde Aspekte meines Lebens wahr. Ich kann diese bereichernden Aspekte als Teil meines Wohlstands empfinden. Deshalb kann ich auch wahrnehmen, dass ich in meinem Leben bislang immer in gewissem Wohlstand gelebt habe.

Allerdings war mir der Blick hierfür viele Jahre versperrt. Ich denke dies lag auch an folgenden Entwicklungen: Bis in die 1990er Jahre ging es scheinbar uneingeschränkt vorwärts. Das Wohlstandsniveau ist bis dahin ganz offensichtlich ständig gestiegen. So konnte es dazu kommen, dass die meisten Menschen heute in Wohnungen mit Zentralheizung und fließend warmem und kaltem Wasser leben. Nahezu alle Menschen haben Strom, können fernsehen und sich im Internet tummeln. Viele fahren Auto und in Urlaub. Dies alles ist zur Selbstverständlichkeit geworden.

Warum? Wird dieser Wohlstand als selbstverständlich empfunden, weil vor lauter Streben nach noch mehr Wohlstand, dieser Wohlstand nicht mehr wahrgenommen wird?

Ich habe mit Wohlstand nicht unbedingt einen bestimmten Sparbetrag oder gar das Vorhandensein von Reichtum verbunden. Nein, das war nicht der Fall! Für mich stand aber fest, Wohlstand bedeutet, ein finanziell sorgenfreies Leben leben zu können. Bei mir hat sich mit der selbstverständlichen Spülmaschine in der Küche, dem selbstverständlichen Fernseher im Wohnzimmer und dem nicht mehr wegzudenkenden Handy in der Hosentasche auch ein gewisses Anspruchs- und Wohlstandsdenken breit gemacht. Es hat sich ganz selbstverständlich in meinem Kopf und meinem Herzen eingenistet.

Die Verteilung des Vermögens in Deutschland hatte bereits meinen Blick auf mein nicht vorhandenes Vermögen gelenkt. Infolgedessen war es für mich wichtig, herauszufinden, an welchen Stellen mein Leben davon beeinflusst war, kein Vermögen besessen oder geerbt zu haben.

Beispielhaft erscheint mir in diesem Zusammenhang meine hohe Schuldenlast durch das Haus. Einen großen Teil meines zur Verfügung stehenden Geldes musste ich für die Ratenzahlungen verwenden. Deshalb blieb wenig

Geld für das sonstige Leben übrig. Selbst bescheidener Luxus war unmöglich. Vor allem deshalb war mir ein Gefühl von finanziellem Wohlstand nicht möglich. Dies hat mich, als ich in dieser Lebenssituation lebte, in wachsendem Maße frustriert. Ich ließ völlig außer Acht, dass vor allem zwei finanzielle Umstände der Vergangenheit meine damals gegenwärtige Lebenssituation beeinflussten:

Erstens: Mein Mann und ich hatten keine Ersparnisse und wenn meine Eltern oder damaligen Schwiegereltern unseren Hauskauf finanziell hätten unterstützen können, dann hätten sie es sicherlich getan. Sie konnten es aber nicht. So hatten wir kein Grundkapital. Deshalb musste das Haus nahezu zu hundert Prozent finanziert werden. Dies führte zu einer beträchtlichen Kredithöhe.

Zweitens: Da wir kaum Eigenkapital vorweisen konnten und zudem auch keine Bürgen oder andere Sicherheiten (wie Aktien oder dergleichen) vorweisen konnten, waren auch die Kreditkonditionen sehr ungünstig, was sich erheblich auf die Höhe der Raten auswirkte.

Ich gebe zu, ich habe mir, als wir unseren Hauskredit beantragten, kaum Gedanken über Unterschiede bei Kreditkonditionen gemacht. Natürlich wusste ich, dass unterschiedliche Banken eventuell unterschiedliche Angebote machen. Dennoch dachte ich, dass die Höhe der Zinsen prinzipiell meist relativ gleich sein würde. Von der Existenz eines Bonitäts-Scores wusste ich nichts.

Ich kann mich noch gut an ein Gespräch erinnern, bei dem ich eines Besseren belehrt wurde. Bei diesem Gespräch wurde mir zum ersten Mal bewusst, dass die Zinshöhe durchaus variieren kann – und dies erheblich! Mein Gesprächspartner erzählte mir, wie er ein nahezu gleich hohes Darlehen wie das meine erhalten hatte. Er musste aber fast 35 Prozent weniger an Zinsen zahlen als ich. Ich war schockiert! Im Gespräch kam heraus, dass mehrere Faktoren zu dem gravierenden Unterschied führten:

- Er hatte ein nachweislich hohes und sicheres Gehalt.
- Er konnte einen großen Teil seines Hauskaufs bar bezahlen und benötigte das Darlehen sozusagen nur zusätzlich.
- Er konnte elterliche Bürgschaften vorweisen.

All diese Aspekte führten dazu, dass er die Möglichkeit hatte, von Bank zu Bank zu gehen und nach den günstigsten Konditionen zu fragen. Er machte dabei immer ganz deutlich, dass er sich ausschließlich für die günstigste Bank entscheiden würde. Er hatte die „Macht", die Banken unter Druck zu setzen. So hat er wirklich günstige Konditionen erhalten und konnte eine Menge Geld sparen.

Mein Mann und ich waren damals hingegen einfach nur froh, dass unsere damalige Hausbank uns das Darlehen gab. Wir hatten wegen der notwendigen Vollfinanzierung Bedenken, vielleicht gar keines zu erhalten. Als wir dann die Zusage erhielten, sind wir gar nicht erst bei anderen Banken vorstellig geworden. Ich dachte damals, unsere Zinshöhe müsste so sein und wäre für alle anderen ähnlich. Bis zu jenem Gespräch war mir nicht bewusst, dass das fehlende Eigenkapital zusammen mit fehlenden Sicherheiten unsere Zinshöhe individuell erhöht hatte.

Dies erachte ich als einen Lebensumstand, der Wirkung auf mein Leben hatte. Wegen meines persönlichen Bonitäts-Scores hatte ich hohe Zinszahlungen abzutragen. Beides konnte ich nicht beeinflussen. Beides hatte vor allem mit fehlendem Vermögen zu tun.

Hinzu kam: Als ich den Kreditvertrag unterschrieb, war ich verheiratet und ging davon aus, dass dies so bleiben würde. Ich ging nicht davon aus, dass sich dies nach nur zwei Jahren ändern würde. Deshalb habe ich aus meiner Sicht mit meiner Unterschrift unter den Kreditvertrag nicht fahrlässig oder leichtsinnig gehandelt. Ich habe nach bestem Wissen und Gewissen gehandelt! Später musste ich die Folgen der unvorhergesehenen Trennung und der hohen Zinsbelastungen tragen. Doch diese Situation habe ich viele Jahre erfolgreich gemeistert – ein Erfolg, den ich heute schätzen kann! Ein Erfolg, der meinen Selbstwert unterstützt!

Sich gut fühlen!

Aus dem Schatten der anderen heraustreten

Mein gesundes Selbstwertgefühl stärkt und fördert mich heute jeden Tag. Ich weiß, welche Werte mir wichtig sind. Ich fühle mich motiviert, für diese Werte einzutreten. Dies zu tun und zu sehen, welch positive Wirkungen sich hierdurch auf mein Leben ergeben, bestärkt mich täglich aufs Neue. Mit dieser Haltung konnte ich aus dem Schatten der anderen gänzlich heraustreten.

Früher war mir dies nicht möglich, da ich allzu oft meine Lebensumstände mit den nach außen sichtbaren Lebensumständen anderer verglich. Wie oft habe ich mich umgeschaut und gedacht: „Wieso kann sich die oder der das alles leisten und ich nicht?" Während ich mich dies fragte, fühlte ich mich oft unterlegen und hilflos. Meine Person und mein Selbstwert verschwanden sozusagen im Schatten der anderen.

Dabei übersah ich vielleicht, dass der ein oder andere z.B. sein Haus schuldenfrei geerbt oder zur Hochzeit geschenkt bekommen hatte. Ich übersah dabei auch, dass es sich ohne monatliche Ratenzahlungen für Wohnraum oder entsprechende Mietzahlungen selbstverständlich mit fast jedem Einkommen viel besser leben lässt!

Notwendige Ausgaben für Wohnraum können ein entscheidender Faktor der Lebensqualität sein. In einem Artikel von Spiegel online: „So viel vom Einkommen geht für Miete drauf" (vom 13.09.2017, hej) fand ich hierzu folgendes: „Rund 40 Prozent der Haushalte in Deutschlands Großstädten müssen mehr als 30 Prozent ihres Nettoeinkommens ausgeben, um ihre Bruttokaltmiete zu bezahlen. ... ‚Bei Sozialwissenschaftlern wie bei Immobilienexperten gilt eine Mietbelastungsquote oberhalb von 30 Prozent des Haushaltseinkommens als problematisch, weil dann nur noch relativ wenig Geld zur sonstigen Lebensführung zur Verfügung bleibt, insbesondere bei Menschen mit kleineren Einkommen', schreibt die Hans-Böckler-Stiftung. ... Während die Haushalte mit höherem Einkommen im Mittel 17,2 Prozent davon für die Bruttokaltmiete aufwenden müssen, sind es bei den Haushalten an der Armutsgrenze 39,7 Prozent." (https://www.spiegel.de/wirtschaft/soziales/deutschlan d-so-viel-vom-einkommen-geht-fuer-miete-drauf-a-1167391.html, abgerufen am 20.10.2017)

Wie entscheidend es für die Lebenssituation sein kann, ob bzw. wie viel Geld man für Wohnraum ausgeben muss, war für mich eine wichtige Erkenntnis. Durch die hohen Kreditraten und andere Festkosten für mein Haus blieb von meinen Einnahmen nur eher wenig für die sonstige Lebensführung übrig. Dies führte zum subjektiven Empfinden chronischen Geldmangels.

Diese Erkenntnis ermöglichte mir einerseits, meine Lebensumstände objektiver zu bewerten. Andererseits machte sie mir aber auch deutlich, dass ein Vergleich mit anderen Menschen aufgrund ungleicher Bedingungen meist gar nicht objektiv möglich ist. Mir wurde klar, es ist besser, bei der Bewertung meines eigenen Lebens bei mir zu bleiben und ausschließlich meine Gegebenheiten, Chancen und Möglichkeiten objektiv zu betrachten. Der Blick auf andere verhindert einen objektiven Blick auf sich selbst. Schon Søren A. Kierkegaard sagte: „Das Vergleichen ist das Ende des Glücks und der Anfang der Unzufriedenheit."

Heute weiß ich, das Vergleichen war für mich fatal, da es mich immer schlecht aussehen ließ. Zudem schürte es negative Gefühle mir selbst und Neid den anderen gegenüber. Beides habe ich immer verdrängt. So äußerte sich beides meist nur indirekt in Hilflosigkeit und Unzufriedenheit. Diese Gefühle trugen dazu bei, positive Gefühle und Lebensfreude auszuzehren.

Als mir dies bewusst wurde, fasste ich den Entschluss, das Vergleichen abzustellen. Mit dem Gedanken: „Ich will meinen Selbstwert leben und aus dem Schatten der anderen heraustreten!" konnte ich Stück für Stück meine Gewohnheit zu Vergleichen, hinter mir lassen.

Doch damit war die Aufgabe, aus dem Schatten der anderen herauszutreten, noch keineswegs gänzlich bewältigt. Es fehlte noch ein wesentlicher Schritt. Für diesen erschienen mir die Begriffe Pflichterfüllung und Verantwortungsgefühl von besonderer Bedeutung.

Ich fühlte mich z.B. lange in der Pflicht und in der Verantwortung, den Erwartungen meiner Eltern gerecht zu werden. Es fiel mir sehr schwer, mich von den Erwartungshaltungen meiner Eltern zu emanzipieren. Diese standen in starker Verbindung zu meinen Versagens- und Schuldgefühlen und verhinderten ein unabhängiges Gefühl für meinen Selbstwert.

Das Bild einer Waage mit zwei Waagschalen veranschaulicht treffend das Problem. In der einen Waagschale liegen die Erwartungen meiner Eltern. Daneben und mit diesen fest verknüpft mein Bedürfnis nach Anerkennung durch meine Eltern. In der anderen Waagschale befindet sich mein Bedürfnis, selbstbestimmt und frei mit starkem Selbstwert zu leben. Ich brauche nicht zu betonen, dass diese Waage sich lange Zeit in enormer Schieflage befand. Zu dieser Schieflage kam es, nachdem ich mich für Kinder entschieden hatte und eine klassische Erwerbstätigkeit immer unwahrscheinlicher wurde.

Viele Jahre dachte ich, ich wäre allein dafür verantwortlich, diese Schieflage wieder ins Gleichgewicht zu bringen. Ich glaubte, ich müsse die Erwartungen meiner Eltern erfüllen. Ich glaubte, wenn ich diese erfüllte, bekäme ich auch die gewünschte Anerkennung. Und wenn ich diese erst erhalten hätte, würde dies meinen Selbstwert stärken und die Waagschalen ins ersehnte Gleichgewicht bringen. Doch dieser Glaube war ein Irrglaube.

Heute bin ich davon überzeugt: Es sollte von beiderseitigem Interesse sein, für Ausgewogenheit zu sorgen. Ist dies nicht der Fall, habe ich die Wahl: entweder ich lasse meinen Selbstwert in der Waagschale oder ich nehme ihn heraus. Letztlich ist der Selbstwert von elterlichen Erwartungshaltungen und elterlicher Anerkennung gänzlich unabhängig.

Eigentlich ist die ganze Sache mit der Waage unsinnig - gegenseitige emotionale Abhängigkeit ist ausschließlich ein subjektives Empfinden! Denn alle Beteiligten sind letztlich für ihre Wert- und Gefühlsbalance selbst verantwortlich. Jeder kann und darf die Dinge so sehen, wie er oder sie sie sehen möchte. Bezogen auf meine Person bedeutet dies: Ich habe meinen Selbstwert aus der Waagschale genommen! Ich fühle mich nicht mehr in der Verantwortung, dafür zu sorgen, dass sich meine Eltern von mir und meinem Leben nicht enttäuscht fühlen.

Allzu lange sehnte ich mich nach Anerkennung durch meine Eltern. Doch meine Eltern schienen mir keine Anerkennung geben zu wollen. Sie wurde weder geäußert noch konnte ich sie empfinden. Stattdessen habe ich bei meinen Eltern Enttäuschung gespürt, die nicht offen ausgesprochen wurde. Ich mache diesbezüglich meinen Eltern keinen Vorwurf.

Ich vermute, dass heute viel mehr Eltern von ihren Kindern enttäuscht sind als zu früheren Zeiten. Ich glaube, sie sind enttäuscht, weil sie ja mit der Erwartungshaltung bzw. in dem Glauben leben, ihre Kinder könnten und sollten mehr erreichen als sie selbst. Eltern der Nachkriegsgenerationen wuchsen im ständigen Wachstum auf, erlebten den stetig wachsenden Wohlstand. Sie erwarten deshalb, dass dies bei ihren Kindern so weitergeht. Die Kinder sollen zumindest das, was die Eltern erreicht hatten, auch erreichen – besser mehr! Doch die Zeiten wachsenden Wohlstands sind vorbei. Nicht jedes Kind kann heute mehr erreichen als seine Eltern.

In der Psychologie spielt die Tatsache, dass Kinder immer nach der Anerkennung durch ihre Eltern streben, eine besondere Rolle. Leider sind enttäuschte Eltern nur selten oder gar nicht zu Bekundungen von Anerkennung in der Lage.

Meine Eltern waren stolz, als ich Abitur machte. Sie haben gern, aber nicht ohne Erwartungen mein Studium finanziert. Ich vermute, sie erwarteten, orientiert an der Gleichung „Höhere Bildung = höherer Verdienst", dass das Studium zu größerem Wohlstand bei mir führen würde. Diese Erwartung wurde enttäuscht. Ich stieg nicht in einen gut bezahlten Job ein, sondern in die unbezahlte Tätigkeit als Hausfrau und Mutter.

Ich vermute, vor allem mein Vater erachtete mein Leben aufgrund des fehlenden Gehaltes als ohne Wert, als wertlos. Die vom Gehalt bzw. vom Geld unabhängigen Werte meines Lebens konnte er nicht wahrnehmen. So war es ihm unmöglich, mein Leben objektiv zu betrachten und zu bewerten. Ich hatte, wie er meinte, aus meinem Leben nichts gemacht. Ich hatte in seinen Augen mein Studium weggeworfen, als ich Kinder bekam.

Bis zu seinem leider viel zu frühen Tod hat er mir jegliche Anerkennung verweigert. Ein Umstand, der mich noch über seinen Tod hinaus belastet hat. Inzwischen konnte ich damit meinen Frieden schließen. Ich fand meinen Frieden damit, weil mir klar geworden ist, dass es meinem Vater nicht möglich war, seinen Blickwinkel auf mein Leben zu verändern. So konnte er nicht wahrnehmen, wie viel Positives mein Leben mir schenkte. Dass er dies nicht konnte, dafür bin aber nicht ich verantwortlich. Die Gründe hierfür lagen in seiner Wahrnehmungs- und Gefühlswelt.

Vielleicht hätte es ihm geholfen, wenn ich dieses Thema einmal offen angesprochen hätte. Vielleicht hätte ich einmal sagen sollen: „Ja Papa, ich verstehe deine Enttäuschung. Du hast mein Studium bezahlt und gehofft, ich würde nach dem Studium eine gut dotierte Stelle annehmen. So ist es aber nicht gekommen und jetzt bist du enttäuscht. Das kann ich gut nachvollziehen."

Vielleicht hätten diese Sätze einen guten Einstieg in ein erkenntnisreiches Gespräch ermöglicht. Leider fand ich damals nicht die Kraft zu einem solchen Gespräch. Mein Schmerz über die fehlende Anerkennung sowie meine Schuldgefühle, da ich mich für seine Enttäuschung ja verantwortlich fühlte, nahmen mir die notwendige Kraft. Manchmal ist die Sache mit den Gefühlen schon ziemlich vertrackt.

Erst nachdem ich mich aus der Abhängigkeit von der Anerkennung meines Vaters befreit hatte, konnte ich diesen Gefühlsknoten lösen und erkennen: Mein Vater war mir immer ein sehr wertvoller Mensch. Ich habe ihn geliebt und diese Liebe trage ich noch immer in mir. Viele Jahre war mir der Zugang zu dieser Liebe versperrt. Versperrt durch den Schmerz, keine Anerkennung von ihm erhalten zu haben.

Für diesen Schmerz war mein Vater aber letztlich nicht unmittelbar verantwortlich, sondern nur mittelbar. Unmittelbar für meinen Schmerz verantwortlich war vor allem mein Bedürfnis nach Anerkennung. Nachdem ich dieses Bedürfnis loslassen konnte, löste sich auch der damit verbundene Schmerz auf.

Nachdem dieser Schmerz verschwunden war, konnte ich wieder die Liebe meines Vaters erkennen. Da ich von meinem Vater nach der Geburt meiner Kinder keine Anerkennung mehr erhielt, glaubte ich, von meinem Vater auch nicht mehr geliebt zu werden. Doch dies war eine Fehlinterpretation. Mein Vater hat mich geliebt. Gerade weil er mich geliebt hat, hat er mir ein erfülltes Berufsleben gewünscht. Dass dieser Wunsch nicht wahr wurde, hat ihn geschmerzt. Ich denke, dieser Schmerz hat ihm den Zugang zu seiner Liebe zu mir versperrt. Dies hat ihn wahrscheinlich daran gehindert, zu sehen, wie sehr mich seine fehlende Anerkennung geschmerzt hat. So fühlten wir uns gegenseitig missachtet, ja vielleicht sogar ungeliebt.

Heute denke und fühle ich: So wie meine Liebe immer vorhanden war und ist, so war auch seine Liebe sicherlich immer gegeben. Leider hatten wir nicht die Chance, unsere Barrieren zu lösen und uns unserer gegenseitigen Liebe zu erfreuen. Im Gegensatz zu ihm lebe ich noch und ich konnte meine Barrieren auflösen.

Ich habe meine vertrackte Gefühlssituation entwirrt. Als erwachsener Mensch habe ich jedes Recht der Welt, mich von der in der Kindheit so nötigen Anerkennung durch die Eltern loszusagen. Elterliche Anerkennung ist für meinen Selbstwert und mein gutes Lebensgefühl heute nicht mehr nötig.

Auch sonstige Anerkennung von außen ist unnötig. Wenn sie gegeben ist, ist dies angenehm und begrüßenswert. Wenn sie nicht gegeben ist, so schmerzt dies nicht mehr. Mein Selbstwert ist von äußerer Anerkennung unabhängig. Er stützt sich auf alles, was ich von mir und meinem Leben denke. Er stützt sich auf alles, was ich fühle, wenn ich an mich und mein Leben denke. Ich gewähre mir nun selbst die Anerkennung, die ich viel zu lange von außen erwartete. Deshalb kann ich mit viel Wohlwollen über mich und mein Leben nachdenken. Ich denke positiv über mich und mein Leben. Ich empfinde mein Leben und meine Person dadurch als lebens- und liebenswert. Durch diesen Selbstwert schmerzt mich fehlende Anerkennung nicht mehr. Welche Entlastung!

Doch wie steht es um den Rest der Gesellschaft? Ist die Gesellschaft auf den Erhalt von äußerer Anerkennung fixiert? Versucht sie diese Anerkennung durch das Zurschaustellen von Geld zu erzwingen? Für mich sieht es so aus, als wolle jeder inzwischen zeigen, wie erfolgreich er oder sie ist. Nicht nur Erfolg haben ist zur Pflicht geworden, er muss auch gezeigt werden. Hierfür wird auf Statussymbole zurückgegriffen. Ein großes Auto, ein repräsentatives Haus, Bilder von exklusiven Reisen gelten als Insignien des Erfolges. Ob dieser Erfolg tatsächlich gegeben oder nur auf Pump vorgegaukelt ist, kann niemand von außen erkennen. Letztlich ist dies auch völlig egal. Was zählt, ist das, was man sieht!

Dieses Bedürfnis nach Außendarstellung ergibt sich meines Erachtens aus der Pflicht zu finanziellem Wohlstand und aus dem Bedürfnis nach äußerer Anerkennung. Ich denke, mit diesem Bedürfnis stellen sich die Menschen immer weiter in den Schatten der anderen.

Was andere sagen und meinen, wird zum zentralen Antrieb für eigenes Verhalten.

Ich kann mich noch sehr gut an eine Diskussion mit meinem zweiten Mann erinnern. Wir mussten ein neues Auto kaufen, da unser altes keine TÜV-Plakette mehr erhielt. Ich wollte einen gebrauchten Kleinwagen kaufen. Schließlich fuhr mein Mann meist allein mit dem Auto zur Arbeit und zurück. Nur selten fuhren wir als Familie zusammen mit dem Wagen. Die beiden großen Kinder gingen schon überwiegend ihre eigenen Wege. Wir restlichen vier hätten auch gut und gerne in einen Kleinwagen gepasst. Ich sah also den Autokauf vor allem unter praktischen Aspekten.

Mein Mann sah dies anders. Er wollte kein kleines Fahrzeug. Irgendwann in der Diskussion sagte er: „Ich will aber auch mal das Gefühl haben, dass ich mir etwas leisten kann!" Ich vermute hinter diesem Gefühl auch das Bedürfnis, dass er anderen gerne zeigen wollte, dass er sich ein größeres und neues Auto leisten konnte. Er sah sich im Schatten der anderen und hoffte, über ein größeres Auto aus diesem heraustreten zu können. Es findet sich aber immer jemand, der einen noch größeren Schatten wirft. Mein Mann hatte nicht erkannt, dass kein noch so vorzeigbarer Gegenstand einen Menschen aus dem eigentlichen Schatten hervortreten lässt: dem Schatten, der durch die Abhängigkeit von der Anerkennung anderer geworfen wird. Ich denke, einzig ein gesundes Selbstwertgefühl bewirkt dies. Und das drückt sich darin aus, dass man frei ist von dem Bedürfnis, sich mit anderen zu vergleichen. Es drückt sich darin aus, dass man sich auch ohne die Anerkennung durch andere wertvoll fühlt.

Damals hatte ich dies noch nicht erkannt. Dennoch hatte ich für das Bedürfnis meines Mannes Verständnis. Musste er doch durch die Tatsache, eine Frau mit vier Kindern geheiratet zu haben, finanziell einige Einbußen hinnehmen. Ich willigte also in den Kauf eines Neuwagens, eines Mittelklassewagens, ein. Wir finanzierten das Bedürfnis meines Mannes nach einem besseren Lebensgefühl mit einem Kredit. Dies hat uns zwar nicht in den finanziellen Ruin getrieben. Aber die monatlichen Raten machten sich schon bemerkbar.

Jahre später, während meiner Beschäftigung mit meinen Lebensumständen, fragte ich mich, warum dieses Bedürfnis nach einem größeren und neuen Auto bei meinem Mann so groß war. Lag es vielleicht auch daran, dass bereits ein Unverständnis besteht? Ein Unverständnis gegenüber all jenen, die nichts oder nur wenig vorzuzeigen haben? Führen die Sätze: „Du kannst alles erreichen!" und „Wer nichts erreicht, ist selbst schuld!" dazu, dass immer mehr Menschen kein Verständnis mehr für jene haben, die nur wenig oder nichts erreichen?

Als kleines Beispiel möchte ich einen Jungen anführen, der zu einer meiner Töchter zum Geburtstag kam. Vor unserem Auto (damals noch unser alter Kleinwagen) hielt er kurz an und sagte: „Ihr könnt euch wohl kein richtiges Auto leisten?!" Ton und Gesichtsausdruck drückten deutliche Missbilligung aus. Ich fand es erstaunlich, dass ein achtjähriger Junge eine solche Bemerkung machte. Wobei mich seine deutliche Missbilligung am meisten erschütterte. Er kam aus eher wohlhabendem Haus und hatte offensichtlich kein Verständnis dafür, dass es auch Menschen gibt, die nicht so vermögend sind. Ich würde sogar so weit gehen und behaupten, er empfand Verachtung – und dies mit gerade einmal acht Jahren!

Dieser Situation möchte ich folgende gegenüberstellen: Als Kind lebte ich in einem Wohnblock und hatte damit überhaupt kein Problem. Alle meine Freunde lebten in dem Achtparteienhaus, in welchem ich groß wurde. Oder sie lebten in den restlichen Häusern, die zu diesem Wohnblock gehörten. Dieser umfasste drei Häuser mit je acht Wohnungen. Um diesen Block herum standen noch weitere solcher Blocks. Für mich war es selbstverständlich, in so einem Wohnblock zu wohnen. Ich kannte es nicht anders.

Als ich in der Pubertät war, hatte ich jedoch eine Freundin, die mit ihrer Familie ein großes Haus bewohnte. Im Garten war sogar ein Swimmingpool. Ich kann mich noch gut daran erinnern, dass ich irgendwann darüber nachdachte, warum meine Familie kein solches Haus bewohnte. Deshalb habe ich meine Mutter gefragt, aus Interesse, nicht aus Verachtung. Die Erklärung meiner Mutter konnte ich gut nachvollziehen. So war das Thema für mich erledigt. Meine Freundin, die ja ein Haus bewohnte, hat mich oft besucht. Ich hatte bei ihr nie das Gefühl, sie würde Missbilligung oder gar Verachtung gegenüber meinen völlig anderen Lebensumständen empfinden. Ich vermute, dies lag auch an der Tatsache, dass vor etwa vierzig Jahren eben noch kein solcher Statusdruck herrschte wie heute.

Ein Bedürfnis nach Anerkennung hatten die Menschen damals sicherlich auch. Ich vermute jedoch, damals versuchten die Menschen noch nicht so sehr, über die Zurschaustellung von Prestigeobjekten zu Anerkennung zu kommen.

Noch in den 1960er und 1970er Jahren wurden zur Schau getragene Statussymbole eher verachtet. Wer damals einen „dicken" Mercedes fuhr, wurde „schief" angeschaut. Als die ersten Handys aufkamen und man im Straßenbild ab und an jemanden mit einem solchen (damals noch recht großen) Telefon sah, dachten die meisten dabei: „Na, der wird's nötig haben, mit so einem Ding hier zu protzen."

Inzwischen hat sich diese Haltung offenkundig verändert. Dicke Autos, Markenkleidung und dergleichen gehören ganz selbstverständlich zum Straßenbild. Sie scheinen sich sogar für manchen angesichts notwendiger Imagepflege zum MUSS entwickelt zu haben. Bestimmte Artikel werden heute sogar ganz selbstverständlich als „must-have" bezeichnet.

Dies hat Auswirkungen auch bei den Kindern. Kinder nehmen Unterschiede sehr wohl wahr. Kleine Kinder bewerten diese Unterschiede aber erst einmal nicht. Ich vermute, sie haben noch keine Bewertungskriterien gelernt. Wie lernen Kinder diese Kriterien? Sie übernehmen sie von den Eltern und anderen Erwachsenen, aber sie lernen sie auch durch Beobachtung der Umwelt und durch Erfahrungen. Machen Kinder die Erfahrung, dass die, die mehr oder Wertvolleres besitzen, besser behandelt werden, ziehen sie daraus ihre Konsequenzen!

Hierzu ein Beispiel: Wenn ich vor wenigen Jahren in meinem früheren Wohnort einkaufen wollte, musste ich die Hauptstraße überqueren. Manchmal trug ich dabei Turnschuhe, eine Jeans und eine Jacke meines Sohnes. Die Jacke meines Sohnes sah etwas schäbig aus, aber sie hielt gut warm. Deshalb habe ich sie öfter getragen. In diesem Outfit musste ich regelmäßig lange warten, bis sich eine Lücke zwischen den Autos ergab. Trug ich hingegen meinen schwarzen Lodenmantel und schicke Schuhe, musste ich nie lange warten. Es hielt immer recht schnell ein Auto an, damit ich die Straße überqueren konnte. Schicker und optisch teurer angezogen war ich es also eher wert, dass man für mich anhielt.

Wenn dies schon im Straßenverkehr so deutlich zu spüren ist, wie steht es dann erst um andere Lebensbereiche? Ich denke, der Wert eines Menschen wird in unserer Gesellschaft allzu oft an äußeren Gegebenheiten bemessen. Und diese Kriterien können, wie der Fall des achtjährigen Jungen zeigt, der abfällig über unseren Kleinwagen urteilte, schon ganz früh in den Köpfen verankert werden.

Positive Gefühle aktivieren

Ich kann mich wieder den Gefühlen zuwenden, die mir guttun und die mein Leben auf positive Weise bereichern. Ich schaue mit Wohlwollen und Zuversicht auf mich, mein vergangenes, mein gegenwärtiges und mein zukünftiges Leben. Hierfür sind vor allem meine Beschäftigung mit objektiven Zusammenhängen und meine Aktivierung positiver Erinnerungen verantwortlich.

Als einen objektiven Zusammenhang erachte ich z.B. die Tatsache, dass heute fast ausschließlich die Anhäufung von Geldmitteln als Erfolg erachtet wird. Hierdurch wird das Selbstwertgefühl an das Vorhandensein von Geld geknüpft. Der eigene Geldwert wird hierdurch fälschlicher Weise mit Selbstwert gleichgesetzt. Hierzu ein Zitat: „Die enge Beziehung, die heute mehr denn je zwischen Geld und Selbstachtung besteht, ist überall sichtbar. Nicht selten fühlen die Menschen sich nur dann einigermaßen wohl, wenn sie eine gewisse Summe auf dem Bankkonto haben. Man kann beobachten, wie die Stimmung mancher Leute mit dem Auf und Ab an der Börse schwankt." (Flach, Frederic F.: Versklavende Gedanken als Lebenschance. Seelische Krisen und wie man sie nutzt. Hamburg 1975, S. 168 f.)

Wenn in dem Zitat davon die Rede ist, dass „die Stimmung mancher Leute mit dem Auf und Ab an der Börse schwankt", so belegt dies in meinen Augen, welche Wirkung Vorhandensein oder Fehlen von Geld auf die Gefühlslage haben kann. Dabei scheint mir nicht das Geld als solches für die Veränderungen der Gefühlslage verantwortlich zu sein.

Wenn ich einen Geldschein auf den Tisch lege, dann verändert dies nicht meine Gefühlslage. Wenn ich mich aber wegen Geld angenommen oder wegen fehlenden Geldes abgelehnt fühle, dann beeinflusst dies schon meine Gefühlslage. Geld bestimmt in unserer Gesellschaft allzu oft den Wert, der einem Menschen von anderen zugesprochen wird. Geld bestimmt leider auch allzu oft über kurz oder lang den Wert, den jemand sich selbst zumisst.

Wie stark die Beziehung zwischen Selbstwert und finanziellem Wohlstand heutzutage sein kann, belegt für mich der Selbstmord von Adolf Merckle, der zu den fünf reichsten Menschen Deutschlands gehörte. Seine Familie erklärte: „Die Finanzkrise und die damit verbundenen Unsicherheiten der letzten Wochen sowie die Ohnmacht, nicht mehr handeln zu können, haben den leidenschaftlichen Familienunternehmer gebrochen, und er hat sein Leben beendet." (Bonner General Anzeiger vom 7. Januar 2009) Warum konnte Herr Merckle, der doch trotz Finanzkrise immer noch zu den reichsten Menschen Deutschlands gehörte, keinen anderen Ausweg finden?

Für mich war und ist Geld kein Aspekt der Persönlichkeit. Deshalb kann Geld auch kein Aspekt des Selbstwertes sein. Nichts außerhalb einer Person kann ein Aspekt des Selbstwertes sein. Der Selbstwert hat immer ausschließlich mit den Eigenschäften und Fähigkeiten der Person zu tun, die über ihren Wert selbst urteilt.

Ich bin davon überzeugt, jeder ist ausschließlich selbst für seinen Wert, seinen Selbstwert verantwortlich. Ich glaube, ein Mensch mit gesundem Selbstwert kennt und nutzt seine Stärken und verzeiht sich seine Schwächen! Dabei können Schwächen, die nach persönlichen Maßstäben nicht hin- oder annehmbar sind, verändert werden! Wichtig ist jedoch, zwischen persönlichen und äußeren Maßstäben zu unterscheiden.

Ich habe das Scheitern an dem Bestreben, finanziellen Wohlstand zu erzielen, lange Zeit als zentrale Schwäche meiner Person empfunden. Daher habe ich mich sehr darauf konzentriert, diese Schwäche auszubügeln. Es war mir geradezu ein Bedürfnis. Dieses Bedürfnis entsprang jedoch nicht meinen persönlichen Maßstäben. Ich habe mich vielmehr äußeren Wertmaßstäben angepasst.

Der Weg in diese Situation war ein schleichender Prozess. Hierzu habe ich einen passenden Text gefunden. „Wie sehen denn die Lebensläufe in unserer Marktwirtschaft häufig aus? Menschen gehen jeden Tag zur Arbeit, weil sie sich den Lebensunterhalt verdienen müssen und sich darüber hinaus etwas gönnen wollen. Viele leben in Familien und lieben sie.

Sie müssen sich um die Familie kümmern, sie ernähren. Aber weil sie sich im Sog der suggerierten Habgier verlieren, kümmern sie sich immer weniger um sich und ihre persönlichen Bedürfnisse. Dies geschieht auch bei denjenigen, die allein leben. Ihnen bleiben kaum noch Freiräume für sich; stattdessen stehen sie unter wachsendem Druck.

Da wird eine größere Wohnung bezogen, ein größeres Auto gekauft, ein teurer Urlaub gebucht ... alles im vermeintlichen Gefühl, sich etwas zu gönnen. Irgendwann müssen sie zur Arbeit gehen, um die alltäglichen Rechnungen und die notwendig gewordenen Kredite abbezahlen zu können. Die Sicherung des Arbeitsplatzes wird immer mehr zum Muss.

Weil die Notwendigkeit des Arbeitsplatzes immer mehr als Druck empfunden wird, erwächst hieraus auch immer mehr Stress auf der Arbeit. Die Freude an der Arbeit geht verloren. Aus der Verbissenheit der Situation werden immer mehr Gegebenheiten als negativ empfunden.

Die Angst vorm Arbeitsplatzverlust lässt diese Menschen immer mehr ‚ertragen'. Weil sie zur Arbeit gehen müssen, tun sie auch immer mehr Dinge, die sie eigentlich sonst nicht tun oder aushalten würden. Die eigene Würde geht zunehmend verloren, und diese Menschen sagen und tun nicht mehr das, was sie selbst für angemessen oder richtig halten. Sie verleugnen immer mehr ihre persönlichen Meinungen, weil sie sonst den Job verlieren könnten.

So schleicht sich Unmenschlichkeit ins gesellschaftliche System. Immer mehr Menschen denken: ‚Wenn ich es nicht mache, dann tut es jemand anders!'. Dies hat fatale Folgen für die ganze Gesellschaft, doch auch für den Einzelnen.

Tagtäglich gehen immer mehr Menschen zur Arbeit, obwohl sie spüren, dass diese Arbeit ihnen keine Freude bereitet. Sie spüren immer mehr nur noch den Existenzdruck, werden immer verstimmter und unzufriedener. Aber sie müssen die Familie ernähren oder die Rechnungen bezahlen und deshalb müssen sie leiden und ihre Persönlichkeit verleugnen. Wenn sie nach Hause kommen, sind sie müde, erschöpft und frustriert.

Weil sie aber den ganzen Tag schon ihre wahren Gefühle verborgen haben, und sich in ihrer Erschöpfung nicht einfach ein Schalter umschalten lässt, verharren sie auch zunehmend in ihrem Privatleben in dieser Haltung. Ganz allmählich wird es zur Gewohnheit, die eigenen Gefühle zu unterdrücken. Was bringt es auch schon, anderen die eigenen Gefühle zu zeigen? Die anderen fänden das sowieso nur lästig. Da sie dies glauben, behalten sie ihre Gefühle für sich.

Außerdem glauben alle, dass es ja nur ihnen so geht. Allen anderen geht es doch scheinbar viel besser. Doch diese Lüge deckt niemand auf, da jeder zumindest den Schein wahren will. Auch dieses ‚den Schein wahren müssen‘ ist ein Kraftakt. Alles, was in der Erschöpfung noch möglich ist, beschränkt sich zunehmend auf das Fernsehgerät. Miteinander sprechen ist zu anstrengend!

Die Frustgefühle werden auf die Menschen übertragen, derentwegen man sich in der Frustrationsspirale gefangen fühlt. Der Partner, die Familie oder die Menschen, die einem nahe stehen und immer wieder betonen, wie großartig es doch ist, dass man diesen Job hat, sind doch schuld, dass man in dieser Situation ist. Immer mehr erstickt die Liebe zu diesen Menschen in Unzufriedenheit, Ärger und Enttäuschung. Manch einer verlässt dann seine Familie, da er oder sie glaubt, dass der Partner oder die Partnerin an allem schuld sei. Die in der eigenen Person gewachsene Frustration wird auf die Beziehung abgewälzt. Sicherlich liegt hierin ein Grund für die ständig wachsende Scheidungsrate.

Andere Menschen verbleiben in ihren Familien und drehen sich weiter in der Spirale. Weil diese Menschen in der Überzeugung leben, dass sie die, die sie lieben, nicht hassen dürfen, fangen sie irgendwann an, sich selbst Vorwürfe zu machen. Sie erachten sich als unfähig und stellen sich selbst zunehmend in Frage. Die Spirale hat in dieser Situation angefangen, von der eigenen Persönlichkeit Besitz zu ergreifen. Ein Ausbrechen wird immer schwieriger."

Diese Ausführungen sind nicht wörtlich zitiert, sondern angelehnt an den Text von Bärbel Mohr „Geh' eine stärkere Verpflichtung dir selbst gegenüber ein" aus dem Buch: Bestellungen beim Universum. Aachen 1998, S. 40ff.

Ich kann mich noch sehr gut daran erinnern, wie betroffen mich diese Zeilen machten, als ich sie das erste Mal las. Ich habe mich darin an so vielen Stellen wiedererkannt. In diesem Zusammenhang fiel mir auch wieder die Geschichte des Kaufmanns Scrooge von Charles Dickens ein. Sie wurde in unterschiedlichster Form verfilmt und ist jedes Jahr zur Weihnachtszeit im Fernsehen zu sehen.

In dieser Geschichte geht es um einen Kaufmann, der am Heiligen Abend in seinem muffigen Londoner Verkaufskontor sitzt und keinerlei Verständnis für die Weihnachtsfreuden seiner Mitmenschen aufbringt. Er ist ein mürrischer älterer Mann, der allen nur als hartgesottener Geizkragen bekannt ist. Ihn interessieren nur seine Bilanzen, seine Umsätze und seine Gewinnspanne. Für seine Mitmenschen und die Freuden des Lebens hat er kein Verständnis. Aus diesem Grund verlangt er von seinen Mitarbeitern auch pausenlosen Einsatz, obwohl er ihnen nur wenig Lohn gönnt.

Doch auch zu sich selbst ist er schonungslos und gönnt sich weder Ruhe noch sonstige Annehmlichkeiten. Über die Jahre ist sein Streben nach Reichtum zu unverhohlener Habgier verkommen. Es scheint, als sei sein Bedürfnis nach Geld in ihm allmächtig geworden. Es scheint, als habe das Streben nach Geld alle anderen Gefühle überlagert. Es scheint, als habe er kein Herz mehr.

Als sich Scrooge am Heiligen Abend mit einem verächtlichen Kopfschütteln über die Weihnachtsfreuden der anderen Menschen ins Bett legt, findet er keine Ruhe. In seinen Träumen erscheinen ihm Bilder aus längst vergangenen Zeiten. Ihm erscheint auch sein früherer Geschäftspartner. Ebenso kommen die Geister der Vergangenheit, der Gegenwart und der Zukunft zu ihm. In

Träumen wird ihm seine Geldbezogenheit vor Augen geführt. Die Geister zeigen ihm, dass sein Streben nach Gewinnmaximierung ihn von den Menschen entfernt hat. Sie zeigen ihm auch, dass er sich von sich selbst entfernt hat und er ohne Freude und Liebe lebt. Die Geister führen ihm vor Augen, dass er deshalb auch einsam und ungeliebt sterben wird.

Scrooge begreift, was in seinem Leben falsch läuft. Ihm wird klar, was er alles nicht hat. Er hat keine Freunde, keine Freude im Alltag und auch keine prinzipielle Lebensfreude. Er begreift, dass er ohne angenehme Gefühle lebt. Dabei ging er doch davon aus, durch seinen Reichtum alles zu besitzen und zu haben.

Am nächsten Morgen wird Scrooge durch den Gesang einiger Straßenjungen geweckt, die „Merry Christmas" singen. Seine Einstellung zu seinem Leben hat sich geändert. Zum ersten Mal seit Jahren bringt er anderen Menschen Geschenke. Die Freude, die er damit bereitet, erfüllt ihn selbst mit Freude. Ein Gefühl, das er kaum noch kannte. Er erkennt in diesem Gefühl einen Reichtum, der ihn glücklicher macht als all sein finanzieller Reichtum.

Als ich mich mit dieser Geschichte beschäftigte, wurde mir klar, wie sehr auch ich dem Geld hinterherrannte. Dabei hat auch bei mir mein Streben nach Geld alle anderen Gefühle immer mehr überlagert. Meine Gefühlswelt ist in meinem Leben emotional verkümmert.

Bei diesem Gedanken fiel mir wieder ein Film ein, den ich einmal gesehen hatte. Dieser Film hatte den Titel: „Der Hüter der Erinnerung". In diesem Film ging es um eine Gesellschaft, in der die Menschen keine Gefühle empfinden konnten. Um keine Gefühle zu empfinden, mussten alle am Morgen, bevor sie ihre Wohnung verließen, mit dem Handgelenk auf eine Stelle drücken. Mit dieser Handlung erhielten sie eine tägliche Injektion. Aufgrund dieser empfanden sie keine Gefühle mehr. Sie konnten auch alles nur in Grautönen wahrnehmen. Sie funktionierten in einer grauen Welt.

Jeder erfüllte seine Aufgabe zum Wohle der Gesellschaft. Am Ende der Schulzeit wurde jedem seine Aufgabe zugewiesen. So wurden die Menschen zu Gärtnern, Köchen, Gebärerinnen, Drohnenpiloten oder was auch immer. Ein junger Mann wurde als Hüter der Erinnerung ausgewählt.

Er traf den gegenwärtigen Hüter der Erinnerung und sollte von diesem ausgebildet werden. Von diesem Hüter, der nun als „Geber" bezeichnet wurde, erfuhr er von der Welt der Gefühle. Er lernte Farben zu sehen und Gefühle zu spüren. Er erlebte vor seinem inneren Auge Erinnerungen an ausgelassene Feste. Er erlebte Erinnerungen an Gefühle von Freude, Gefühle von Liebe und Gefühle von Glück.

Der Hüter in Ausbildung war überwältigt und konnte nicht verstehen, warum den Menschen seiner Gesellschaft diese Gefühle vorenthalten wurden. Dann sah und spürte er Trauer und Leid. Er sah, wie Menschen sich gegenseitig töteten, wie sie Kriege führten und wie Menschen alles zerstörten. Dies erschütterte ihn zutiefst. Dennoch gelangte er zu der Überzeugung, dass Menschen Gefühle erleben sollten. Schließlich sorgte er dafür, dass die unsichtbare Barriere, die alle vor dem Empfinden von Gefühlen schützte, zerstört wurde.

Mich hat dieser Film sehr betroffen gemacht. Ich dachte mir: Du bekommst zwar keine tägliche Injektion, aber das ganze Spektrum der Gefühle steht dir trotzdem nicht mehr zur Verfügung. Auch ohne Injektion lebte ich eher funktional statt emotional. Mir wurde klar, ich möchte meine unsichtbare Barriere zu meinen Gefühlen durchbrechen. Ich möchte wieder das ganze Spektrum meiner Gefühlswelt aktivieren. Hierfür musste ich meine eigenen Bedürfnisse und Wertmaßstäbe wieder kennenlernen und meine (Selbst-) Zweifel ablegen.

Lange Zeit habe ich zum Beispiel daran gezweifelt, ob die Entscheidung, im Haus zu bleiben, eine sinnvolle und richtige Entscheidung war. Wenn ich an die Zeit im Haus dachte, dann daran, dass ich mich damals vor allem gehetzt fühlte. Ich fühlte mich so, weil mir die Beschaffung des für unsere Existenz notwendigen Geldes so schwerfiel. Weil mir dies so schwerfiel, habe ich an meinen Fähigkeiten und Leistungen gezweifelt. Dies wiederum führte zu Unzufriedenheit und einem chronischen Mangelgefühl. Alles zusammen untergrub mein Selbstwertgefühl.

Was war für diese Gefühle verantwortlich? Natürlich hätte ich direkt nach der Scheidung aus dem Haus ausziehen und das Haus verkaufen können. Doch dies war für mich überhaupt keine Option. Einerseits wollte ich meinen Kindern weiter ein Leben in unserem Haus ermöglichen. Andererseits hatte ich Angst davor, das Haus zu verkaufen. Ich glaubte, wenn ich das Haus verkaufen würde, wäre es schwierig, eine Wohnung zu finden. Welcher Vermieter würde denn einer alleinerziehenden Mutter mit vier Kindern und ohne regelmäßiges Einkommen eine Wohnung vermieten? Ich hatte unglaubliche Angst, in einem sozialen Brennpunkt zu landen. Und das mit vier Kindern! Diese Angst hat mich damals zunehmend durchs Leben getrieben.

Glücklicherweise kann ich heute vieles anders sehen. Nach der Scheidung war es mir ein Bedürfnis, meinen Kindern ihr gewohntes Wohnumfeld zu erhalten. Weiter im Haus zu leben, stellte einen großen Wert für mich dar. Somit habe ich letztlich nach meinen Wertmaßstäben entschieden, im Haus zu bleiben! Und, ich habe es geschafft, meinen Kindern und mir, ohne festen Job und trotz hoher Zinsbelastungen über viele Jahre ein Leben in einem sozialen Brennpunkt zu ersparen. Letztlich habe ich meine Lebensumstände unter schwierigen Bedingungen erfolgreich gemeistert! Ja, es war anstrengend, aber es war die Anstrengungen wert! Mit meinen Anstrengungen bin ich mir und meinen Bedürfnissen gerecht geworden. Dabei bin ich meinen Werten treu geblieben. Dies ist durchaus etwas, auf das ich heute stolz bin.

Heute kann ich mit gutem Gewissen sagen: „Ja, die Entscheidung im Haus zu bleiben, war eine richtige Entscheidung!". Um zu dieser Haltung zu gelangen, haben mir auch Gespräche mit meinen Kindern und Freunden meiner Kinder geholfen. Durch sie konnte ich meine eher negativen Erinnerungen und damit verbundene Gefühle verändern.

Ich war immer wieder angenehm überrascht, welche Vielzahl an positiven Erinnerungen sie hatten und wie viele positive Gefühle sie mit dem Leben im Haus verbanden. In ihren Erzählungen spiegelte sich so viel Freude und Dankbarkeit. Diese positiven Gefühle der Kinder und ihrer Freunde haben dazu beigetragen, dass auch meine Gefühle sich verändern konnten. Zwar gab es in meinem Leben damals wirklich viel Stress und Existenznot, aber nicht nur! Es gab sehr viel Schönes und Angenehmes! Ich habe mich aber vor allem auf den Stress und die Not fokussiert – damals und in meinen Erinnerungen!

Doch Erinnerungen lassen sich verändern! Oder besser gesagt: Sie lassen sich anders sortieren. Ich stellte mir meine Erinnerungen vor, wie sie in einer Bilderkommode lagen. Ich hatte alle meine Erinnerungsbilder in diese Kommode einsortiert. Die Bilder, die mir wichtig waren, hatte ich in die oberen und leicht zugänglichen Schubladen gesteckt, weniger wichtige Bilder lagen in den unteren, nicht so leicht zugänglichen Schubladen. Die Sortierung orientierte sich also an dem Wert, den ich dem jeweiligen Bild zugeordnet hatte.

Da ich mich als erfolglos, freudlos und unglücklich empfand, sortierte ich meine Erinnerungsbilder unter diesem Blickwinkel. Alle Bilder, die für meine erfolglosen, freudlosen und unglücklichen Momente und Gefühle standen, stecken in der oberen Schublade. So waren und blieben sie relativ präsent in Erinnerung. Bilder, die Freude, Glück oder Erfolg zeigten, gerieten automatisch weiter nach unten.

Ich war mir sicher, dies kann auch ganz anders aussehen. Wenn ich auf meine Lebensbilder blicke und mich dabei als erfolgreich, freudvoll und glücklich empfinde, dann sortiere ich meine Erinnerungsbilder auch entsprechend dieser Gefühle. Alle Bilder, die Freude,

Glück oder Erfolg repräsentieren, kommen dann in die obere Schublade und sind deshalb relativ präsent in meiner Erinnerung. Die Bilder, die meine erfolglosen, freudlosen und unglücklichen Gefühle zeigen, weichen automatisch in die untere Schublade.

Entsprechend dieser Erkenntnis habe ich meinen Blickwinkel auf meine Lebensbilder verändert und mit und an meinen Erinnerungen „gearbeitet". Das Gehirn, in welchem meine Erinnerungen gespeichert sind, ist nicht wirklich mit einer Kommode zu vergleichen. Dennoch war es mir mit Hilfe dieser Assoziation möglich, mein Denken und Fühlen in Bezug auf meine Vergangenheit zu verändern.

Und siehe da, heute kann ich sagen: Nachdem ich meine Lebensbilder unter anderen Blickwinkeln sortiert und bewertet habe, haben sich auch meine Erinnerungen verändert. Ich erinnere mich wieder, wie sehr ich den Freiraum, den das Haus uns gab, genoss. Ich erinnere mich wieder an die Freude über den zahlreichen Besuch von Kindern und später von Jugendlichen. Auch meine Freunde kamen gern und oft vorbei. Ich erinnere mich wieder an so viele schöne Begebenheiten im Haus. Ich genoss, dass das Haus den Rahmen für diese schönen Begegnungen bot.

Mit diesen positiven Erinnerungen in der oberen Schublade änderten sich allmählich die Gedanken und Gefühle über diesen Lebensabschnitt insgesamt: Es war ein beschwingtes, lebensfrohes Leben mit viel Abwechslung und Spaß. Wir hatten im Haus wirklich eine gute Zeit. Auch ich. Ich verbrachte viele schöne Jahre im Haus, die wichtig und auch genau auf diese Weise richtig waren.

Ermutigt von so viel freigelegten positiven Lebenserinnerungen, habe ich Lebensabschnitt für Lebensabschnitt betrachtet. Schritt für Schritt konnte ich immer mehr freudige Erinnerungen in meinem Leben wiederentdecken, die mir zeigten, wie viele „gute Zeiten" ich in meinem Leben hatte.

Beim Umsortieren meiner Erinnerungen fiel mir jedoch auf, dass es mir leicht fiel, positive Erinnerungen in die obere Schublade einzusortieren. Es fiel mir aber alles andere als leicht, negative oder gar leidvolle Erinnerungen in die unterste Schublade zu verbannen. Mir fiel auf, je stärker ich eine Erinnerung in die untere Schublade „verdrängen" wollte, umso mehr dachte ich an sie. Das ärgerte und frustrierte mich.

Dann fiel mir eine Begebenheit aus der Zeit nach meinem Fernsehauftritt wieder ein. Ich war ja wegen meines Buches „Ich bin Hausfrau, na und?!" in einer Talkshow eingeladen gewesen. Danach habe ich Tage, Wochen, ja sogar Monate damit verbracht, immer wieder an diesen Auftritt zu denken. Dabei habe ich mich ständig gefragt: Warum hast du dieses oder jenes nicht gesagt?

Kurz: Ich habe mich damit beschäftigt, wie die Talkshow anders und besser für mich hätte verlaufen können. In Gedanken führte ich Diskussion um Diskussion. Irgendwann gingen mir diese Gedankenschleifen so auf die Nerven, dass ich mir sagte: „Jetzt ist Schluss damit. Ich will das nicht mehr. Es ist vergangen und ich kann an dieser Vergangenheit nichts mehr ändern. Ganz egal, wie oft ich noch darüber nachdenke." Dieser Entschluss half schon sehr viel. Aber es fehlte noch etwas: Der Verstand wollte diesem Entschluss folgen, das Gefühl sträubte sich aber noch. Also fragte ich mich: „Warum denke ich immer wieder darüber nach?"

Mir fiel auf, dass ich irgendwie unzufrieden mit meinem Auftritt war. Ich hatte das Gefühl, nicht gut genug argumentiert, mich nicht gut genug dargestellt zu haben. Ich ärgerte mich, es nicht besser gemacht zu haben. Also überlegte ich, ob ich es wirklich hätte besser machen können.

Manchmal sagt man zu jemanden, der einen Kommentar zu einer Situation macht: „Du hast leicht reden, du warst ja nicht dabei." Mir wurde klar: Immer, wenn ich über den Fernsehauftritt nachdachte, hatte ich „leicht reden". Ich bewertete alles im Nachhinein. Dabei bedachte ich nicht mehr, wie aufgeregt ich in der Situation war. Ich ließ außer Acht, dass es mein erster Fernsehauftritt war. Ich übersah, wie ungewohnt es für mich war, zu argumentieren, mich zu rechtfertigen. Und Schlagfertigkeit war noch nie meine Stärke.

Nachdem ich mir dies alles bewusst gemacht hatte, wurde auch meinem Gefühl klar: Ich habe diese Talkshow so gut gemeistert wie ich konnte. Es gab überhaupt keinen Grund, unzufrieden oder verärgert zu sein. Das hat geholfen, und ich konnte die Gedanken an die Talkshow endlich ruhen lassen.

Diese Erfahrung zeigte mir: Es braucht zwei Dinge, um Gedanken aus dem aktiven Denken zu entfernen. Erstens, eine klare Vorstellung, um welchen Sachverhalt es geht und zweitens, eine klare Vorstellung, um welches Gefühl es dabei geht. Wenn ich mir über beides Klarheit verschaffen kann, kann ich eine gemachte Erfahrung leicht aus meinen aktiven Gedanken entfernen. Ich kann sie als Erinnerung in meiner Erinnerungskommode ablegen.

Einiges, was immer wieder in meinen Gedanken kreiste, konnte ich, nachdem ich mir der damit verbundenen Gefühle bewusst wurde, endlich aus meinem aktiven Denken entfernen. Ich konnte es in eine der unteren Schubladen meiner Erinnerungskommode packen.

Doch nicht alle negativen, belastenden oder gar leidvollen Gefühle ließen sich nach unten umsortieren. Dies war so, weil ich nicht all diesen Gefühlen eine entsprechende Erinnerung oder Erfahrung zuordnen konnte. Ich zweifelte. Wie sollte ich es schaffen, mir über alle meine Gefühle völlig klar zu werden? Gab es nicht eine Methode, bei der ich mir nicht erst völlige Klarheit verschaffen musste? Ich hinterfragte meine Schubladenmethode. Was wollte ich damit erreichen? Ich wollte damit allen Erinnerungen und den damit verbundenen Gefühlen ihren Platz geben.

Dabei wollte ich meinem Leid und meinem Schmerz einen Platz in einer unteren Schublade zuweisen – möglichst weit weg vom aktiven Denken. In mir keimte der

Gedanke: Vielleicht sollte ich mein Leid und meinen Schmerz nicht in eine untere Schublade verbannen. Vielleicht sollte ich stattdessen lernen, beides als Teil meines Lebens zu tolerieren und zu akzeptieren.

Leid und Schmerz gehören nun mal zum Leben dazu. Ich überlegte, ob mein Leid mir vielleicht weniger leidvoll und mein Schmerz mir weniger schmerzlich erscheint, wenn ich es als Teil meines Lebens annehmen kann. Schmerz und Leid sind nun mal gegeben, ist nicht mehr zu ändern, und es soll seinen Platz in meinem Leben haben. Es soll aber einen Platz einnehmen, der mich weder bedrückt noch belastet.

Hierzu habe ich eine Visualisierung entwickelt: Ich stelle mir einen inneren See vor. An diesem See gibt es einen wunderschönen langen Holzsteg. Am Ende dieses Stegs ist ein schönes Tor. Es ist ganz bunt bemalt und mit vielen Pflanzenranken und wunderschönen Blüten geschmückt. Unter diesem Tor lasse ich kleine Schiffchen zu Wasser. Jedes dieser Schiffchen hat eine Lebenserinnerung und das damit verbundene Gefühl als Fracht. Manche Schiffchen haben auch nur Gefühle geladen. So tragen manche Schiffchen wunderbare Erlebnisse und freudige Ereignisse als Fracht. Andere haben eher schmerzliche Erfahrungen oder leidvolle Erlebnisse oder Gefühle geladen.

Jedes Schiffchen ist mit einer Kerze und seiner Fracht beladen und befährt meinen Lebenssee. In friedlicher Eintracht schwimmen Glück und Leid darauf. Da alle Schiffchen eine brennende Kerze mit sich führen, die zart vor sich hin leuchtet, fügen sich alle einzelnen Lichtquellen zu einem wunderschönen warmen Lichtschein auf meinem See. So leuchtet mein See in ruhigem Schein.

Dieses Bild eines leuchtenden Nebeneinanders von Freud und Leid, das sich zu einem prachtvollen gemeinsamen Lichtbild fügt, schenkt mir inneren Frieden. Diese Visualisierung ist mir zu einem lieb gewonnen Bild geworden. Immer, wenn mir wieder etwas Leidvolles begegnet, hilft sie mir, besser damit umzugehen. Wenn ich das Gefühl habe, dass ich dem Leid genügend Raum gegeben habe, entlasse ich es auf einem Schiffchen auf meinen See.

Mit dieser Methode konnte ich lernen, mit vielen meiner Gefühle besser umzugehen. Doch ich stellte auch fest, dass es in meinem Leben eine Vielzahl von Verletzungen gab. Ich fühlte mich oft verletzt. Als ich mich mit den vielen Situationen beschäftigte, die ich als verletzend empfand, stellte ich fest, dass es sich bei manchen dieser Situationen „nur" um vermeintliche Verletzungen handelte. Mit einem veränderten Blickwinkel, der sich durch mein gestärktes Selbstwertgefühl ergab, konnten diese Erinnerungen ihren Schrecken verlieren.

Doch es gab auch tatsächliche Verletzungen, die etwas mehr Aufmerksamkeit benötigten. Um den damit verbundenen Schmerz zu lösen, habe ich lernen müssen, zu verzeihen. Im Internet gibt es viele Informationen und Techniken, die dabei helfen können, dies zu lernen.

Irgendwo habe ich gelesen: „Wer verzeiht, erlöst vor allem sich selbst!" Ich kann dies bestätigen. Dabei habe ich die Dankbarkeit als Schlüssel zum Verzeihen entdeckt. Dankbarkeit ist ein sehr starkes und dabei sehr positives Gefühl. Und positive Gefühle wirken nach meinen Erfahrungen stärker als negative.

Ich wurde von meinen beiden Ehemännern verlassen. Meinem ersten Ehemann konnte ich sein Verhalten über viele Jahre nicht verzeihen. Bei meinem zweiten Ehemann war dieses Gefühl kaum gegeben. Wenn ich an ihn und unsere gemeinsame Zeit dachte, dann immer mit einem tiefen Gefühl von Dankbarkeit. Ich war ihm unendlich dankbar, dass er in einer schwierigen Zeit in mein Leben trat und mir half. Dieses Gefühl der Dankbarkeit war immer stärker als die Trauer und die Enttäuschung über die Trennung.

So überlegte ich, ob negative Gefühle eher weichen können, wenn genügend Dankbarkeit vorhanden ist. Ein Kurs im Internet griff genau diesen Gedanken auf. (21 Days of Abundance Challenge designed by Deepak Chopra, https://thejoywithin.org/authors/deepakchopra/abundance-meditation-challenge, abgerufen im Juni 2019)

An einem dieser 21 Tage wird man aufgefordert, einer Person, die einen verletzt hat, mit der Hand einen Brief zu schreiben. Dieser Brief sollte allerdings nicht abgeschickt werden. In diesem Brief sollte man ausschließlich in Dankbarkeit und Anerkennung formulieren.

Als ich diese Anweisung zum ersten Mal las, dachte ich: Das geht doch gar nicht! Und wirklich, es ging nicht. Ich konnte meinem ersten Mann keinen solchen Brief schreiben. Deepak Chopra schlug in dem Kurs vor, falls man dies nicht könnte, solle man einen Zettel nehmen und alles Negative, was einem zu dieser Person einfiel, darauf schreiben. Diesen Zettel sollte man dann zerreißen oder verbrennen. Danach sollte es möglich sein, einen Brief in Dankbarkeit zu formulieren.

Doch dies hat bei mir auch nicht funktioniert. Ich entschied mich dazu, erst einmal drauflos zu schreiben. Dabei kam bei allem Positiven ein „aber" hinterher. Als ich fertig war, las ich mir alles durch. Ich entdeckte viel Wut, Enttäuschung und Trauer in den Aber-Sätzen. Diese Sätze schrieb ich auf ein Extrablatt. Dieses habe ich mir mehrmals durchgelesen und meine Wut, Enttäuschung und Trauer zugelassen. Mit diesen Gefühlen habe ich dann den Zettel feierlich zerrissen!

Danach schrieb ich alles, was übrigblieb, auf ein separates Blatt – und siehe da, es ergab sich ein Brief voller Dankbarkeit und Anerkennung. Diesen zu lesen und die Dankbarkeit und Anerkennung zu spüren, hat Verzeihen überflüssig gemacht: Es war ein Akt des Verzeihens, der mich befreit hat. So war ich in der Lage, meinem ersten Mann endlich zu verzeihen.

Dies führte zu einem unbeschreiblichen Gefühl der Erleichterung. Ich fühlte mich von einer Tonnenlast befreit. Ich habe diese Methode dann auch auf weitere Personen angewendet. Außerdem habe ich einen Brief der Dankbarkeit und Anerkennung an mein Leben geschrieben. Unglaublich, welche positive Wirkung dies hatte.

Ich suchte für diese positive Wirkung eine Erklärung und kam zu dem Schluss: Solange ich nicht verzeihen konnte, blieb ein unsichtbares Band zwischen mir und dem Menschen (oder dem Lebensumstand) bestehen, dem ich nicht verzeihen konnte. Dieses Band war geknüpft aus einer Vielzahl von eher negativen Gefühlen und es hatte eine Verbindung zu diesen Gefühlen in meinem Gehirn. Immer dann, wenn irgendetwas in meinem Leben geschah, was mit dieser Person oder diesem Lebensumstand in Verbindung stand oder daran erinnerte, geriet dieses Band in Schwingung. Mit seinen Schwingungen regte es dann all die negativen Gefühle an, die damit in meinem Gehirn verbunden waren. Mit Hilfe des Verzeihens konnte ich die jeweiligen Bänder endgültig durchtrennen. Egal, was passiert, egal, ob ich an die Person oder diesen Lebensumstand erinnert werde, negative Empfindungen können nun nicht mehr angeregt werden – das Band ist durchtrennt.

Natürlich wollte ich auch herausfinden, ob es etwas gab, was ich mir zu verzeihen hatte. Dabei habe ich mich vor allem auf meine Entscheidungen fokussiert. Dabei fiel mir auf, sehr vieles in meinem Leben habe ich wirklich aktiv entschieden. Ich war also in meinem Leben nicht ausschließlich Opfer! Ich war *selbstwirksam*. Diese Selbstwirksamkeit zu entdecken, hat meinen Selbstwert enorm gestärkt.

Selbstverständlich habe ich in meinem Leben auch so manche folgenschwere Entscheidung getroffen. Ich konnte aber feststellen: Ich habe zu keinem Zeitpunkt in meinem Leben verantwortungslos oder gar wissentlich falsch gehandelt! Ich habe immer nach bestem Wissen und Gewissen entschieden und gehandelt! Ich habe jeweils nach meinen Werten und Bedürfnissen entschieden. Dies zu erkennen und anzuerkennen, hat mich ebenfalls sehr entlastet.

Zudem hat mich entlastet, dass ich die Folgen meiner Entscheidungen nicht immer in ihrer vollen Tragweite abschätzen konnte. Dies ist aber kein Versagen, kein Scheitern! Es ist schlicht und ergreifend menschlich!

Niemand kann Unvorhersehbares vorhersehen! Auch ich nicht!

Ich habe in meinem Leben natürlich auch immer wieder mal keine Entscheidung getroffen. Inzwischen habe ich gelernt: Keine Entscheidung zu treffen ist auch eine Entscheidung. Keine Entscheidung zu treffen bedeutet, dass alles so weiterlaufen kann, darf, muss. Ich habe an manchen Stellen meines Lebens keine Entscheidung getroffen. Auch dies hatte eine Wirkung auf mein Leben.

Ich fühlte mich, als ich dies erkannte, sehr betroffen, enttäuscht von mir, ja sogar verärgert, wütend. Sofort kamen Gedanken wie: „Warum hast du das nur zugelassen?" oder „Wieso hast du nichts getan?". Ich hatte das Gefühl, mir mein Nichtentscheiden nicht verzeihen zu können. Als ich dies fühlte, erinnerte ich mich an die Methode der Dankesbriefe. Folglich schrieb ich besagten Brief der Dankbarkeit und Anerkennung an mich selbst. Mit Hilfe dieses Briefes konnte ich mir mein Nichtentscheiden und vieles mehr verzeihen. Die damit einhergehende Entlastung kann ich gar nicht beschreiben!

Alles in allem führte mein Verzeihen zu umfassender innerer Versöhnung. So vieles was belastete konnte entlassen werden. Gelassenheit konnte sich breit machen. Zusammen mit meinen neu geordneten Gefühlen, fühle ich mich nun rundum ausgeglichen. Alle Gefühle haben jetzt ihren Platz in meiner Gefühlswelt, auf meinem See und in meiner Erinnerungskommode. Alle positiven, erfreulichen und motivierenden Erinnerungen sind in der oberen Schublade. Dort sind sie für mein aktives Denken leicht zugänglich. Aus diesem Grund sehe ich viel eher Positives, Erfreuliches und Motivierendes – und das macht mein Leben um vieles schöner!

Jegliche Erfolge sehen und genießen

Ich habe die Spirale von wachsendem Lebensfrust durch wachsenden finanziellen Existenzdruck durchbrochen. Ein wesentlicher Grund, weshalb ich mich in dieser Spirale befand, war meine persönliche Fokussierung auf finanziellen Erfolg.

Laut Definition des Brockhaus kennt der Begriff Erfolg zwei Bezugsebenen: „1) Betriebswirtschaftlich: das Ergebnis der wirtschaftlichen Tätigkeit der Unternehmung. Der Erfolg kann positiv (Gewinn) oder negativ (Verlust) sein. ... 2) Psychologie: das von Anspruchsniveau und Leistungsmotivation bestimmte Betätigungsergebnis bei der geglückten Verwirklichung selbstgesteckter Ziele, das seinerseits wiederum in der Regel als Ergebnis-Erwartung oder Ergebnis-Erleben positiv motivierende und anspruchssteigernde Wirkung hat." (dtv Brockhaus Lexikon, Mannheim 1988, Band 5 Eit-Fle)

Durch diese Definition habe ich für mich erkannt, dass ich mein Leben viel erfolgreicher leben und erleben kann. Ich kann dies vor allem dann, wenn ich mich vom betriebswirtschaftlich ausgerichteten Verständnis von Erfolg befreie.

Ich orientierte mich am betriebswirtschaftlichen Erfolgsbegriff, da ich den Eindruck hatte, dass die ganze Gesellschaft auf finanziellen Erfolg fokussiert sei. Die Beschäftigung mit der historischen Entwicklung zu dieser gesellschaftlichen Vorstellung machte mir jedoch deutlich: diese Erfolgsvorstellung ist keineswegs selbstverständlich, sondern durchaus streitbar. Erfolg kann auch ganz anders gesehen und empfunden werden. Dies in unserer Gesellschaft zu sehen, fällt jedoch schwer, denn die Konzentration auf finanziellen Erfolg hat psychologische Wirkung. Sie führt in den Sog des LEG-Wertes, der sich zu einem regelrechten Terror steigern kann.

Meines Erachtens sind viele Menschen für diesen Sog anfällig, da sie ein natürliches Bedürfnis nach Anerkennung haben. Jeder Mensch hat das Bedürfnis, um seiner selbst willen geliebt zu werden. Doch dieses natürliche Bedürfnis nach Anerkennung wird, sobald man in einer leistungs- und erfolgsorientierten Umwelt heranwächst und in den Sog des LEG-Wertes gerät, deformiert. Es wird zum Verlangen nach Anerkennung durch Leistung, Erfolg und Geld.

Ich bin überzeugt, schon in meiner Kindheit wurde mir nahegelegt, dass nicht unbedingt ich als Person zähle. Vielmehr zähle ich erst dann, wenn ich wirtschaftliche Erfolge vorweisen kann. So habe ich schon früh die Überzeugung angenommen, dass meine Persönlichkeit und meine sozialen Stärken eher unbedeutend sind. Bedeutender sind mein Auftreten, mein Aussehen und mein äußerlich sichtbares Eigentum. Hierdurch habe ich schon früh meinen Selbstwert aus den Augen verloren. Statt auf meinen Selbstwert zu achten, habe ich versucht, dem gesellschaftlichen LEG-Wert gerecht zu werden.

Jetzt erachte ich die ausschließliche Konzentration auf finanziellen Erfolg als völlig falsch und in gewisser Weise sogar als zerstörerisch. Sicherlich ist es so, dass ein Mensch mit einer zündenden innovativen Idee, mit einem besonderen Talent oder mit entsprechenden finanziellen Mitteln und/oder mit viel Fleiß zu Erfolg und hierdurch zu finanziellem Wohlstand gelangen kann. Das will ich auf keinen Fall abstreiten.

Doch mit dieser Tatsache habe ich persönlich eine Hoffnung auf finanziellen Erfolg verbunden. Auch diese Hoffnung möchte ich nicht prinzipiell als negativ bewerten. Diese Hoffnung zu haben, hat anfangs motivierend auf mich gewirkt. Doch aus eigener Erfahrung kann ich sagen: Diese motivierende Hoffnung kann sich unter bestimmten Bedingungen ins Gegenteil verkehren.

Diese Zusammenhänge habe ich nun für mein Leben durchschaut. Entsprechend konnte ich mein Leben in für mich wohltuendere Bahnen lenken. Ich konnte mein Ohnmachtsgefühl ablegen. Meine Lebenslage kam mir manchmal wie ein Drama vor. Entsprechend empfand ich auch die dazu gehörigen Gefühle: Besorgnis, Verzweiflung, Angst.

Weil ich glaubte, keine Wahl zu haben, fühlte ich mich zusätzlich hilflos ausgeliefert, geradezu ohnmächtig. Inzwischen weiß ich aber, dass ich selbst in Situationen, die ich nicht ändern kann, eine Wahl habe. Ich habe gelernt, meine Gefühle wieder zuzulassen und wahrzunehmen. Wenn ich sie wahrgenommen habe, kann ich entscheiden, wie ich mit der Situation wirklich umgehen möchte. Ich kann Lebenssituationen innerlich ablehnen und darunter leiden oder aber sie annehmen und das Beste daraus machen. Ich muss mich nicht ohnmächtig fühlen! Ich kann entscheiden, mich besser zu fühlen!

Niemand hat das Recht oder die Macht, mir meine Gefühle von Freiheit, Harmonie, Zufriedenheit und Glück zu verwehren. Niemand und nichts kann meine Gefühle steuern, wenn ich es nicht zulasse. Vielleicht geht dies durch die sogenannte „Gehirnwäsche". Wenn ich mich einer solchen Gehirnwäsche aber verweigere, kann nichts und niemand beeinflussen, welche Gefühle ich habe. Meine Gefühle sind allein meine Sache!

Doch Gefühle von Freiheit, Harmonie, Zufriedenheit und Glück bleiben verborgen, solange ich ihnen hinterherrenne. Während ich renne, bin ich mit Rennen beschäftigt und habe keine Zeit, diese Gefühle zu empfinden. Der indische Theologe Anthony de Mello (1931 – 1987), drückte dies treffend aus: „Das Glück ist ein Schmetterling. Jag ihm nach, und er entwischt dir. Setz dich hin, und er lässt sich auf deiner Schulter nieder."

Freiheit, Harmonie, Zufriedenheit und Glück können sich nur auf mir niederlassen bzw. sich in mir ausbreiten, wenn ich mir die Zeit nehme, sie zu empfinden. Sie breiten sich in mir aus, wenn ich ihnen Raum in meiner Gefühlswelt einräume. Es gibt keinen Schalter, der sich einfach auf „An" stellen lässt.

Es gibt ein Volkslied mit dem Titel „Die Gedanken sind frei". Dort heißt es in der ersten Strophe. „Die Gedanken sind frei, wer kann sie erraten". Die zweite Strophe beginnt mit: „Ich denke, was ich will und was mich beglücket". Die vierte Strophe lautet: „Und sperrt man mich ein im finstern Kerker, das alles sind rein vergebliche Werke: denn meine Gedanken zerreißen die Schranken und Mauern entzwei: die Gedanken sind frei." In der fünften Strophe heißt es: „Drum will ich auf immer den Sorgen entsagen und will mich auch nimmer mit Grillen mehr plagen. Man kann ja im Herzen stets lachen und scherzen und denken dabei: die Gedanken sind frei." Ich denke, dieses Volkslied macht auch dann Sinn, wenn das Wort „Gedanken" durch das Wort „Gefühle" ersetzt wird! Die Gefühle sind frei! Sie sind umso freier, wenn auch die Gedanken frei sind. Gedanken und Gefühle können Schranken und Mauern überwinden. Sie können von Sorgen und sonstigen Belastungen des Lebens befreien.

Jeder ist für die eigenen Gefühle selbst verantwortlich. Für meine Gefühle bin allein ich verantwortlich. Auch der Selbstwert ist im Wesentlichen ein Gefühl. Auch wenn es keinen An-Schalter gibt, so kann ich eine Tür für Freiheit, Harmonie, Zufriedenheit, Glück und Selbstwert öffnen, völlig unabhängig von äußeren Lebensumständen oder irgendwelchen Personen. Einzig und allein die innere Haltung öffnet diese Tür.

Hierzu ein Beispiel: An einem diesigen Nachmittag ging ich spazieren. Den ganzen Tag hatte es geregnet und es wurde schon langsam dunkel. Als ich an den kleinen See am Rande meines damaligen Wohnortes kam, riss der Himmel auf. Die Sonne schien in flachem Winkel auf die Herbstbäume und ließ sie in wunderschönem Goldgelb erstrahlen. Über dem See entstand ein wunderbarer Regenbogen. Wie ich diesen so anschaute, ärgerte ich mich, keinen Fotoapparat, kein Handy mit Kamera dabei zu haben, kein Foto machen zu können. Als dieses Gefühl in mir hochkam, dachte ich: „Nein, dieser Moment ist viel zu schön, um mich ausschließlich mit Gedanken an Ärger zu beschäftigen!" Ich beschloss, meinen Ärger zur Seite zu schieben und der Freude und dem Glück über diesen Moment den Vorrang zu geben. Noch lange stand ich da und bestaunte den Regenbogen – bis er sich schließlich auflöste und ich mit einem freudig erfüllten Gefühl weiter ging.

Mein Leben war ganz oft wunderbar. Dies kann ich heute sehen und fühlen. Ich habe die Tür zu meinen positiven Gefühlen geöffnet. Ich sehe und genieße sinnbildlich alle Regenbögen meines Lebens, statt mich immer wieder über das Fehlen einer Kamera zu ärgern.

Als diese Tür noch geschlossen war, leitete mich eine eher negative Grundhaltung. Diese Grundhaltung gab mir das Gefühl, dass mir eben immer eher Negatives passiert. Dieses Grundgefühl wirkte in meinem Leben wie ein Gefühlsfilter. Durch diesen Filter konnten vor allem negative Gefühle zu meinem Bewusstsein durchdringen. Die positiven Gefühle blieben in dem Filter hängen.

Auch hierzu habe ich ein schönes Beispiel: Vor einiger Zeit war ich bei einer Meditation. Es war am Jahresanfang. Am Ende der Meditation sollte sich jeder ein kleines Kärtchen aus einer Schale ziehen. Es wurde angekündigt, dass auf jedem Kärtchen ein Begriff stehen würde. Dieser Begriff bezeichnete das, womit man sich im Laufe des Jahres beschäftigen sollte. Die Schale ging durch die Reihen und ich beobachtete, wie jeder interessiert sein Kärtchen las. Ich war gespannt auf mein Wort und zog ein Kärtchen. Mit Verwunderung musste ich feststellen, dass mein Kärtchen leer war. Sofort schoss mir durch den Kopf: „Du musst natürlich wieder die Niete ziehen!" Ich fühlte mich enttäuscht. Ich war erschüttert über das leere Kärtchen.

Ich traute mich dann doch, die Leiterin der Meditation zu fragen, ob es sein könne, dass ein Kärtchen leer sei. Sie antwortete: „Schau doch mal auf den kleinen Engel auf der Karte. Was zeigt er dir?" Ich hatte der kleinen Figur auf der Karte noch gar keine Beachtung geschenkt. Ich war zu sehr auf das fehlende Wort fokussiert. So habe ich die Figur gänzlich übersehen. Sie zeigte einen Engel, der nach vorne gewandt stand. Beide Arme waren neben dem Körper ausgestreckt, die Handflächen waren nach vorn geöffnet.

Diese Geste wirkte auf mich wie die Aufforderung: „Geh! Du hast alles, was du brauchst. Trau dich." Diese

Beobachtung schilderte ich der Leiterin und sie antwortete: „Tja, vielleicht gibt es in diesem Jahr keinen Begriff, mit dem du dich beschäftigen müsstest. Vielleicht musst du einfach alles, was du schon weißt und was dir klar ist, einmal umsetzen." So hat mir dieses Kärtchen doch noch ein sehr gutes Gefühl gegeben. Ich trage es als Glücksbringer immer in meinem Geldbeutel bei mir. Es ist Sinnbild für mein lebensbejahendes Denken und Fühlen.

Die Begebenheit mit dem Kärtchen hat mich damals wirklich wachgerüttelt. Mir wurde klar: Solange ich mein Nietendenken nicht ablege, werde ich so manches als Niete empfinden, was eigentlich keine Niete ist.

Ich habe infolge dieser Situation gezielt einiges zum Thema Denken und Fühlen gelesen. Dabei ging es meist um Glaubenssätze. Ich glaubte, nicht gut genug zu sein. Ich glaubte, dass mir ausschließlich Negatives passiert. Ich glaubte, dass ich versagt hatte. Ich glaubte auch noch einiges mehr. Insofern waren diese Grundgedanken Glaubenssätze. Diese hatten negative Wirkung auf mein Leben.

Nachdem mir dies deutlich geworden war, wollte ich unbedingt andere Glaubenssätze für mich entwickeln. Es war ein Leichtes, diese zu formulieren. So formulierte ich: Ich war und bin erfolgreich, ich habe immer mein Bestes gegeben, ich habe so vieles gut gemeistert, ich bin gut genug, ich bin gut. Diese Sätze aufzuschreiben, mir vorzusagen oder immer wieder daran zu denken, hat meinem Verstand geholfen.

Meine Gefühle blieben aber hiervon weitestgehend unberührt. Dies änderte sich erst, als ich die Richtigkeit dieser Aussagen wirklich fühlen konnte. Ich konnte dies erst fühlen, nachdem die Recherchen zu meinen Lebensumständen mir die Richtigkeit dieser Aussagen deutlich vor Augen führten. Es war ein wunderbares Gefühl zu sehen, dass all meine positiven Glaubenssätze wirklich zutrafen. Ich musste mir nicht länger einreden, dass ich mich gut fühlen sollte oder wollte, ich fühlte mich gut!

Mich selbst gut und erfolgreich zu fühlen, führte mich zu einer ganzen Reihe von Fragen: Werden durch die Konzentration auf finanziellen Erfolg die Leistungen von Menschen ohne zündende innovative Idee, ohne besonderes Talent oder ohne entsprechende finanzielle Mittel eventuell übersehen? Erscheinen diese Erfolge sogar vielleicht als gänzlich wertlos? Kann es sein, dass es derzeit bereits viel Lobenswertes gibt, was schlicht übersehen wird? Kann es sein, dass diese lobenswerten Dinge erst dann gesehen werden, wenn der auf finanziellen Wohlstand fokussierte Blick aufgegeben wird? Wirkt die ausschließliche Konzentration auf finanziellen Erfolg vielleicht wie Scheuklappen? Werden durch diese Scheuklappen viele andere Erfolge geradezu unsichtbar?

Wenn ich mich und mein Leben als Beispiel heranziehe, so kann ich eindeutig feststellen: In meinem Leben wirkte die Fokussierung auf finanziellen Erfolg wie Scheuklappen. Durch meine Scheuklappen habe ich vieles gar nicht mehr gesehen, anderes habe ich völlig verzerrt wahrgenommen.

So habe ich z.B. viele Jahre meinen Doktortitel verzerrt wahrgenommen. Weil ich ihn nur verzerrt wahrnahm, habe ich ihn oftmals verschwiegen. Ich habe ihn verschwiegen, weil ich mich irgendwie für ihn geschämt habe. Ich habe mich nicht für den Doktortitel als solches geschämt. Aber ich habe mich dafür geschämt, mit dem Doktortitel nichts angefangen zu haben. Ich konnte meinen Doktortitel nicht zu Geld machen. Ich hatte keine Stelle, die meinem Doktortitel entsprochen hätte.

Viele Jahre habe ich deshalb mit mir und meinem Doktortitel gehadert. Heute kann ich dies anders sehen: Ich habe meinen Doktortitel nicht erhalten, um mit ihm etwas zu tun! Ich habe ihn erhalten, weil ich etwas getan habe. Ich habe eine Doktorarbeit geschrieben und die entsprechenden Prüfungen bestanden. Ich habe mir meinen Doktortitel erarbeitet. Ich habe ihn mir verdient. Er ist eine Anerkennung, eine Auszeichnung für eine erbrachte Leistung. Er ist ein Erfolg.

Mein ausschließlich auf Geld ausgerichtetes Erfolgsdenken hat mir viele Jahre den Blick auf diesen persönlichen Erfolg verdeckt. Statt mich zu freuen und stolz auf mich zu sein, habe ich mich nahezu geschämt. Ich finde das schon ziemlich erschütternd, wenn ich darüber nachdenke. Dennoch war es so und ich habe es viele Jahre nicht einmal gemerkt. Heute bin ich stolz auf meinen Doktortitel. Er ist ein großartiger Erfolg in meinem Leben. Ich kann diesen Erfolg wieder spüren und genießen. Mein Doktortitel ist ein Erfolg, für den ich meine Fähigkeiten und Talente erfolgreich genutzt habe.

Ich definiere Erfolg inzwischen als dann gegeben, wenn eine Person ihre ganz persönlichen Fähigkeiten und Talente zum persönlichen Wohle und/oder zum Wohle anderer optimal einsetzen kann. In diesem Sinne führe ich ein erfolgreiches Leben.

Ich selbst habe das Gefühl, dass ich als Mutter meine Fähigkeiten und Talente zum Wohle meiner Kinder und zu meinem persönlichen Wohle optimal eingesetzt habe. Ich habe vier wunderbare Kinder großgezogen. Inwiefern ich hierbei besondere mütterliche Fähigkeiten und Talente bewiesen habe, sollen meine Kinder beurteilen. Mir selbst hat mein Muttersein immer viel Freude bereitet und ich kann dies inzwischen als Erfolg sehen und empfinden.

Meine Fähigkeit zu lernen habe ich mit Studienabschluss und Doktortitel unter Beweis gestellt. Auch dies hat mir viel Freude bereitet, und ich genieße das gewonnene Wissen mittlerweile ebenso als Erfolg wie die Abschlüsse selbst.

Auch wenn ich mein Schreiben nicht als besondere Fähigkeit empfinde, so kann ich mich dennoch daran erfreuen. Hätte ich mit meinen Büchern finanziellen Erfolg, würde niemand meine „Schreiberei" in Frage stellen. Da ich jedoch keinen finanziellen Nutzen daraus ziehen kann, wurden meine Veröffentlichungen schon als „Alibibücher" bezeichnet.

Wie kann jemand auf den Gedanken kommen, meine Bücher als „Alibibücher" zu bezeichnen? Wofür sollten sie als Alibi dienen? Dies macht ausschließlich dann Sinn, wenn derjenige, der dies gesagt hat, mein Leben wegen des fehlenden finanziellen Ertrages als völlig erfolglos und (was die ganze Sache nicht besser macht) als vor allem durch eigenes Verschulden bedingt erfolglos bewertet. Ich war eben nicht an den richtigen Stellen fleißig – stattdessen habe ich nutzlose Alibibücher geschrieben. Ich finde dieses Denken schon bezeichnend. Zeigt es doch die ausschließliche Konzentration auf finanziellen Erfolg.

Zu meinem Glück denke und fühle ich anders: Das Schreiben ist mir ein willkommenes Hobby, das mir hilft, meine Gedanken in geordnete Bahnen zu bringen. Andere gehen joggen, um sich zu entspannen, ich schreibe. Ich genieße es, meine Gedanken in Worte zu fassen. Ich schreibe gern und auch, weil ich etwas mitteilen möchte. Ich versuche mit meinen Büchern, den Menschen etwas zu sagen, ihnen vielleicht etwas Hilfreiches zu geben. Indem ich die Bücher veröffentliche, kann ich mir sicher sein, es in jedem Fall versucht zu haben – dies verbuche ich als Erfolg!

Glücklicherweise konnte ich einige Jahre meines Lebens im Umgang mit älteren Menschen verbringen. Während dieser Tätigkeit konnte ich große Befriedigung an meiner Arbeit empfinden. Ich konnte erkennen, dass dieser Arbeitsplatz zu jener Zeit genau der Platz war, an dem ich für andere und für mich optimal wirken konnte. Ein gutes Gefühl. Ein wunderbarer Erfolg.

Inzwischen kann ich erkennen und spüren: Jedes Leben und damit auch mein Leben ist in seiner Einzigartigkeit wertvoll. Ich weiß und fühle, mein Wert ist unabhängig von meinem Kontostand oder von dem, was ich an wirtschaftlichem Erfolg vorweisen kann. Das Leben, mein Leben wurde mir anvertraut, um es zufrieden und voller Begeisterung zu leben.

Deshalb konzentriere ich mich nun wieder auf eine Einsicht, die mir aus dem Blick geraten ist: Das Leben hat keinen Preis, sondern das Leben hat einen Wert - Mein Leben hat keinen Preis, sondern mein Leben hat einen Wert! Ich habe keinen Preis, sondern einen Wert! Jeder Tag ist ein Geschenk. Ich bin ein Geschenk.

Diese Einsicht führte zu innerer Gelassenheit und zu der Überzeugung, dass ich nicht jede oder jeden in meinem Leben dulden muss. Ich habe auch eine Wahlfreiheit hinsichtlich der Personen, die in meinem Leben wirken. Ich kann wählen, wer in meinem Leben eine Rolle spielen kann und darf, und wer nicht. Dies gab und gibt mir die Freiheit, mich von all jenen zu verabschieden, die mir nicht guttun. Es gehört für mich inzwischen zu meinem Verständnis von Selbstwert, mich vor negativen Einflüssen zu schützen.

Deshalb ist es mir auch wichtig, mich vor Ausbeutung durch „falsche" Freunde zu bewahren. Ich bin gerne bereit, wie man so schön sagt, „mein letztes Hemd" für einen Freund zu geben. Ich erwarte diese Haltung nicht unbedingt auch von meinen Freunden. Dennoch wünsche ich mir ein gesundes Mit- und Füreinander. In gesunden sozialen Beziehungen ist dies gegeben. Solche Beziehungen stellen für mich eines der wichtigsten Bedürfnisse meiner Person dar.

Ich schätze und anerkenne die Menschen meines Umfeldes um ihrer selbst willen. Ich möchte ja auch um meiner selbst willen geschätzt und anerkannt werden. Bei den Menschen, mit denen ich heute in engem Kontakt bin, weiß ich, dass dies so ist. Dies ist von unschätzbarem Wert für mich. Ich schätze mein liebevolles soziales Umfeld und bin hierfür unendlich dankbar. Diese Dankbarkeit spiegelt in meinen Augen einen besonderen und unbezahlbaren Wohlstand!

Meine ganze Gefühlswelt hat sich positiv verändert. Meine Gefühle bezüglich meiner Vergangenheit haben sich gewandelt. Für meine Vergangenheit gilt nun: Ich habe in meinem Leben viel erreicht, viel Glück erfahren und wertvolle Erinnerungen gesammelt.

Ich kann mich noch gut an eine Situation erinnern, in der ich wieder einmal über meine finanzielle Situation frustriert war. Damals sagte mein Sohn, zu jener Zeit etwa dreizehn oder vierzehn Jahre alt: „Ach Mama, mach dir nicht so viele Sorgen! Wir haben zwar kein Geld, aber wir haben uns alle lieb!" Eine wunderbare Erinnerung, für die ich dankbar bin. Sie zeigt mir, was wirklich wichtig im Leben ist.

Natürlich war nicht alles nur positiv in meinem Leben. In dem Film „Best Exotic Marigold Hotel" wird an einer Stelle gesagt: „Erfolg misst sich an unserem Umgang mit Enttäuschungen!" Selbstverständlich habe auch ich in meinem Leben so manche Enttäuschungen erlebt. Diese hatten auch Wirkung auf mein Leben. Doch ich bin an ihnen nicht gänzlich zerbrochen – sie führten mich an einen Punkt, wo ich etwas ändern wollte und dies dann auch konnte. Ein wunderbarer Erfolg.

Deshalb gilt für meine Gegenwart: Ich bin in meinem Leben angekommen. Für mich ist jedes positive Ergebnis und Erlebnis ein Erfolg! Kinder, Freunde, schöne Begegnungen, die eigene Gesundheit, ein Lachen mit anderen – das alles kann ich heute als Erfolge empfinden! Am Abend den Tag zu einem guten Tag zu erklären, ist ein beruhigender Erfolg, der gut schlafen lässt. Ich habe den Zugang zu diesen einfachen Quellen des Glücks wiedergefunden und genieße das Leben – ein wunderbarer Erfolg!

Facetten individuellen Wohlstands

Lebenserfolg Kind/er

Ich erachte das Versprechen vom Wohlstand für alle und das Versprechen auf Chancengleichheit als lobenswertes Ziel. Ich habe mir einen objektiven Blick auf dieses Ziel erarbeitet und glaube nicht mehr unreflektiert an diese Versprechen. Dies hatte eine sehr positive Wirkung, da es mir eine realistische Wahrnehmung meiner Lebensumstände ermöglichte.

In der Tat: theoretisch sind alle Menschen gleichwertig und gleichberechtigt. Diese formale Gleichheit ist in Artikel 3 des deutschen Grundgesetzes (GG) festgeschrieben. Dort steht:

„(1) Alle Menschen sind vor dem Gesetz gleich.

(2) Männer und Frauen sind gleichberechtigt. Der Staat fördert die tatsächliche Durchsetzung der Gleichberechtigung von Frauen und Männern und wirkt auf die Beseitigung bestehender Nachteile hin.

(3) Niemand darf wegen seines Geschlechtes, seiner Abstammung, seiner Rasse, seiner Sprache, seiner Heimat und Herkunft, seines Glaubens, seiner religiösen oder politischen Anschauungen benachteiligt oder bevorzugt werden. Niemand darf wegen seiner Behinderung benachteiligt werden."

Dieser Gleichheitsgrundsatz gilt für alle in Deutschland lebende Menschen. Er verbietet der öffentlichen Gewalt und den in Deutschland lebenden Menschen die Bevorzugung oder Diskriminierung von Personen oder Bevölkerungsgruppen. Außer in Art. 3 GG wird der Gleichheitssatz noch durch weitere Gesetze, so im „Allgemeinen Gesetz zur Gleichbehandlung" vom Gesetzgeber geschützt.

Rein formal betrachtet besteht in der deutschen Gesellschaft also eine Gleichstellung aller, die auch gesetzlich geschützt wird. Alle Menschen sind vor dem Gesetz gleich. Die jeweiligen Chancen und Möglichkeiten der Lebensgestaltung können sich dennoch stark unterscheiden. Ich denke, dies lässt sich am Beispiel Kinder gut veranschaulichen.

Kinder, so meine Beobachtung, gehören heute längst nicht mehr selbstverständlich zum Leben. Vor einiger Zeit war ich Gast bei der Eröffnung einer Frauenmesse. Dort verwies eine in der Politik tätige Frau in ihrer Eröffnungsrede darauf, dass sich der frühere Lebensinhalt der Frauen, die drei großen K – Kinder, Küche, Kirche – heute gewandelt habe zu: Karriere, Klamotten, Kosmetik. Sie begründete diese Veränderung damit, dass von den seit den 1960er Jahren geborenen Frauen bereits über 40 Prozent keine Kinder mehr bekommen hätten. Mehr als 40 Prozent ist natürlich sehr viel; es bedeutet im Umkehrschluss aber auch, dass immerhin mehr als 50 Prozent der Frauen dieser Generation Kinder geboren haben.

Für mich stellt sich deshalb die Frage: Wie kommt diese Politikerin dazu, zu behaupten, die drei großen Ks haben sich in Karriere, Klamotten, Kosmetik gewandelt? Ich jedenfalls kann mich als Frau und Mutter auf keinen Fall mit diesen drei neuen Ks identifizieren – und ich möchte dies auch gar nicht. Ich empfinde mich nicht als Frau, die auf Karriere, Klamotten und Kosmetik fokussiert ist. Ich empfinde eine solche Aussage sogar als Reduzierung meiner Person.

Sie auf die Mehrheit der Frauen zu verallgemeinern, empfinde ich deshalb als völlig unangemessen. Ich bin fest davon überzeugt, Frauen (ob mit oder ohne Kinder) haben mehr im Kopf und leisten in ihrem Leben und für die Gesellschaft weit mehr, als diese drei Worte vermuten lassen!

In meinen Augen repräsentiert die Aussage jener Politikerin, was in meinem Empfinden für die heutige Zeit wesentlich ist: Kinder zu haben, ist nicht (mehr) von besonderer Relevanz. Früher wäre ich mit meinen vier Kindern „kinderreich" gewesen. Die Existenz und Erziehung dieser Kinder hätten mir, wenn schon nicht mehr

Geld, so doch zumindest ein wenig Anerkennung und Achtung eingebracht. Stattdessen stellt meine Entscheidung für Kinder einen Umstand in meinem Leben dar, der ganz wesentlich zu meinem gegenwärtigen (ausschließlich) finanziell eher bescheidenen Lebensalltag beitrug.

Als ich mich für meine Kinder entschied, tat ich dies aus vollster Überzeugung. Ich glaubte, auch mit Kindern einer gut bezahlten und meinen Qualifikationen entsprechenden Erwerbstätigkeit nachgehen zu können. Ich bin aufgewachsen in einer Zeit, da die Emanzipationsbewegung sehr präsent war. Meine Mutter hat mich immer ermahnt: „Kind, sieh zu, dass du finanziell unabhängig lebst!"

Diese Ermahnung im Kopf und die Emanzipationsbewegung im Herzen, glaubte ich, Kinder und Berufstätigkeit miteinander verbinden zu können. Mein Mann und ich hatten die klare Vorstellung, dass wir beide halbtags tätig werden könnten. Die gesellschaftlichen Umstände in unserer Studentenzeit schürten diese Zuversicht. Wir glaubten damals, dass Halbtagsstellen für beide Elternteile in absehbarer Zeit möglich werden könnten.

Nach Beendigung meines Studiums stellte sich zwar heraus, wie schwierig sich dies gestaltete. Dennoch ging ich erst einmal davon aus, eine adäquate Stelle finden zu können. Motiviert von dem Gedanken, mit Doktortitel mehr Chancen zu haben, habe ich das dritte Kind bekommen und meine Doktorarbeit in Angriff genommen. Ich hatte also immer noch die Hoffnung, finanzielle Unabhängigkeit erreichen zu können.

Bis zu diesem Zeitpunkt stellte der Umstand, mich für Kinder entschieden zu haben und von meinem Mann finanziell abhängig zu sein, kein Problem für mein Leben dar. Erst als mein Mann sich dafür entschied, sein Leben ohne mich zu leben, veränderte sich alles. Schlagartig wurde eigenes Geld zu verdienen, zu einem zentralen Thema in meinem Leben. Leider fand ich keine adäquate Stelle.

Muss ich deshalb meine Entscheidung für Kinder gänzlich in Frage stellen und mich als Versagerin fühlen? Nein, Kinder zu bekommen entsprach einem Wert, der für mich wichtig war. Zudem habe ich mich nach bestem Wissen und Gewissen für meine Kinder entschieden. Dies zu sehen, ist wichtig für mein Selbstwertgefühl!

Ich richtete dann mein Leben nach meinen Kindern aus. Bei Entscheidungen hinsichtlich meines beruflichen Werdegangs standen die Kinder immer an erster Stelle. Mich so zu entscheiden, entsprach ebenfalls voll und ganz meinen Wertmaßstäben. Auch diese Erkenntnis ist wichtig für mein Selbstwertgefühl! Ich habe nichts falsch entschieden. Ich hatte immer gewichtige Gründe für meine Entscheidungen. Mein (Berufs-) Leben hat sich aus unterschiedlichsten Gründen auf seine Weise entwickelt. Deshalb ist es heute so, wie es ist. Ich sehe die Zusammenhänge und ich anerkenne diese.

Diese Akzeptanz bedeutet, dass ich mich frei fühlen kann. Ich habe mich nun einmal für Kinder entschieden. Die Folgen, die sich daraus für mich und mein berufliches Leben ergaben, konnte ich vielfach überhaupt nicht beeinflussen. Zudem waren sie zumeist unvorhersehbar. Dies wahrzunehmen ist wichtig. Dies wahrzunehmen befreit mein Selbstwertgefühl vom Versagensdruck. Ohne diesen Druck kann ich meinen persönlichen Wohlstand sehen und empfinden. Meine Kinder stellen einen großen Teil dieses Wohlstandes dar.

Prinzipiell bedenklich finde ich jedoch, dass eine solche Haltung, Kinder als Teil des eigenen Wohlstands zu empfinden, wohl nicht mehr weit verbreitet ist. Ich denke, dies war zu den Zeiten, als meine Generation geboren wurde (in den 1960er Jahren), anders. Kinder gehörten damals meist einfach zur Lebensplanung. Ob man Kinder haben wollte oder nicht, darüber haben wohl nur wenige nachgedacht. Schließlich gab es ja auch kaum Möglichkeiten einer Geburtenkontrolle. Die Pille, als einfache Möglichkeit der Schwangerschaftsverhütung, war noch nicht weit verbreitet. So gehörten

Kinder einfach zur Lebensplanung dazu. Dennoch wurden sie nicht einfach als Beiwerk des Lebens erachtet, sondern als Gewinn für das eigene Leben bewertet.

Ich vermute, damals war der Selbstwert eines Menschen vor allem mit seiner Familie und mit dem Vorhandensein von Kindern verbunden. Es gehörte einfach zum Leben, dass man einen Partner fand, diesen heiratete und dann Kinder bekam. Auch damals kosteten Kinder Geld. Aber dieses „Kinder-kosten-Geld-Problem" wurde eben als selbstverständlich angesehen. Schließlich hatten ja nahezu alle anderen Ehepaare auch Kinder. Kinderlose wurden, wenn sie auffielen, eher bedauert. In den 1970er Jahren hatten Familien, die es sich leisten konnten, sogar bewusst mehr als ein oder zwei Kinder. Manche Menschen zeigten ihren gesicherten Wohlstand, indem sie mehr als zwei Kinder hatten.

Diese Zeiten sind längst vorbei. Kinder gelten heute nicht mehr als Statussymbol. Inzwischen ist in unserer Gesellschaftsentwicklung sogar ein besonderer Punkt erreicht: Kinder stellen nicht nur keinen Reichtum mehr dar, sondern sie werden vielfach sogar als Armutsrisiko erachtet. Bei denjenigen, bei welchen Kinder kein Armutsrisiko darstellen, werden sie dennoch meist als potenzielle Gefahr für den eigenen finanziellen Wohlstand gewertet. Junge Menschen denken bewusst darüber nach, ob sie ein Leben mit oder ohne Kinder leben möchten. Sie denken dabei vor allem über die potenziellen finanziellen Folgen nach. Kinder werden heute mit finanziellem Verzicht in Verbindung gebracht.

Dieser Verzicht, den Menschen in Kauf nehmen (müssen), wenn sie sich für Kinder entscheiden, wird in unserer Gesellschaft aber, soweit ich dies beurteilen kann, kaum oder gar nicht öffentlich thematisiert. Dies verdeutlichen auch die drei neuen Ks: Karriere, Klamotten, Kosmetik. Kinder sind nicht mehr vorgesehen!

Die Leistung, Kinder groß zu ziehen, wird ebenfalls nicht (mehr) anerkannt. In den 1960er Jahren erhielt eine Frau, die ausschließlich Kinder erzog, Anerkennung für ihre Leistung. Hausfrau sein und Kinder zu versorgen war gesellschaftlich anerkannt. Eine Hausfrau konnte sich durch Kinder und ihre Tätigkeit als Hausfrau aufwerten. Heute ist der Begriff „Hausfrau" geradezu verpönt. Es scheint keine Hausfrauen mehr zu geben, allenfalls Frauen in Elternzeit!

Früher konnte auch ein Mann als Vater stolz auf seine Kinder und seine Familie sein. Dies ist heute anders, da sich unsere Gesellschaft bei der Beurteilung von Lebenswegen vor allem auf vorhandenes Geld fokussiert. Kinder zu haben und sie zu erziehen wird nicht als Lebenserfolg gewertet. Kinder führen nicht zu finanziell messbarem Erfolg.

Deshalb habe ich mich einmal gefragt: Würde sich durch die Zahlung eines Erziehungsgehaltes hieran etwas ändern? Ich denke schon. Vor allem, wenn dieses Gehalt folgende Bedingungen erfüllen würde:
- wenn dieses Gehalt auch als Gehalt anerkannt wäre
- wenn es statt des Kindergeldes in Höhe eines durchschnittlichen Einkommens gezahlt würde
- wenn von diesem Gehalt, wie bei jedem Gehalt, Steuern und Sozialabgaben abgezogen würden
- wenn wie bei einer Witwer- oder Witwenrente ein eigenes Einkommen vom Erziehungsgehalt abgezogen würde. Somit hätten Männer und Frauen eine Wahlfreiheit. Sie könnten frei entscheiden, ob sie neben der Erziehungsarbeit noch erwerbstätig sein möchten, oder eben nicht.

Ein solches Gehalt würde nach meinem Empfinden eine soziale, gesellschaftliche und wirtschaftliche Anerkennung für eine Aufgabe darstellen, die für mich von gesellschaftlicher und wirtschaftlicher Relevanz ist. Während meines Soziologiestudiums habe ich gelernt: Jede Gesellschaft ist nur so leistungsfähig, wie die Anzahl der Mitglieder, die Leistung erbringen können. Doch die Zahl dieser Mitglieder schrumpft, da sich immer weniger Menschen für Kinder entscheiden. Ich frage mich: Wenn immer weniger Menschen Kinder großziehen, schrumpft damit nicht auch die Leistungsfähigkeit unserer Gesellschaft? Ich frage mich: Sollte in diesem Zusammenhang nicht über die finanzielle Förderung von eigenen Kindern und die Förderung der Betreuung dieser Kinder nachgedacht werden? Würde eine solche Förderung nicht sogar psychologische Wirkung haben?

Ich denke schon. Ich erinnere mich noch gut daran, wie meine älteste Tochter mir nach meinem Zusammenbruch Bilder von sich und ihren Geschwistern in die Klinik brachte. Ich habe diese Bilder sofort an meinen Schrank gehängt. Doch ich konnte sie dort einfach nicht ertragen. Also habe ich sie wieder abgehängt. Irgendwo tief in meinem Innern sah ich einen schmerzlichen Zusammenhang zwischen meinen Kindern und meiner Lebensmisere.

Ich habe dies damals einem guten Freund, der mich besuchte, erzählt. Er meinte dann nur: „Sieh doch nicht ausschließlich, was du den Kindern gibst oder was sie kosten – sieh doch, was sie dir geben!" Er hatte recht! Ich hatte verlernt, das wirklich Wertvolle in meinem Leben wahrzunehmen. Ich wurde depressiv und unzufrieden, weil meine ganze Wahrnehmung ausschließlich auf das, was mir fehlte, auf meinen Mangel fokussiert war.

Ich denke, ein Erziehungsgehalt hätte mein Gefühl, wegen der Kinder auf so vieles verzichten zu müssen, verhindert. Mir und meinen Kindern wären viel finanzieller Stress und die meisten meiner Existenzängste erspart geblieben. Zudem hätte dieses Gehalt meinem sozialen und wirtschaftlichen Abgleiten entgegengewirkt. Mit einem Erziehungsgehalt hätte sich mein Leben seit meiner Scheidung völlig anders dargestellt. Der Krankenkasse wären meine Krankheitskosten erspart geblieben. Die Sozialkasse hätte meine ab und an notwendigen Hartz IV-Zahlungen nicht ausgeben müssen und meine Rente wäre auch gesichert. Dies sind Argumente, die mich bei meinen Überlegungen doch sehr von einem Erziehungsgehalt überzeugt haben.

Die Überlegungen zu einem Erziehungsgehalt haben mir gezeigt, wie sehr äußere Rahmenbedingungen Lebensumstände verändern können. Meine Lebensum-

stände hatten ganz eigene Rahmenbedingungen. Diese
objektiv wahrzunehmen hat mein Lebensgefühl verändert. Deshalb kann ich meine Kinder wieder uneingeschränkt als großen Lebenserfolg wahrnehmen.

Vereinbarkeit

Ich lebe ein zufriedenes Leben. Dieses Lebensgefühl
gründet sich vor allem auf die Wahrnehmung, dass ich
in meinem Leben eine Vereinbarkeit meines Selbstwertes mit meinen Lebensumständen lebe. Ich erachte diese
Vereinbarkeit als wesentlich in meinem Leben. Nach
meinen Beobachtungen ist Vereinbarkeit heutzutage ein
viel genutztes Schlagwort. Wobei es meist in gänzlich
anderen Zusammenhängen genutzt wird. Deshalb war
es mir wichtig, diesen Begriff unter verschiedenen Aspekten zu betrachten:
1. Vereinbarkeit allgemein
2. Vereinbarkeit und eigene Maßstäbe
3. Vereinbarkeit und emotionale Verarmung
4. Vereinbarkeit und die Vorstellung von Familie

Zu 1.
Vereinbarkeit im allgemeinen Verständnis umschreibt
die Möglichkeit, die Erwerbstätigkeit von Frauen und
Männern mit der Familienarbeit zu vereinbaren. Eigentlich sollte dieser Begriff sich vor allem auf die gesellschaftlichen Rahmenbedingungen beziehen. Die Politik
sollte in der Gesellschaft Rahmenbedingungen schaffen,
die eine Vereinbarkeit von Familien- und Erwerbsarbeit
sicherstellen. Ich persönlich habe von diesem Begriff jedoch abgeleitet, dass ich es irgendwie schaffen muss,
diese Vereinbarkeit herzustellen. Ich habe diesen Begriff
als persönliche Aufforderung verstanden. Ich fühlte
mich in der Pflicht und habe diese Verantwortung ernst
genommen.

In jungen Jahren ging ich davon aus, eine solche Vereinbarkeit mit Halbtagsstellen für meinen Mann und mich erreichen zu können. Dies war jedoch nicht möglich. Als ich später ohne Partner für die notwendige Vereinbarkeit verantwortlich war, fand ich keine passende Stelle. Folglich habe ich mich irgendwann gefragt: Was habe ich nur falsch gemacht? Warum kann ich meine Kinder nicht mit einem Erwerbsleben mit gutem Verdienst vereinbaren?

Letztlich habe ich an meinen Entscheidungen gezweifelt und mich gefragt: Vier Kinder? Wie konnte ich vier Kinder in die Welt setzen? Folgende Sätze rückten ins Zentrum meiner Gedanken: „Wer Kinder haben will, der sollte sie sich leisten können. Wer sie sich nicht leisten kann, der ist wirklich selbst schuld an seiner Misere!" Als ich mich dies fragte, hatte ich völlig aus dem Blick verloren, dass ich, als ich mich für die Kinder entschied, ja von einer gemeinsamen und finanziell in absehbarer Zeit gesicherten Existenz mit meinem Mann ausging.

Zudem schielte ich immer mehr auf all die vielen Frauen, denen der Spagat zwischen Familie und Beruf zu gelingen schien. So konnte Ursula von der Leyen Familienministerin werden, später Arbeitsministerin, dann die erste Verteidigungsministerin in Deutschland und schließlich sogar Präsidentin der Europäischen Kommission – und das, obwohl sie sieben Kinder zur Welt brachte. Hieraus ergab sich für mich die ernsthafte Frage, warum es ihr möglich war bzw. ist, eine solche Karriere zu machen, während dies mir mit nur vier Kindern nicht gelungen war bzw. ist.

Mittlerweile ist es mir völlig egal, wie Frau von der Leyen ihre Karriere mit ihren sieben Kindern vereinbart hat. Glücklicherweise kam ich irgendwann an den Punkt, dass ich mich nicht mit anderen Frauen vergleichen sollte.

Mir wurde klar, dass ich die Umstände, die es anderen Frauen erlaubten, erfolgreich zu sein, oft gar nicht objektiv einschätzen konnte. So war ich, wie ich an anderer Stelle erwähnt habe, einmal Gast in einer Talkshow. In diese Show war auch eine Redakteurin geladen. Sie äußerte, dass sie ihre Kinder mit in die Redaktionssitzung bringen konnte. Sie betonte, dies sei gar kein Problem. Erst hinterher erfuhr ich, dass sie mit dem Chefredakteur verheiratet war. Diesen Umstand hat sie in der Sendung nicht erwähnt. Für mich ist klar, wenn der Chef der Vater der Kinder ist, dann sorgt er sich natürlich sowohl um deren Betreuung als auch um die berufliche Karriere der Mutter.

Mir wurde deutlich, Rahmenbedingungen zur Vereinbarkeit können völlig unterschiedlich sein: Viele Frauen haben Mütter oder Schwiegermütter, die sich gerne um ihre Enkelkinder kümmern. Wieder andere haben Geld, um eine Kinderfrau zu bezahlen. Wieder andere werden durch einen anderen glücklichen Umstand begünstigt.

In unserer Gesellschaft ist es eben so, dass die Vereinbarkeit von Erwerbstätigkeit und Familie für manche Frauen einfacher ist als für andere! So manches Mal sind günstige Umstände gegeben, die sich so in meinem eigenen Leben nicht wiederfinden ließen. Daran ist niemand schuld – auch ich nicht! Ich lebte 230 Kilometer nördlich von meinen Eltern und meiner sonstigen Familie. Zudem wohnte ich nahezu genauso weit südlich von meinen Schwiegereltern. Ich konnte also auf kein familiäres Netzwerk zurückgreifen.

Als ich nach meinem Studienabschluss erwerbstätig werden wollte, waren meine Kinder noch klein. Sie mussten versorgt und betreut werden. Einen Rechtsanspruch auf Kinderbetreuung gab es damals noch nicht. Meine Älteste ging schon in die Schule. Ganztagsschulen? Offene Ganztagsschulen? Fehlanzeige! Meine Tochter kam zu unterschiedlichsten Zeiten am Vormittag aus der Schule.

Mein Sohn war im Kindergarten. Der Kindergarten hatte erst ab 8 Uhr geöffnet und die Kinder mussten bis spätestens 12 Uhr wieder abgeholt werden. Ich hätte meinen Sohn dann noch von 14 Uhr bis 16 Uhr in den Kindergarten bringen können.

Zudem gab es für meine Jüngste gar keine Möglichkeiten einer Betreuung. Im Kindergarten wurden damals keine Kleinstkinder betreut. Damals entstand bei uns in der Nähe ein Neubaugebiet. Dorthin zogen viele Familien mit kleinen Kindern. Weil es zu wenige Kindergartenplätze gab, wurden Kinder erst mit vier Jahren im Kindergarten aufgenommen.

Prinzipiell war das Zeitfenster für eine Erwerbstätigkeit durch die Öffnungszeiten des Kindergartens und die unregelmäßigen Zeiten der Schule sehr klein. Die Notwendigkeit der Betreuung meines jüngsten Kindes machte eine Erwerbstätigkeit gänzlich unmöglich. Somit habe ich meinen Sohn nur selten von 14 Uhr bis 16 Uhr in den Kindergarten gebracht. Stattdessen ging ich fast täglich von 15 Uhr bis 18 Uhr mit meinen drei Kindern auf den Spielplatz.

Später, als mein viertes Kind geboren wurde, waren ihre Geschwister schon alle drei in der Schule. Die Kindergartensituation hatte sich entspannt. So konnte ich für sie relativ früh einen Platz im Kindergarten erhalten. Dass ich zu jener Zeit keinen „richtigen" Job bekam, lag nicht an fehlender Kinderbetreuung. Es lag vor allem daran, dass ich wegen langjähriger Kinderbetreuung nie im Erwerbsleben Fuß gefasst hatte. Letztlich lässt sich zusammenfassen: Mein Ja zu eigenen Kindern ist ein prägender Faktor meiner Erwerbsbiografie.

Es kam immer wieder vor, dass mich jemand nach meiner beruflichen Situation fragte. Über viele Jahre konnte ich nicht mit einer „ordentlichen" Stellenbezeichnung aufwarten. Deshalb fiel mir eine Antwort schwer. Als ich schließlich meine Stelle im Betreuten Wohnen hatte, fiel mir eine Antwort auf die genannte Frage immer noch schwer. Viel zu oft habe ich, wenn ich dann sagte: „Ich arbeite im Betreuten Wohnen und bin dort sozusagen Mädchen für alles" gehört: „Und dafür hast du studiert?!"

Auf diese Anmerkung fiel mir einfach keine passende Entgegnung ein. Stattdessen fühlte ich mich beschämt und geradezu erschlagen von einem Gefühl des Versagens. Fakt ist jedoch: Ich konnte wegen fehlender Vereinbarkeit immer wieder nicht in eine klassische Erwerbsarbeit einsteigen. Als mir ein Berufseinstieg möglich gewesen wäre, habe ich trotz zahlreicher Bewerbungen keine Anstellung, die meinen Qualifikationen entsprochen hätte, gefunden.

Die Antwort auf die Frage, warum mein Leben heute so ist, wie es ist, liegt deshalb auch in dem Wort „Vereinbarkeit" verborgen. Eine Vereinbarkeit von Familie und Beruf war in meinem speziellen Fall recht schwierig. Die fehlenden Möglichkeiten der Vereinbarkeit kann ich nun ganz objektiv sehen. Deshalb kann ich wahrnehmen, dass ich aus den mir gegebenen Möglichkeiten letztlich das Beste gemacht habe! Heute kann ich, wenn jemand anmerkt: „Und dafür hast du studiert?" selbstbewusst entgegnen: „Nein, dafür habe ich vier Kinder!"

Zu 2. Vereinbarkeit und eigene Maßstäbe

Die fehlende Vereinbarkeit kann ich heute auch noch aus einem ganz anderen Blickwinkel betrachten. Sogenannte geordnete Verhältnisse werden in der Pädagogik als Grundlage für ein Aufwachsen in Wärme und Geborgenheit angeführt. Ich wollte meinen Kindern diese geordneten Verhältnisse bieten. Ich wollte ihnen die Möglichkeit geben, in den ersten drei Jahren vor allem in einer liebevollen Umgebung in Geborgenheit aufzuwachsen. Ich wollte ihnen dies ermögliche, indem entweder ihr Vater oder ihre Mutter in dieser Zeit für sie da ist. In der Zeit, als mein Mann und ich studierten, war dies kein Problem.

Nach seinem Abschluss fand mein Mann aber eine Beschäftigung in Vollzeit. Angesichts seiner Tätigkeit erschien mir eine Erwerbstätigkeit meinerseits nicht mit meiner persönlichen Grundhaltung vereinbar. Ich wollte für meine Kinder da sein. Deshalb hat es mir erst einmal wenig ausgemacht, nicht erwerbstätig sein zu können. Es war mir wichtig, meinen Kindern die Geborgenheit geordneter Verhältnisse zu geben. Deshalb konnte ich diese Zeit sehr genießen. Die ersten Jahre nach dem

Studium habe ich lange Zeit als die glücklichste Phase meines Lebens empfunden.

Letztlich hat meine eigene Überzeugung einen Beitrag zu meinen späteren Lebensumständen geleistet. Muss ich deshalb diese Überzeugung heute verurteilen? Nein! Ich stehe nach wie vor dazu. Es war mir wichtig, in den ersten Jahren für meine Kinder da zu sein! Für sie da zu sein, war und ist ein Wert, der meinen Wertmaßstäben entspricht. Diese Wertmaßstäbe gehören zu mir. Sie sind Teil meiner Persönlichkeit. Dazu zu stehen, stärkt meinen Selbstwert.

Weil ich dies so sehe, bin ich dankbar, dass ich nach meinen Wertmaßstäben leben konnte. Ich bin dankbar dafür, dass meine Lebensumstände es mir damals ermöglichten, entsprechend meiner Wertmaßstäbe für meine Kinder da zu sein.

Als ich mit meinem dritten Kind schwanger wurde, hegte ich immer noch Hoffnungen, später in eine angemessene Erwerbstätigkeit einsteigen zu können. Schließlich habe ich ja damals nebenbei an meiner Doktorarbeit gearbeitet und gehofft, hierdurch irgendwann eine entsprechende Stelle zu erhalten. Ich kann mir also nicht vorwerfen, mich leichtfertig für dieses Kind entschieden zu haben. Ich habe auch im Sinne meiner Erwerbsbiografie nach bestem Wissen und Gewissen gehandelt. Wobei meine Wertmaßstäbe von entscheidender Bedeutung waren.

Auch die Entscheidung für mein jüngstes Kind entsprach meinen Wertmaßstäben. Vielleicht wäre mein Leben um einiges einfacher gewesen, wenn ich mich gegen dieses Kind entschieden hätte. Schließlich waren meine anderen Kinder damals schon dreizehn, elf und sieben Jahre alt. Ich hätte also eine Vollzeitstelle annehmen können – wenn ich eine gefunden hätte. Es ist müßig hierüber zu spekulieren. Schließlich habe ich mich ja für das Kind entschieden.

Und diese Entscheidung kann ich heute in mehrfacher Hinsicht als großes Glück empfinden. Es heißt ja: „Ein Unglück kommt selten allein!" Heute kann ich sagen: Manchmal kommt aber auch ein Glück nicht allein. In meinem Fall gesellte sich zum Glück, einen neuen Mann kennen gelernt zu haben, auch das Glück „neues Kind".

Als ich die Schwangerschaft feststellte konnte ich dieses Glück aber erst einmal nicht empfinden. Das Thema „Schwangerschaft und Kinder bekommen" war für mich zu jener Zeit bereits seit Jahren gänzlich abgeschlossen. Ich hatte drei Kinder und mehr sollten es nicht werden. Als sich die Trennung von meinem Mann ankündigte, habe ich die Möglichkeit einer neuen Beziehung überhaupt nicht in Betracht gezogen. Dennoch hat sie sich ergeben.

Als es dann soweit war, habe ich sofort einen Termin zur Sterilisation vereinbart. Dieser war für direkt nach der Kur vorgesehen. Ich wollte ganz bestimmt nicht schwanger werden! Entsprechende Vorkehrungen hatte ich natürlich getroffen. Bis zu dem Tag, da ich meine Schwangerschaft feststellte, hatte auch ich daran geglaubt, dass heutzutage keine Frau mehr ungewollt schwanger werden „muss".

Ich wurde eines Besseren belehrt! Und das war echt ein Schock! Nach der Kur ging ich zur Schwangerschaftsberatung und erhielt dort auch den notwendigen Schein für eine Unterbrechung der Schwangerschaft. Ich konnte mich aber nicht gegen das Kind entscheiden.

Dafür verantwortlich waren vor allem zwei Faktoren: Ich wollte nicht den Rest meines Lebens mit dieser Entscheidung leben. Zudem sah ich die unbeschreibliche, ja geradezu unbändige Freude des werdenden Vaters. Seine Zuversicht und Lebensfreude haben mir sehr viel Kraft gegeben.

In der Nachschau muss ich sagen, dass ich für diese Schwangerschaft und für diesen Mann sehr dankbar bin. Ohne beides wäre ich wahrscheinlich am Zerbrechen meiner ersten Ehe selbst zerbrochen. Durch die Auflösung meiner Ehe und meines Familienlebens war ich am Boden zerstört. Ich fühlte mich geradezu selbst aufgelöst und ziemlich demotiviert. Glücklicherweise ergaben sich neue Motivationen: Die neue Beziehung und das neue Leben, welches in mir wuchs. Aus diesem Grund erscheint es mir heute nur richtig, zu formulieren, dass sich zum Glück „neuer Mann" auch das Glück „neues Kind" gesellte.

Zu 3. Vereinbarkeit und emotionale Verarmung

Ich möchte Vereinbarkeit aber noch unter einem weiteren Blickwinkel sehen: dem Blickwinkel der kindlichen Bedürfnisse. Irgendwann war ich in einem Konstrukt, in dem ich eine 400 Euro-Geschäftsführung und eine Dozententätigkeit gleichzeitig ausübte. Ich war häufig den ganzen Tag nicht zuhause. Oft genug war ich auch abends nicht da.

Heute bin ich mir sicher, zu jenem Zeitpunkt war ich an einem Punkt angekommen, wo mir notwendige Zuwendung, Anerkennung und Liebe für meine Kinder aus dem Blick geriet. Meine Wahrnehmung konzentrierte sich vornehmlich auf meine beiden Jobs. Hierdurch geriet die Wahrnehmung meiner Kinder und ihrer Bedürfnisse ins Hintertreffen. Wenn ich zuhause war, musste ja auch noch ein Fünfpersonenhaushalt erledigt werden: Einkaufen, Wäsche waschen, Putzen, Gartenarbeit usw.

Die Anstrengungen meiner Doppeljob- und Haushaltsbelastung haben mich körperlich und emotional sehr erschöpft. Ich vermute, in dieser Erschöpfung war ich oft gar nicht mehr in der Lage, meinen Kindern die Zuwendung, Anerkennung und Liebe zu geben, die sie gebraucht hätten. Ich konnte ihnen in dieser stressreichsten Phase meines Lebens kaum noch emotionale Unterstützung bieten. Eigentlich war ich mit allem überfordert.

Ich fühlte mich irgendwann kraft- und perspektivlos. Meine Kraft- und Perspektivlosigkeit hat mich letztlich auch mut- und motivationslos gemacht! Meine Kinder haben sicherlich auf ihre Weise unter meinem Stress und meinen Gefühlen gelitten. Dies bedaure ich heute sehr. Es lag nicht an fehlendem Willen meinerseits. Es lag an fehlenden Möglichkeiten. Es lag an fehlender Vereinbarkeit! Am Ende dieser Lebensphase hatte ich meinen Zusammenbruch.

Diese persönlichen Erfahrungen haben meinen Blickwinkel auf die Vereinbarkeit von Familie und Beruf stark verändert. Wenn von Vereinbarkeit gesprochen wird, dann immer unter dem Fokus, Müttern und Vätern die Erwerbstätigkeit trotz Kindern zu ermöglichen. Bei meinem Blick auf Vereinbarkeit stehen die Kinder an erster Stelle. Für mich geht es bei Vereinbarkeit um möglichst liebevolle Kinderbetreuung und Kindererziehung trotz Erwerbstätigkeit.

Macht es nicht Sinn, bei der Vereinbarkeit von Familie und Beruf darauf zu achten, dass eine emotionale Verarmung der Beteiligten verhindert wird? Erscheint es nicht sinnvoll, emotionaler Verarmung bei Kindern und bei Eltern vorzubeugen? Natürlich ist Geld in unserer Gesellschaft wichtig. Für mich stellten sich aber die Fragen: Ist Geld wichtiger als emotionales Wohlbefinden? Ist für das emotionale Wohlbefinden von Kindern viel Geld notwendig?

Ich denke, Kinder brauchen kein teures Umfeld oder teure Spielsachen, um sich wohl zu fühlen. Sie können sich jedoch auch unwohl fühlen, wenn sie in einem teuren Umfeld und mit vielen teuren Spielsachen leben. Ich denke, es ist ganz gleich, ob Kinder in materiell eher ungesicherten oder in materiell abgesicherten Verhältnissen aufwachsen. Kinder können mit oder ohne viel Geld glücklich groß werden. Wenn die Eltern nicht gezwungen sind, zugunsten notwendiger Existenzsicherung ihre Kinder zu vernachlässigen. Wenn sich die Eltern nicht gezwungen fühlen, für die Existenzsicherung oder ihre Karriere emotionale Belange ihrer Kinder zu übergehen.

Ich kann mich noch gut an eine Situation in unserer kleinen Zweizimmerwohnung erinnern, die mich damals sehr erschütterte. Wir wohnten in einer ebenerdigen Wohnung. Unsere Kinder spielten oft vor unserem Küchenfenster auf der Wiese. Von der Straße konnte man einfach auf unsere Wiese kommen oder auch in unser Küchenfenster schauen. An einem Tag kam ein Junge aus dem Dorf vorbei, als ich gerade den Tisch deckte und nach den Kindern rief. Er fragte ganz ungläubig: „Ihr esst jetzt alle zusammen?" Ich entgegnete etwas überrascht: „Ja klar!" und fragte eher rhetorisch „Ist das bei euch nicht so?" Er antwortete: „Nee, wir bekommen jeden Tag fünf Mark und können uns dann etwas zum Essen kaufen."

Angesichts dieser Äußerung fühlte ich mich tief getroffen. Mit „wir" meinte er seine jüngere Schwester und sich. Beide gingen noch in die Grundschule und waren somit unter zehn Jahre alt. Ich wusste, seine Eltern waren beide erwerbstätig und hatten ein ziemlich teures Haus im Ort gekauft. Sie hatten also Geld, aber offensichtlich keine Zeit für ein gemeinsames Mittagessen. Mir taten dieser Junge und seine Schwester sehr leid. Ich kann mir kaum vorstellen, dass diese Kinder der Vorstellung der Vereinbarkeit von Beruf und Familie, so wie sie ihre Eltern gelebt haben, ausschließlich positive Gefühle entgegenbrachten.

Letztlich empfinde ich diese kleine Geschichte als einen Beleg dafür, dass dann, wenn es um Vereinbarkeit geht, nicht ausschließlich an die Erwachsenen oder den Arbeitsmarkt, sondern vor allem an die Kinder gedacht werden sollte. Die Rahmenbedingungen für eine optimale Vereinbarkeit sollten in meinen Augen so gestaltet werden, dass sie vor allem den Bedürfnissen der Menschen (Kinder und deren Eltern) nach Liebe, Anerkennung und Zuwendung gerecht werden.

Mit viel Geld oder mit wenig Geld zu leben hat für mich, wie eine Medaille, jeweils zwei Seiten: Die eine Seite spiegelt das praktische Leben mit viel oder wenig Geld. Die andere Seite spiegelt die Gefühle, die wegen des Geldes oder seinem Fehlen empfunden werden.

Als ich mit meinem zweiten Mann und meiner jüngsten Tochter das erste Mal in den Hartz IV-Bezug musste, habe ich auch den Bonn-Ausweis beantragt. Mit diesem Ausweis konnten wir günstigere Eintrittskarten für öffentliche Einrichtungen erwerben. Außerdem konnten wir preiswerter eine Fahrkarte für die öffentlichen Verkehrsmittel kaufen. Der beantragte Ausweis wurde bewilligt und ausgestellt.

Wenn ich Bus fuhr und meine Fahrkarte kontrolliert wurde, musste ich die Fahrkarte und meinen Bonn-Ausweis vorzeigen. Meine Tochter weigerte sich, eine solche Fahrkarte zu nutzen und diesen Ausweis mit sich zu führen. Ich konnte ihre Weigerung gut verstehen. Meine Tochter wollte nicht, dass ihre finanzielle Situation bei einer Fahrkartenkontrolle für ihre Freunde sichtbar wurde.

Später, in der Zeit, in der ich mit meiner Tochter allein lebte, spielten unsere finanziellen Mittel nie eine Rolle. Zu jener Zeit hatte sich meine psychische Situation schon sehr verbessert. Ich fühlte mich wesentlich entspannter. Zu jenem Zeitpunkt war ich wieder an einem Punkt angekommen, wo mir die notwendige Zuwendung, Anerkennung und Liebe für meine Tochter nicht mehr aus dem Blickfeld geriet.

Zwar lebten wir in bescheidenen finanziellen Verhältnissen. Ich konnte aber dafür Sorge tragen, dass uns diese Situation nicht zusätzlich emotional belastete. So konnten wir eine gute Zeit miteinander erleben. Wir konnten die Zeit, die wir gemeinsam verlebten, genießen und hatten oft viel Spaß. Auch wenn wir finanziell nicht gut gestellt waren, so konnten wir verhindern, noch zusätzlich emotional zu verarmen. Ich hatte an mir selbst erfahren, wie es sich anfühlt, emotional zu verarmen. Dies wollte ich nie wieder zulassen. Mein Kind wollte ich auch davor bewahren. Ich bin mir ziemlich sicher, dass mir dies gelungen ist. Dies erachte ich als weiteren Erfolg in meinem Leben.

Zu 4. Vereinbarkeit und die Vorstellung von Familie

Im Zusammenhang mit der Vereinbarkeit erschien mir noch ein weiterer Aspekt wert, überdacht zu werden. Meist wird bei Vereinbarkeit auch gleichzeitig an Familie im klassischen Sinne gedacht. Vereinbarkeit bezieht sich oft auf Familie mit Vater, Mutter, Kind oder Kindern. Doch diese spezielle Familienkonstellation kann sich schnell ändern. Geradezu von heute auf morgen. Dies habe ich selbst erlebt. Als mein Mann aus dem gemeinsamen Haus auszog, löste sich meine klassische Familienkonstellation auf.

Damit änderten sich auch die Rahmenbedingungen meiner möglichen Vereinbarkeit schlagartig. Waren vormals zwei Elternteile für den Lebensalltag der Kinder verantwortlich, so war dies nun nur noch ein Elternteil. Wenn ich nicht im Haus war, war kein anderer Erwachsener mehr da, der sich um die Kinder hätte kümmern können. Wenn ich nicht einkaufen ging, ging kein anderer. Wenn ich mich nicht kümmerte, tat es niemand sonst. Die klassische Familienstruktur hatte sich aufgelöst. Dies hat mich nicht nur im Alltag belastet, sondern auch psychisch.

Ich bin aufgewachsen mit dem Ideal der klassischen Familie. Sicherlich habe auch ich in meiner Herkunftsfamilie erlebt, dass in einer Familie nicht täglich „Friede, Freude, Eierkuchen" herrscht. Dennoch erlebte ich Zusammenhalt, Miteinander und füreinander einstehen. So wurde mir Familie in ihrer klassischen Form wichtig. Deshalb war ich stolz auf meine Familie. Mein Selbstwert war mit meiner Ehe und meiner Familie verbunden. Niemals hätte ich gedacht, dass sich diese Basis meines Selbstwertes einmal auflösen würde. Dies machte mir die Tatsache, mich mit dem Zerbrechen meiner Ehe und meiner Familie abzufinden, unglaublich schwer.

Aus diesem Grund erschien es mir wichtig, mich auch mit dem gesellschaftlichen Bild von Familie zu beschäftigen. Bis in die 1970er Jahre hatten gesetzliche Regelungen einen Zusammenhalt der Familie in gewisser Weise von außen „erzwungen". Verheiratete Frauen waren bis 1976 finanziell von ihrem Ehemann gänzlich abhängig. Selbst wenn sie eigenes Vermögen hatten. Dieses ging nämlich mit der Eheschließung automatisch in das Eigentum ihres Mannes über. Die Frau selbst konnte dann über ihr Vermögen nicht mehr frei verfügen. Wollte eine Frau erwerbstätig werden, musste sie ihren Mann um Erlaubnis fragen.

Wenn ein Mann seiner Frau eine solche Erlaubnis erteilte und dann feststellte, dass sie den Haushalt oder die Kinder vernachlässigte, so konnte er dies als Grund für eine Scheidung ansehen. Konnte er seine Vorwürfe glaubhaft bestätigen, so konnte die Frau schuldhaft geschieden werden. Die meisten verheirateten Frauen jener Zeit waren Hausfrauen und somit von ihren jeweiligen Ehemännern finanziell abhängig. Aus diesem Grund kamen Scheidungen vor 1976 eher selten vor.

Vor allem die Emanzipationsbewegung führte 1976 zu einer grundlegenden Reformierung des Ehe- und Familienrechts. Dies führte zu weitreichenden Veränderungen. Inzwischen sind einerseits Scheidungen eine Alltäglichkeit, andererseits ist Ehe heutzutage nicht mehr zwingend eine Lebensgemeinschaft mit Kindern. Glaube ich den Statistiken, so heiraten immer weniger Paare. Von den geschlossenen Ehen bleibt mehr als die Hälfte kinderlos. Da jede dritte (in Ballungszentren jede zweite) Ehe geschieden wird, wächst die Zahl der alleinerziehenden Elternteile. Daneben steigt die Zahl der Frauen, die sich direkt für die Form des Alleinerziehens entscheidet.

Das klassische Bild der Familie – Mutter, Vater, ein Kind oder mehrere Kinder – ist, so legen diese Zahlen für mich nahe, in Auflösung begriffen. Manche Soziologen tragen diesem Umstand dadurch Rechnung, dass sie den Begriff „Familie" heute nicht mehr anwenden. Da es immer mehr Alleinerziehende, aber auch immer mehr kinderlose Paare mit und ohne Trauschein gibt, sprechen manche Soziologen statt von Familie von der „privaten Lebensform mit oder ohne Kinder". Diese private Lebensform kann auf vielfältigste Weise gelebt werden: kinderlos, mit einem Kind, als Kind(er) mit einem Elternteil, Kind(er) mit beiden Elternteilen, verheiratet oder unverheiratet, oder als sogenannte Patchworkfamilie.

Ich selbst habe in meiner zweiten Ehe eine solche Patchworkfamilie gelebt. Mich wirklich emotional damit anzufreunden ist mir lange schwergefallen. Als ich von meinem ersten Ehemann getrennt aber noch nicht geschieden war, empfand ich mein Familienleben in gewisser Weise als chaotisch.

Ich hatte zwar auf dem Papier eine klassische Familie, lebte sie aber nicht mehr, da mein Ehemann ja ausgezogen war. Ich hatte aber einen neuen Mann an meiner Seite. Irgendwie wusste ich manchmal nicht, wer gemeint war, wenn sich jemand nach meinem Mann erkundigte. Wenn die Person, die fragte, sowohl meinen Noch-Ehemann als auch meinen damaligen Partner kannte, war ich immer unsicher, auf wen von beiden sich die Frage nun bezog – Chaos pur!

Als die Scheidung schließlich vollzogen war, fühlte ich mich wieder etwas wohler. Ein gewisses Maß an Ordnung war wiederhergestellt. Aber Familie im klassischen Sinn hatte ich nun endgültig nicht mehr. Ich fühlte mich in einem Familienvakuum. Als ich dann drei Jahre später wieder heiratete, hatte ich das Gefühl, endlich wieder eine „richtige" Familie zu haben und ein richtiges Familienleben zu leben. Mein Selbstwert hatte wieder seine Familienbasis. Diese wurde mir dann acht Jahre später erneut genommen.

Lange habe ich mich gefragt, ob ich nun familienlos bin. Schließlich konnte ich keine klassische Familie mehr vorweisen. In dieser Lebensphase habe ich einmal überlegt, ob ich nicht besser mit meinem ersten Mann verheiratet geblieben wäre. Es gibt immer mehr Ehepaare, die trotz einer Trennung verheiratet bleiben. Dies hat vor allem finanzielle Gründe: Eine Scheidung kostet Geld und führt letztlich häufig bei beiden zu finanziellen Verlusten. Außerdem können bei weiter bestehender Ehe weiterhin beide im Sterbefall des anderen noch von Witwen- bzw. Witwerrente profitieren.

In Bezug auf meine potenzielle Alterssicherung wäre der Fortbestand meiner ersten Ehe vielleicht sinnvoll gewesen. Dann könnte ich jetzt denken: „Falls mein erster Mann vor mir stirbt, kann ich Witwenrente beziehen." Doch dieser Gedanke enthält das entscheidende Wörtchen „falls". Außerdem war es für mich im Rahmen meiner Wertmaßstäbe von großer Bedeutung, geschieden zu werden. Ich brauchte und wollte klare Verhältnisse. Es ist mir damals gar nicht in den Sinn gekommen, weiter verheiratet zu bleiben. Diese persönliche Haltung und die darauf aufbauende Entscheidung für die Scheidung hatten psychische und finanzielle Auswirkungen auf meine Lebensumstände.

Warum? Liegt dies vielleicht auch daran, dass von Seiten des Staates noch immer vor allem die Familie in ihrer klassischen Form unterstützt wird? Mit Familie verbindet sich vor allem die Ehe als Form der gesetzlich geschützten Institution zur Förderung der „Paarbeziehung mit Kind/ern".

Deshalb fördert der Staat zurzeit die Familien mit dem Ehegattensplitting. Doch er fördert damit alle Familien – unabhängig davon, ob in diesen Familien Kinder geboren und erzogen werden oder nicht. Ich vermute, hierdurch wird ein ganz spezielles Denken und Fühlen gefördert: Ehepaare die kinderlos leben, fühlen sich als Familie. Alleinerziehende Menschen hingegen fühlen sich, da ehelos, eher nicht als Familie.

Vor einigen Jahren habe ich einmal ein Tagesseminar in Bonn gehalten. Zufällig fand an diesem Tag auch ein Familientag auf dem Bonner Münsterplatz statt. Zur Mittagspause forderte ich die Teilnehmenden auf, die Zeit doch zu nutzen und den Familientag zu besuchen. Eine Frau antwortete: „Was soll ich denn da? Ich lebe mit meinem Sohn doch allein!" Bezeichnend!

Das ehelose Zusammenleben mit Kindern wird nicht staatlich anerkannt, nicht staatlich geschützt und nicht staatlich gefördert (bis auf die Steuerklasse zwei, die ausschließlich für Alleinerziehende gilt). Fühlen sich deshalb Alleinerziehende weniger als Familie? Ist dies so, weil das Ehegattensplitting die Ehe als Basis einer Familie fördert? Werden deshalb Kinder eher nicht als Basis von Familie empfunden?

Von meinen geschiedenen Männern weiß ich, dass beide schon ein Jahr nach der Trennung der Steuerklasse 1 zugeordnet wurden. Dies geschah völlig unabhängig von der Tatsache, dass beide Unterhalt für ihre Kinder bzw. für ihr Kind zahlen mussten. Dies hat mich doch sehr verwundert! Beide hatten doch eine Familie und sorgten finanziell auch für diese, auch wenn sie nicht mehr in klassischer Weise Familie lebten.

Dies führte mich zu der Frage, ob es wirklich notwendig ist, dass ein einmaliges Jawort vor einem Standesbeamten mit steuerlichen Vergünstigungen (Ehegattensplitting) „belohnt" werden muss. Soweit ich es nachvollziehen kann, sind diese steuerlichen Vergünstigungen für die Finanzierung eines Familienlebens gedacht – eines Familienlebens, bei dem ein Elternteil (meist die Frau) nicht erwerbstätig ist. Dieser Elternteil ist nicht erwerbstätig, da von diesem die gemeinsamen Kinder betreut werden!

Wenn es letztlich beim Ehegattensplitting um einen Ausgleich für Erziehungsarbeit geht, sollten dann nicht auch die Kinder bzw. deren Betreuung und nicht die Eheschließung steuerlich begünstigt werden? Sicherlich, es existiert die Vorstellung der Ehe als lebenslanger Verbindung von Frau und Mann. Ich bin mir sicher, es gibt immer noch Ehepaare, die ein Leben lang zusammenbleiben und gemeinsam Kinder großziehen. Ich denke jedoch, dieses Lebensmodell existiert in unserer Gesellschaft nur noch als ein mögliches Modell. Es existiert neben anderen möglichen und gelebten Modellen.

Die Beschäftigung mit dem klassischen Familienbild zeigte mir, dass ich mit der emotionalen Überzeugung lebte, dass Familie mit Ehe und klassischem Familienleben einher gehen muss. Die unterschiedlichsten Konstellationen, wie Familie heute gelebt wird, hat mich dazu ermutigt, mich von dieser Überzeugung bzw. vom klassischen Familienbild zu verabschieden.

Seitdem ich mich von diesem verabschiedet habe, kann ich deutlich empfinden: ich fühle mich mit meinen Kindern nicht nur emotional verbunden, ich fühle mich mit ihnen auch familiär verbunden. Ich bin zwar eine geschiedene und ehelose Mutter, aber ich bin mit meinen vier Kindern eine Familie - ganz ohne Wenn und Aber!

Dies so zu empfinden, hat für mich einen Wert. Einen Wert, der mir als Person wichtig ist. Insofern stärkt dieser Wert auch meinen Selbstwert. Meine Verbundenheit mit meiner Familie ist Teil meines Selbstwertes. Ich freue mich über meine Familie und ich fühle mich wohl mit meiner Familie. Insofern ist meine Familie auch Teil meines individuellen Wohlstandes.

Umfassende Bildung

Weit mehr als die Schule haben mein Leben und meine Fähigkeiten und Interessen zu meiner Bildung beigetragen. Diese Bildung hat in meinem Leben einen hohen Stellenwert. Unter Bildung verstehe ich das „Wechselgeschehen zwischen dem Menschen und der Welt. Im handelnden Umgehen des Menschen mit den Inhalten der Welt erschließt sich diese Welt, zugleich aber auch der Mensch, dem an der Welt das eigene Ich erfahrbar wird. Dieser Prozess ist schlechthin individuell; niemand kann sich für einen anderen bilden, niemand kann im vollen Sinne einen anderen bilden." (Schorb, Alfons O.: Pädagogisches Taschenlexikon a-z, Bochum, o.J.)

Durch die Analyse meines Lebens ist mir deutlich geworden, wie sehr mein „handelndes Umgehen mit den Inhalten der Welt" über viele Jahre zu meiner Bildung beigetragen hat. Das geschah vielfach, ohne dass es mir bewusst wurde. Seit ich mich mit diesen „Inhalten der Welt" beschäftige, konnte ich diese unbewusste Bildung bewusst wahrnehmen. In Bereichen, in denen ich es für notwendig erachtet habe, habe ich mir neue Haltungen angeeignet - ich habe mich bewusst neu gebildet.

Immer wieder wird in jüngster Zeit – vor allem im Zuge der Ergebnisse der Pisa-Studien – darauf verwiesen, wie notwendig eine Verbesserung der Bildung erscheint. Vielfach werden die Menschen ermahnt, ihre persönlichen Anstrengungen hinsichtlich der Bildung zu erhöhen. Dabei ist mit Bildung vor allem Schulbildung gemeint. Als Motivation zu mehr Schuldbildung wird angeführt, dass mehr (Schul-)Bildung zu mehr Wohlstand führt. Hierdurch wird meines Erachtens zum LEG-Wert hin gebildet. Es wird zum „LEG deinen Selbstwert weg" hin gebildet.

Mein eigener Lebensweg warf bei mir die Frage auf, ob diese Aufforderung zu mehr Schulbildung wirklich gerechtfertigt ist. Führt mehr schulische Bildung allein zu mehr Wohlstand? Wenn ich meinen Werdegang so anschaue, dann bin ich den gesellschaftlichen Bildungsansprüchen mehr als gerecht geworden: In habe mein Abitur gemacht. Danach habe ich studiert. Ich habe mich hinsichtlich des gängigen Bildungsbegriffs nicht auf die faule Haut gelegt. Ich habe zusätzliche Qualifikationen erworben und immer wieder an Weiterbildungen teilgenommen. Als ich nach meinem Studium keine Stelle finden konnte, hoffte ich, durch die Promotion dieses Problem lösen zu können. Doch auch mit Doktortitel konnte ich keine Stelle finden. Mein Titel stand mir sogar eher im Weg. Ließ er mich doch für manchen Arbeitgeber als überqualifiziert oder potenziell zu teuer erscheinen. Aufgrund dieser Erfahrung kann ich sagen: Bessere Bildung sichert nicht automatisch einen höheren finanziellen Wohlstand.

Da stellt sich mir die Frage, was außer guter Schulbildung noch notwendig ist. Wäre mehr Flexibilität in der Arbeitswelt sinnvoll? Ich glaube, was mir hinsichtlich meines Berufslebens gefehlt hat, war die Möglichkeit, quer in die Berufswelt einsteigen zu können. Ich denke, in meinem Fall fehlte es potenziellen Arbeitgebern an der Offenheit, hinter meinen Qualifikationen meine gegebene Lernfähigkeit und meine Arbeitswilligkeit zu sehen.

Immer wieder höre ich in den Medien vom Fachkräftemangel. Dabei stellen Menschen wie ich ein unglaubliches Potenzial dar, das völlig übersehen wird! Ist dies so, weil Arbeitgeber immer Arbeitnehmer mit passgenauen Qualifikationen suchen? Zusätzlich sollte beim Bewerber möglichst langjährige Erfahrung vorhanden sein. Warum sind Arbeitgeber nicht bereit, fähige Menschen selbst zu schulen? Warum werden die notwendigen Qualifikationen nicht am Arbeitsplatz vermittelt? Ich glaube, inzwischen ist der Arbeitsmarkt sehr vielfältig und erfordert dadurch hohe Spezialisierung im jeweiligen Betrieb. Macht da gezielte Ausbildung am Arbeitsplatz nicht Sinn? Und macht es nicht auch Sinn, über den Tellerrand gegebener Qualifikationen hinaus zu sehen?

Ich habe ein geisteswissenschaftliches Studium absolviert. Trotz dieses Studiums habe ich auch noch andere Fähigkeiten. Ich habe keine „zwei linken Hände". Ich bin handwerklich begabt. Schon während meines Auslandsaufenthaltes in Schottland habe ich an einem Schreinerkurs teilgenommen. Dort habe ich mir eine Badgarnitur aus Holz, bestehend aus Halter für die Toilettenpapierrolle, Spiegelablage und Zahnbecherhalter gefertigt. Das hat mir sehr viel Freude bereitet und ich bewies einiges Geschick. Mein Haus war ein Holzhaus. Vieles an und in meinem Haus habe ich selbst renoviert. Es gab Zeiten, da sagte ich: „Die Stichsäge ist mein bester Freund!" Ich glaube, durch meinen geisteswissenschaftlichen Abschluss wurden meine Fähigkeiten automatisch auf theoretische Fähigkeiten reduziert. Dies entspricht aber einer sehr einseitigen Bewertung meiner Fähigkeiten.

Zudem fanden auch meine nicht fachgebundenen analytischen Fähigkeiten keine Beachtung. Ich möchte nicht anmaßend erscheinen, aber ich wäre sicherlich auch in der Lage gewesen, ein technisches Gerät zu bedienen oder in technischen Kontexten sinn- und wertvolle Arbeit zu leisten. Von der Arbeitswelt wurden aber letztlich sowohl meine gehobene Bildung als auch meine anderweitigen Fähigkeiten ignoriert. So wurde die Möglichkeit, mich zur Fachkraft aufzubauen, übersehen.

Stattdessen sah ich mich von der Arbeitswelt geradezu genötigt, meine Potenziale brachliegen zu lassen. Aufgrund meiner Erfahrung kann und möchte ich an dieser Stelle ganz klar sagen: Es ist wirklich schwer, damit zu leben, sich ein hohes Bildungsniveau erarbeitet zu haben und es dann brachliegen zu lassen! Ich kann mich erinnern, wie einmal jemand sagte: „Warum arbeitest du nicht irgendwas? Du könntest doch in einer Bäckerei als Verkäuferin arbeiten oder irgendwas anderes machen!"

Ich hatte wirklich zu keiner Zeit Angst vor einer solchen Arbeit. Ich war mir dafür auch nicht „zu schade". Vor meinem Studium hatte ich während meines Auslandaufenthalts zwei Jobs: Am Morgen in einem Hotel als Zimmermädchen und am Abend in der Mensa einer Universität als Spülerin in der Großküche. Während meines Studiums hatte ich drei Putzstellen. Ich schrecke vor solchen Tätigkeiten nicht zurück.

Dennoch habe ich mich mit meinen Bewerbungen erst einmal auf Stellen beworben, die meinen erworbenen Qualifikationen entsprachen. Ich hatte diese Qualifikationen doch erworben, um sie in der Arbeitswelt zu nutzen. Liegt es da nicht nahe, dass ich sie auch gern genutzt hätte? Ich gebe zu, es ist mir über längere Zeit wirklich schwergefallen, meine Abschlüsse bei der Jobsuche zu ignorieren und mich wahllos auf irgendwas zu bewerben!

Ich musste mich aber auf Dauer damit abfinden. Dies ist mir ja auch irgendwann gelungen. Dennoch gab es noch ein Ereignis, welches bei mir zu Tränen führte: Ich kann mich noch gut an den Abend erinnern, an dem mir Ende 2015 mein §87b-Zertifikat überreicht wurde. Damals rief mich ein Bekannter an und fragte, ob ich meinen neuen „Abschluss" feiern würde. Ich heulte ihm ins Telefon und bat ihn, mich erst einmal in Ruhe zu lassen.

An jenem Abend habe ich geweint, weil ich um meinen Studien- und meinen Promotionsabschluss trauerte. Mit meinem §87b-Zertifikat in der Hand war mir klar, dass für meine ganze zukünftige Berufstätigkeit ausschließlich dieses Zertifikat zählen würde. Dem Arbeitsamt und der Arbeitswelt war völlig egal, dass ich sechs Jahre Studium und acht Jahre Arbeit an einer Doktorarbeit hinter mir hatte.

Der Zettel, der mir bescheinigte, dass ich „ordnungsgemäß und erfolgreich" 160 Unterrichtseinheiten absolviert hatte, war jetzt das A und O meiner beruflichen Zukunft. Das fand ich wirklich todtraurig. Der einzige Trost, den ich zu jenem Zeitpunkt hatte, war die Tatsache, mich in meiner Tätigkeit im Betreuten Wohnen wohl zu fühlen. Die Arbeit hat mir viel Spaß gemacht. Zudem erhielt ich viel Anerkennung von Seiten der Bewohnerinnen und Bewohner. So konnte ich viel Befriedigung bei dieser Tätigkeit empfinden.

Nachdem ich mich viel mit Selbstwert beschäftigt hatte, bin ich mir sicher, meine Trauer an jenem Abend hatte folgenden Grund: Mein Selbstwert gründete sich damals stark auf meinen Studienabschluss und meinen Doktortitel. Dies war so, da ich mich am LEG-Wert orientierte. Indem ich das §87b-Zertifikat als zukünftige Grundlage meines Selbstwertes annehmen musste, musste ich meinen Studienabschluss und meinen Doktortitel entsprechend ad acta legen.

So hatte ich das Gefühl, einen Teil meines LEG-Wertes zu verlieren. Schließlich spiegelten mein Studienabschluss und mein Doktortitel erbrachte Leistung und erreichten Erfolg. Sie standen, wenn schon nicht für Geld, so immerhin für Leistung und Erfolg. Da ich ja sowieso glaubte, keinen Geldwert zu haben und nun auch noch genötigt war, meine vermeintlich einzigen LE-Werte abzulegen, blieb am Ende gar nichts mehr übrig. Ich hatte nichts mehr, was meinen LEG-Wert gerechtfertigt hätte. Zudem war ich an jenem Abend gezwungen, meine Hoffnung, durch Studium und Doktortitel Geld verdienen zu können, endgültig zu begraben. Durchaus legitime Gründe für Tränen.

Inzwischen habe ich mich vom LEG-Wert befreit. Mein Selbstwert bezieht sich nicht auf das, was ich habe, sondern auf das, was ich bin. Ich *habe* einen Studienabschluss und ich *habe* einen Doktortitel. Aber ich *bin* nicht mein Studienabschluss oder mein Doktortitel. Ich bin aber lernfähig, ich bin ausdauernd, diszipliniert, analytisch denkend und vieles mehr. Dies sind Fähigkeiten und Kompetenzen, die meine Persönlichkeit ausmachen.

Ich spüre wieder eine starke Verbindung zu meiner Lernfähigkeit, meinem großen Durchhaltevermögen, meiner Disziplin, meinen analytischen Fähigkeiten und zu vielem mehr. Ich kann auf diese Fähigkeiten und Kompetenzen stolz sein. Deshalb sind sie die Basis meines Selbstwertes. Die Leistungen oder Erfolge, die ich damit letztlich erbracht habe oder erbringe, sind Ergebnisse dieser Fähigkeiten. Mein Selbstwert ist von diesen Ergebnissen jedoch unabhängig. Mein Selbstwert ist von Leistung, Erfolg und Geld unabhängig – ich bin frei vom LEG-Wert!

Selbstwert bezieht sich auf Persönlichkeit, persönliche Eigenschaften, persönliche Interessen und Fähigkeiten. Dies alles zum persönlichen und zum gemeinschaftlichen Wohl optimal einzusetzen, stärkt das Selbstwertgefühl. Ich weiß, ich besitze persönliche Potenziale und Kompetenzen. Sie begleiten und leiten mich in meinem Leben. Sie helfen mir auf ihre ganz eigene Weise, mein Leben zu bewältigen und zu genießen. Durch sie spüre ich meine Selbstwirksamkeit. Meine persönlichen Potenziale und Kompetenzen sind die selbstverständliche Basis meines Selbstwertes. Sie bilden meinen Selbstwert – sie bilden mich! Sie bilden mich mehr als jegliche Schuldbildung.

Meine eigenen Erfahrungen in Sachen Bildung ließen mich über den Appell nach mehr Schulbildung gründlich nachdenken. Ist dieser Appell wirklich uneingeschränkt sinnvoll? Sicher, im Allgemeinen erscheint ein höheres Schulbildungsniveau sehr wünschenswert. Als ich aber darüber nachdachte, drängte sich mir folgende Frage auf: Kann der Arbeitsmarkt einem solchen höheren Schulbildungsniveau gerecht werden?

In diesem Zusammenhang erscheint mir folgende Beobachtung von Belang: Jugendliche Schulabgänger konnten noch vor zwanzig Jahren mit einem Hauptschulabschluss eine Banklehre beginnen. Heute sind diese Ausbildungsplätze meist Abiturienten vorbehalten. Auch in anderen Arbeitsfeldern werden Lehrstellen mehr und mehr mit Abiturienten besetzt. Ich beobachte dies mit einer gewissen Skepsis. Sollte nicht bedacht werden, dass nicht alle Kinder einem höheren Bildungsniveau gerecht werden können? Ist es nicht notwendig, auch solchen Menschen Möglichkeiten der Erwerbsarbeit bereit zu stellen? Sollten nicht auch solche Menschen in der Lage sein, sich ihren Lebensunterhalt selbständig zu verdienen? Ist in unserer Gesellschaft Platz für Menschen, die kein höheres Schulbildungsniveau erreichen können?

Ein Zusammenhang zwischen niedrigem oder fehlendem Bildungsabschluss und damit verbundenen geringen Chancen auf dem Arbeitsmarkt ist offensichtlich. Hierdurch führt geringe Schulbildung meist zu geringem oder gar keinem Einkommen. Dies hat Auswirkungen auf die Lebensbedingungen. Es stellt sich für mich allerdings die Frage: Liegt eine geringe Schulbildung immer und ausschließlich an geringem Bildungswillen oder geringer Bildungsmöglichkeit? Kann es nicht auch an äußeren Rahmenbedingungen liegen?

Ich finde, jedem Kind sollte die bestmögliche Schulbildung zuteilwerden. Dabei sollte diese Bildung jedem Kind unabhängig vom Bildungsgrad oder Vermögen der Eltern möglich sein. Als Mutter von vier Kindern musste ich mich immer wieder mit steigenden Kosten für Lernmittel, Kosten für Busfahrten zur weiterführenden Schule, Kosten für Klassenfahrten, mit Essensgeld bei Ganztagsschulen oder mit Kosten für notwendigen Nachhilfeunterricht usw. auseinandersetzen. So manches Mal waren meine Kinder, weil ich solche Kosten nicht tragen konnte, benachteiligt.

So schlossen sich zum Beispiel in der Grundschule meiner Tochter die Eltern zusammen und bezahlten eine eigene Englischlehrerin. Die Kinder sollten bereits in der Grundschule Englisch lernen können. Meine Tochter gehörte zu den wenigen Kindern, die an diesem Unterricht nicht teilnahmen. Ich konnte die 50 Euro monatlich nicht aufbringen. So nahmen Kosten für Bildung nicht nur in meinem, sondern auch im Leben meiner Kinder eine unübersehbare Rolle ein.

Geld spielt bei der Förderung der Schulbildung von Kindern eine sichtbare Rolle. Dies wirft Fragen auf: Kann der Bildungsappell an die Kinder nicht erst dann von allen gleichermaßen befolgt werden, wenn Bildung zu hundert Prozent kostenfrei ist? Welche politischen Maßnahmen sind notwendig, um die Schulbildung der Kinder vom Geld der Eltern unabhängig zu machen? Wäre es nicht sinnvoll, die Bildungseinrichtungen mit genügend finanziellen Mitteln auszustatten?

Wie steht es um den staatlichen Auftrag zur Bildungssicherung? Im Internet konnte ich nachlesen: Kaum ein anderes Land in Europa gibt weniger Geld für Bildung aus als Deutschland. Im europäischen Vergleich zwischen 28 Ländern liegt Deutschland mit der Höhe seiner Ausgaben für Bildung aus dem Staatshaushalt auf Rang 22! Warum gibt gerade Deutschland so wenig Geld für Schulbildung aus? (https://www.finanzen100.de/finanznachrichten/wirtschaft/schlimme-statistik-kaum-ein-eu-land-steckt-so-wenig-geld-in-bildung-wie-deutschland_H228942395_465601/, vom 28.08.2017)

Ich habe 25 Jahre lang die Schullaufbahnen meiner Kinder begleitet. Dabei habe ich erlebt, wie in den Schulen immer mehr Geld von den Eltern eingesammelt werden musste. Anfangs wurde zu Beginn des Schuljahres nie Geld verlangt. Später wurde Kopiergeld und Geld für Schulbücher eingesammelt. Ich kann mich nicht erinnern, dass es an meiner Schule früher einen Förderverein gab; heute ist jede Schule arm dran, die keinen eigenen Förderverein hat.

An dieser Stelle möchte ich einen speziellen Elternabend hervorheben. Bei diesem wurde doch tatsächlich gefragt, ob Eltern bereit wären, die Toiletten in der Schule zu putzen. Ich weiß nicht mehr genau, ob vom Schulamt die Reinigung der Toiletten nur ein- oder zweimal die Woche bezahlt wurde. Jedenfalls nicht täglich. So waren die Toiletten nicht täglich in tadellosem Zustand. Glücklicherweise übernahm der Förderverein die Kosten für eine weitere Reinigungskraft.

In jener Schulpflegschaftssitzung wurde geäußert, dass sich manche Kinder vor dem Zustand der Toiletten regelrecht ekelten. Deshalb tranken sie während der Schulzeit nichts. Ohne Trinken konnten sie es aushalten, den ganzen Vormittag nicht zur Toilette zu gehen. Andere Kinder kamen mit Bauchschmerzen nach Hause, weil sie über den ganzen Schulvormittag „eingehalten" hatten. Schon damals war mir klar, dass ein solches Verhalten ganz bestimmt nicht gesund ist.

Heute, mit dem Fokus auf Selbstwert, zeigt dieses Nichttrinken oder Einhalten in meinen Augen einen Schritt in die Richtung, den eigenen Selbstwert abzubauen. In dem Moment, wo das Kind entscheidet, dem natürlichen Bedürfnis zu trinken oder dem Bedürfnis zum Toilettengang nicht nachzugeben, unterdrückt es eigene körperliche Bedürfnisse. Das Kind spricht äußeren Bedingungen einen höheren Wert zu als den eigenen Bedürfnissen. Entsprechend unterdrückt es körperliche Bedürfnisse aufgrund äußerer Gegebenheiten. Mit solchem Verhalten fängt nach meiner Einschätzung der Selbstabbau des eigenen Selbstwerts bereits an.

Doch Kinder können in einer solchen Situation nicht anders handeln. Sind in diesem Zusammenhang nicht die Eltern und die Gesellschaft gefordert, auf die Missstände aufmerksam zu machen, die der Grund für dieses Verhalten sind? Doch ich habe selbst erlebt, wie schwierig es ist, Verbesserungen herbeizuführen.

Immer mehr Eltern, die mit den öffentlichen Schulen unzufrieden sind und es sich leisten können, schicken ihre Kinder in Privatschulen. Waren Privatschulen in Deutschland früher ein Randphänomen, so gewinnen sie heute zunehmend an Bedeutung. Die Zahl der Schülerinnen und Schüler in Privatschulen hat sich seit 1992 stark erhöht, vor allem an privaten Gymnasien. Ich würde mir sehr wünschen, dass eine steigende Qualität öffentlicher Schulen diesen Trend wieder rückgängig macht.

In der langen Zeit, in der ich meine vier Kinder durch ihre Schulzeit begleitet habe, sind mir viele Veränderungen aufgefallen. So hat sich nach meinem Empfinden der Druck auf Eltern und Schüler stark erhöht. Immer mehr Eltern drängen darauf, dass ihre Kinder Abitur machen. Das Abitur gilt als unverzichtbar für den späteren Berufserfolg. Es sollte natürlich mit einem möglichst guten Notendurchschnitt abgeschlossen werden. Da immer mehr AbiturientInnen in die Universitäten drängen, haben inzwischen fast alle Studiengänge einen Numerus Clausus, einen erforderlichen Mindest-Notendurchschnitt, der für den Erhalt eines Studienplatzes nicht überschritten werden darf.

Ich erinnere mich noch gut daran, wie sehr ich mich über einen Lehrer aufgeregt habe, der bei der Begrüßung der neuen Oberstufen-SchülerInnen sagte: „Wenn Sie nicht mindestens einen Durchschnitt von 2 anstreben, können sie eigentlich gleich wieder gehen!" In was für einer leistungsorientierten Welt leben wir eigentlich? Wie sehr muss der Selbstwert der Schülerinnen und Schüler, die wussten, dass sie eigentlich gehen sollten, in diesem Moment gesunken sein!

Hat diese Aussage zu ihrer Bildung beigetragen? Könnte es sein, dass sich junge Menschen durch eine solche Aussage bereits als potenzielle Verlierer fühlen? Könnte es sein, dass manche SchülerInnen bereits während ihrer Schulzeit damit beginnen, sich als Verlierer oder Versager zu fühlen, weil sie schon in der Schule nicht mithalten können? Muss dieser Druck wirklich sein?

Ich selbst kam nach meiner Grundschulzeit auf die Hauptschule. Mich hat dies damals nicht sonderlich belastet. Meine ältere Schwester war bereits in der Hauptschule, und meinen Eltern schien diese Tatsache auch nichts auszumachen. Ich habe mir mit meinen elf Jahren selbst keine Gedanken darüber gemacht, ob und wie dieser Hauptschulbesuch auf meine Zukunft wirken würde. Ich denke, bis zum Ende der vierten Klasse sind die meisten Kinder noch nicht in der Lage, ihre Fähigkeiten, Interessen oder Talente zu benennen. Deshalb glaube ich auch nicht, dass sie in diesem Alter bereits selbst Entscheidungen für ihre berufliche Zukunft treffen können.

Eltern und Lehrerinnen (Lehrer sind in der Grundschule leider selten) sind deshalb gezwungen, hier Entscheidungen zu fällen. Sie entscheiden über die weiterführende Schule. Wobei weder Fähigkeiten noch Interessen oder Talente der Kinder eine Rolle spielen. Ausschließlich die Noten entscheiden über die weiterführende Schule! Dies sorgt heute schon bei Grundschulkindern und deren Eltern für Druck und Stress.

Vielleicht ist in der heutigen Zeit der Ansatz, ein Kind sollte auf jeden Fall Abitur machen, richtig - vielleicht aber auch nicht. Mein Sohn war schon als kleiner Junge immer am Kochen interessiert. Er stand gerne neben mir am Herd und schaute zu, was ich da mache. Nachdem er seinen Realschulabschluss gemacht hatte, drängte ihn sein Vater dazu, sich im Gymnasium anzumelden. Nach sechs Wochen kam er nach Hause und meinte, er würde nicht mehr zur Schule gehen. Er wollte lieber Koch werden. Das wurde er dann auch.

Bei meinem Sohn war das Interesse für den Kochberuf relativ früh erkennbar. Bei meinen anderen Kindern hätte ich nie sagen können, welcher berufliche Weg einmal der Beste für sie sein würde. Das war für mich aber kein Grund, sie zum Abitur zu drängen. Warum drängen Eltern ihre Kinder zum Abitur? Ich denke, hierbei steht vor allem der LEG-Wert im Vordergrund. Es geht um Leistung, Erfolg und Geld. Viele Eltern glauben, nur mit Abitur hätten ihre Kinder später genügend Chancen dem LEG-Wert gerecht werden zu können.

Für mich stand immer etwas ganz anderes im Vordergrund: das Potenzial und das Wohlbefinden des Kindes. Verbringt ein Mensch, auf das ganze Leben bezogen, nicht die meiste Zeit mit seiner Erwerbstätigkeit? Wäre es da nicht wichtig, sich bei dieser Tätigkeit auch wohlfühlen zu können? Ich bin überzeugt, am wohlsten fühlt man sich mit einer Tätigkeit, die den eigenen Interessen und Fähigkeiten entspricht.

Einige Zeit ging ich immer in denselben Friseursalon. Dort ließ ich mir von einem sehr netten jungen Mann die Haare schneiden. Dabei habe ich mich auch immer gut mit ihm unterhalten. Er strahlte so eine Zufriedenheit und Begeisterung aus. Er war „mit Leib und Seele" Friseur. Als ich ihn einmal darauf ansprach, bejahte er dies. Er erzählte, dass sein Vater eigentlich einen anderen beruflichen Werdegang für ihn vorgesehen hatte. Doch er wollte aber kein Abitur machen und studieren. Er wollte Friseur werden. Ich fragte ihn, ob er es bedauere, dass dieser Beruf so schlecht bezahlt wurde. Er meinte, er würde sehr gut verdienen. Er war das „Zugpferd" des Salons. Viele Kunden kamen vor allem seinetwegen. So hat er mit seiner Begeisterung und seinen Fähigkeiten zufrieden gelebt und auch gut verdient.

Sollten Kinder im Sinne einer möglichst zufriedenen Zukunft nicht die Möglichkeit haben, ihre Interessen und Fähigkeiten kennenzulernen? Sollten sie nicht die Möglichkeit haben, auf diese Kenntnisse aufbauend, eine passende Berufswahl zu treffen? Wenn Kinder nach ihren Fähigkeiten und ihren Interessen eine eigenständige Berufswahl treffen würden, würden sie dann nicht auch viel erfolgreicher arbeiten, weil sie viel stärker ihre Selbstwirksamkeit spüren? Würde dies nicht ihren Selbstwert unterstützen? Werden diese Chancen nicht durch die Aufteilung der Kinder in Haupt- und Realschule bzw. Gymnasium unterbunden?

Ich denke, das dreizügige System von Hauptschule, Realschule und Gymnasium fördert bei den Schülerinnen und Schülern nicht unbedingt deren persönliche Fähigkeiten und Interessen. Zudem, so meine Vermutung, werden Kinder durch die Zuweisung zu einer Schulform schon in gewisser Weise vor-gebildet. Dies, da hierdurch auch ihr Selbstwertgefühl auf seine je eigene Weise gebildet wird. Ist es nicht so, dass Schüler des Gymnasiums sich als besser (wertvoller) empfinden als Realschüler? Empfinden sich im Gegenzug Realschüler nicht als wertloser als Gymnasiasten, und Hauptschüler wertloser als Realschüler und Gymnasiasten? Kann dieser Sachverhalt nicht auch Auswirkungen auf den Selbstwert, den diese jungen Menschen sich zusprechen, haben? Könnte es sein, dass die Schulzuweisung einen Lebensumstand darstellt, der Kinder schon früh in Frustration und Resignation treibt?

Auf jeden Fall scheint das deutsche Schulsystem durch seine Dreigliedrigkeit eine gewisse Vorauswahl zu begünstigen. Hierdurch wirkt es gewissermaßen als sozialer Filter. Es sortiert aus und ein! Die Kinder werden bereits durch die Schulform, die sie besuchen, ihrer zukünftigen gesellschaftlichen Stellung zugeteilt. Dabei orientiert sich diese Zuweisung allzu oft an der gesellschaftlichen Stellung der Eltern. Meine Eltern gingen in die Volksschule, also lag es nahe, auch mich in der Hauptschule unterzubringen. Hat sich dies heute verändert? Sicherlich, immer mehr Eltern wollen ihr Kind im Gymnasium sehen. Doch können auch alle Eltern ihren Kindern die Unterstützung geben, die in dieser Schulform notwendig ist?

Pisa-Studien belegen immer wieder den Zusammenhang von Bildung, beruflichem Erfolg und sozialen Startbedingungen. In kaum einem anderen europäischen Land ist der Zusammenhang von Abstammung und späterer gesellschaftliche Stellung so eng wie in Deutschland. Bildungsfähigkeit scheint in Deutschland vor allem von der sozialen Herkunft abhängig zu sein. Hat dies vielleicht damit zu tun, dass bereits Grundschulkinder auf Lernunterstützung zuhause angewiesen sind? Sei es zur Unterstützung bei den Hausaufgaben oder zur „Überwachung" der Erledigung dieser Aufgaben?

Könnten Ganztagsgrundschulen diesem Problem entgegenwirken? Sicherlich! Hierdurch würde jeglicher Lernstoff ausschließlich in der Schule und damit für alle gleich vermittelt und eingeübt werden. Dies würde nach meiner Überzeugung sowohl die Kinder als auch in vielen Fällen, deren Eltern entlasten. Ich fand es jedenfalls oft anstrengend, meine Kinder zum Hausaufgabenmachen zu motivieren. Oft genug war der Familienfrieden wegen der Hausaufgaben gestört. Ganztagsschulen könnten hier eine enorme Entlastung bringen.

Zudem hätte eine ganztägige Grundschule noch weitere Vorteile: Sicherlich werden auch die Bildungsfähigkeit und bzw. oder bestimmte Talente mit in die Wiege gelegt. Doch inwiefern diese Bedingungen zum Tragen kommen, hängt nicht ausschließlich von der Person selbst ab. Es hängt auch von der Förderung durch das Umfeld ab. Ob und wie gefördert werden kann, hängt nicht nur von der Familie ab, in die ein Mensch hineingeboren wurde – es hängt auch von Rahmenbedingungen ab!

Ein Kind, das zum Beispiel ein Talent zum Klavierspielen hat, wird dieses nie entdecken, wenn es zuhause kein Klavier gibt. Es wird dies auch nicht entdecken, wenn die Eltern nicht auf die Idee kommen, es zur Musikschule zu schicken. Oder wenn sie das zwar gern täten, aber kein Geld dafür haben.

Förderungswürdige Talente werden häufig nicht von den Eltern, sondern von entsprechenden Lehrkräften in Vereinen oder anderen Organisationen entdeckt. Wenn Eltern ihren Kindern aber eine Teilnahme an Gruppen im Sportverein, in Kunst- oder Musikkursen nicht bezahlen können oder diese für unwichtig erachten, werden deren Talente eher unentdeckt bleiben.

Auch in diesem Zusammenhang könnten Ganztagsschulen als Lösung des Problems gesehen werden. In jüngster Zeit wird immer öfter über die Einführung von Ganztagsschulen diskutiert. Dabei sprechen sich aber vor allem Vereine dagegen aus. Sie befürchten, dass die Kinder dann nicht mehr in den Vereinen aktiv werden können. Ich denke, hier gilt es neue Wege zu finden. Vereine könnten mit den Schulen Kooperationen eingehen. Dies könnte eine große Chance sein. So könnten zum einen mehr Kinder an Vereinsaktivitäten teilnehmen – da keine zusätzlichen Vereinsbeiträge zu zahlen wären, zum anderen könnten die Schulen die Kinder sportlich, künstlerisch und musisch umfassend fördern. Hierdurch könnten die Kinder ihre je eigenen Fähigkeiten und Interessen besser kennenlernen.

Die Zukunft braucht alle Fähigkeiten und Talente! Die moderne Zeit hat die Arbeitswelt stark verändert. Diese Veränderung wird weiter gehen. Alte Berufsbilder werden verschwinden und völlig neue werden entstehen. Hierfür braucht es flexible Menschen, die sich ihrer Fähigkeiten und Talente bewusst sind. Hierfür braucht es Menschen, die mit einem gesunden Selbstwert und angetrieben von ihrer natürlichen Neugier innovative Ideen entwickeln können. Kann das gegenwärtige deutsche Schulsystem Menschen hervorbringen, die diesen Herausforderungen der Zukunft gewachsen sind?

In der Wissenschaft wird immer wieder betont, Menschen hätten im Wesentlichen nur zwei natürliche Antriebskräfte: Erstens, das Bedürfnis nach sozialer Bindung und zweitens, die natürliche Neugier. Dabei ist Neugier ein: „subjektiver Erlebnisdrang, der auf die Kenntnis konkreter einzelner, möglichst neuer und sensationeller Gegebenheiten v.a. der nächsten mitmenschlichen Umwelt gerichtet ist ...“ (aus dtv-Brockhaus-Lexikon in 20 Bänden, band 13: Neo-Par, Mannheim und München 1988).

Ich denke, beide Antriebskräfte wirken sehr stark. Doch mit beiden wird in der modernen Welt auf fatale Weise umgegangen: Erstens wird durch die Fokussierung auf den LEG-Wert das Bedürfnis nach sozialer Bindung fehlgeleitet. Das natürliche Bedürfnis, sich um seiner selbst willen angenommen zu fühlen, bleibt auf der Strecke. Stattdessen wird danach gestrebt, gesellschaftlich unbedingt mitzuhalten damit Anerkennung von außen wahrscheinlicher wird.

Hinsichtlich der natürlichen Neugier bin ich davon überzeugt, diese wird geradezu abgetötet, da der Fokus auf die Wissbegier gelegt wird. Diese bezieht sich auf eine Erweiterung des geistigen Horizonts, des Wissens. Kleine Kinder erfahren und erspüren ihre Umwelt mit all ihren Sinnen. Dabei treibt sie ihre natürliche Neugier, ihre Begeisterung an. Schon im Kindergarten werden Kinder dazu angehalten, Wissen zu erlernen. Sie werden aufgefordert, sich Wissen „anzueignen". In der Schule geht dies so weiter. Kinder lernen Wissen, sie reproduzieren es. Die Wissenserweiterung wird nicht mehr durch persönlichen Antrieb angeregt und durch persönliche Erfahrungen erfahren. Stattdessen ist Lernen angesagt. Der Drang, sich Wissen durch persönliche Erkenntnis- und Wissensentwicklung anzueignen, geht zunehmend verloren. Das Bedürfnis, die Welt mit allen Sinnen erfahren und erspüren zu wollen – die Begeisterung für das Leben und die eigene Person - stirbt langsam ab - die natürliche Neugier geht verloren.

Können Menschen ohne natürliche Neugier, ohne Begeisterung, wirklich flexibel innovative Ideen entwickeln? Kann das gegenwärtige dreigliedrige Schulsystem solche flexiblen und innovativen Menschen hervorbringen? Oder sollte es nicht besser nur eine weiterführende Schule für alle geben? Sollte diese Schule nicht auch ganztägig sein?

Ich denke, dies würde bedeuten, dass Laufbahnentscheidungen möglichst lange offengehalten werden könnten. Ein solches offenes Ganztags-Schulsystem würde auch die enge Verbindung von Bildungserfolg und Abstammung auflösen. Ich denke, in einer weiterführenden Schule für alle bekämen die Jugendlichen die Chance, ihre beruflichen Entscheidungen je nach ihren Bedürfnissen und Fähigkeiten selbst zu treffen.

Hinsichtlich all dieser Aspekte empfinde ich die Forderung nach der Auflösung des dreigliedrigen Schulsystems und die flächendeckende Einführung von Ganztagsschulen als durchaus sinnvoll. Eine solche Forderung erscheint mir jedoch ausschließlich unter einer

Bedingung umsetzbar: Es muss bei der Verantwortung für den Lernerfolg einen dreifachen Perspektivwechsel geben. Erstens muss sich die Schule von der reinen Wissensvermittlung verabschieden und sich zu einer Institution entwickeln, die auch die individuelle Persönlichkeitsbildung fördert. Zweitens sollte sich bei der Förderung der Persönlichkeitsentwicklung die Perspektive vom Prinzip „Identität durch Erfolg" lösen und sich dem Prinzip „Erfolg durch Identität" zuwenden. Drittens sollte die Verantwortung für den Schulerfolg nicht länger nur bei den Kindern und ihren Eltern liegen. Sie sollte auch und vor allem bei der Schule liegen.

Am Ende meiner Grundschulzeit hat man entschieden, mich auf die Hauptschule zu schicken. Dort traf ich auf eine sehr motivierte und motivierende Lehrerin. Sie hat mich in meinem Vormichhinträumen oft unterbrochen. Damit hat sie es geschafft, mich für den Unterricht zu interessieren. Sie hat mich nicht gezwungen, mich mehr zu melden – das lag mir einfach nicht. Sie wusste aber: Immer, wenn niemand eine Frage beantworten wollte oder konnte, konnte sie mich aufrufen. Ich habe ihre Frage dann meist beantwortet. Diese Lehrerin hat dafür gesorgt, dass ich einen Platz in einem sogenannten Aufbaugymnasium bekam. So konnte ich zur siebten Klasse von der Hauptschule auf ein Gymnasium wechseln.

Natürlich habe ich später überlegt, wie mein Leben wohl verlaufen wäre, wenn ich nicht auf diese Lehrerin gestoßen wäre. Was hätte ich nach meinem Hauptschulabschluss gemacht? Vielleicht wäre ich zufriedener gewesen, weil weder meine Eltern noch ich hinsichtlich meiner Finanzen hohe Erwartungen gehabt hätten. Vielleicht wäre ich auch zufriedener gewesen, da ich mich nicht hätte damit abfinden müssen, meine höhere Bildung zu ignorieren. Es ist letztlich müßig, darüber zu spekulieren. Mein Leben war, wie es war – und es war gut so!

Meine eigene Schullaufbahn zeigt jedoch: für den Bildungserfolg eines Kindes sind häufig die Lehrkräfte mitverantwortlich. Meine Lehrerin in der Hauptschule hat nicht nur mein stilles Wesen und meine durchschnittlichen Noten gesehen. Sie hat mich als ganzheitliche Person und dadurch mein Potenzial gesehen.

Junge Menschen zu bilden, das ist nicht irgendein Job! Es geht um mehr als nur die Weitergabe fachlicher Kenntnisse. Es geht auch um Persönlichkeiten in ihrer Entwicklung. Diese sollten auf eine selbstständige Lebensführung vorbereitet werden. Wobei das Berufsleben nicht ausschließlich im Fokus stehen sollte. Die Förderung von Selbstwert, Selbstbefähigung und Selbstbewusstsein sollte auch Beachtung finden. Dies macht einen verantwortungsvollen Umgang mit den Menschen, denen etwas beigebracht werden soll, unverzichtbar. Zusätzlich erscheinen Empathie, Engagement und Interesse an den Kindern unerlässlich.

Ich hatte in meinem Studium Erziehungswissenschaft als Nebenfach. Im Rahmen der Seminare dort hatte ich immer wieder Kontakt mit Lehramtsstudentinnen und -studenten. Ich kann mich noch gut erinnern, wie ich einmal während eines Seminars aufstand und meinte: „Wenn ich euch hier so erlebe und mir dann vorstelle, dass ihr die zukünftigen Lehrer meiner Kinder seid, dann wird mir angst und bange!"

Ich konnte bei den meisten Kommilitonen kein besonderes Interesse an Pädagogik oder an Kindern erkennen. Leider belegen inzwischen auch Studien unter Lehrkräften ein weit verbreitetes Desinteresse an Kindern. Niemand wird Blumenhändler, wenn er oder sie eigentlich keine Blumen mag. Lehrer kann man offensichtlich auch ohne großes Interesse an Kindern werden.

Hierzu passt folgende Begebenheit: Ich hatte ja bereits im Studium Kinder. Als ich noch stillte, habe ich manchmal mein Stillkind mit in die Uni nehmen müssen. Dies war weder in der Soziologie noch bei den Religionswissenschaftlern ein Problem. Die einzigen Dozenten, die meinten, dass dies nicht ginge, waren Erziehungswissenschaftler!

Soweit mir bekannt ist, gibt es bislang keine Zulassungstests für Lehramtsstudiengänge. Weder auf fachliche noch auf pädagogische oder persönliche Eignung. Schon vor über dreißig Jahren musste jemand, der Sozialarbeit oder Sozialpädagogik studieren wollte, nachweisen, dass er bereits soziales Engagement gezeigt hatte. Es wurde geprüft, ob wirklich ein Interesse an sozialer Arbeit bestand. Das Lehramtsstudium konnte ohne nachgewiesenes Interesse an Kindern absolviert werden. Darum finden sich leider auch unfähige Lehrkräfte an den Schulen.

Ich kann mich an einen besonderen Vorfall bei einer meiner Töchter erinnern. Sie kam völlig verärgert aus der Schule. Ihr Ärger bezog sich auf die Benotung eines Aufsatzes. Dieser war mit einer fünf bewertet worden. Als sie den Lehrer darauf ansprach, erklärte dieser, dass der Aufsatz zu gut sei und deshalb unmöglich von ihr stammen könne. Sie bekam also eine Fünf, weil ihr Betrug unterstellt wurde. Dabei hatte meine Tochter schon immer viel Freude am Schreiben. Ein befreundeter Autor, der einmal etwas von ihr las, meinte, sie habe durchaus literarisches Talent. Also ging ich zu dem Lehrer und überzeugte ihn davon, dass meine Tochter diesen Aufsatz selbst geschrieben habe. Daraufhin gab er ihr eine Eins!

Diese Begebenheit zeigt in meinen Augen zweierlei: Erstens: Lehrkräfte können Fehlurteile treffen. Zweitens: Hätte ich als Mutter nicht reagiert, hätte dies den Bildungserfolg meines Kindes beeinflussen können! Ich schließe hieraus: Der mögliche Bildungserfolg ist nicht allein vom Bildungswillen und der Bildungsfähigkeit eines Kindes abhängig. Die Umstände der Bildung – Schulform, Lehrkräfte, Unterstützung durch Eltern oder andere Personen - spielen auch eine Rolle.

Inwiefern Bildung später zu wirtschaftlichem Wohlstand führt, erscheint mir ebenfalls von vielen Umständen abhängig. Deshalb fände ich es sinnvoll, wenn Kinder in der Schule lernen würden, dass sie ihren Selbstwert nicht mit dem LEG-Wert verwechseln sollten. Sie sollten ihre ganz eigenen Fähigkeiten und Interessen schätzen lernen, unabhängig davon, ob diese ihnen später voraussichtlich Geld einbringen.

Es sollte in erster Linie darum gehen, den eigenen Fähigkeiten und Interessen gerecht zu werden. Es sollte nicht darum gehen, sich nach dem Motto „Identität durch Erfolg", eine Identität durch Erfolg (einzu-)bil-den. Wer mit gesundem Selbstwert lebt, wird sich ganz selbstverständlich sein Leben so einrichten, dass er oder sie zufrieden leben kann. Seine oder ihre Identität wird nach dem Motto „Erfolg durch Identität" zum eigenen Lebenserfolg beitragen.

Mich hat mein persönliches Interesse an Religion zu meinem Studienfach Vergleichende Religionswissenschaft geführt. Ich bin dankbar für dieses Studium. Eine wissenschaftliche Karriere war mir durch persönliche Umstände versagt. Dennoch bin ich über das Thema meiner Doktorarbeit dazu gekommen, als Dozentin für Interkulturelle Bildung tätig zu werden. Diese Arbeit hat mir viel Freude bereitet und ich konnte damit Geld verdienen. Zum Thema Integration habe ich auch ein Buch mit dem Titel: „Integration trifft Qualität" veröffentlicht.

Mein Leben zu großen Teilen mit meinen persönlichen Interessen und Fähigkeiten erfolgreich gelebt zu haben, gibt mir ein gutes Gefühl. Dieses ist Teil meines individuellen Wohlstandes.

Mein Leben in diesem Sinne auch fortzusetzen, ist mir ein Bedürfnis. Ich genieße es, orientiert an meinen Interessen und Fähigkeiten zu leben. So genieße ich es, dazulernen zu können. Ich freue mich über alles, was ich dazulerne. Ich genieße es aber auch, mich täglich von meinen Interessen leiten zu lassen. Meist kostet dies wenig Geld, manchmal sogar überhaupt keines. Ich lese viel, ich schreibe viel, ich interessiere mich für viele Dinge und beschäftige mich deshalb mit ihnen. Um mich hierüber auszutauschen, konnte ich einen interessanten Gesprächskreis finden.

Mein Leben bietet jeden Tag eine Fülle von Möglichkeiten, mich gut zu fühlen und mich umfassend zu bilden. Ich kann diese Fülle in meinem Leben nutzen und genießen.

Die Rente ist kein Spiegel der Lebensleistung

Mein positives Lebensgefühl gibt mir viel Gelassenheit und Kraft. So blicke ich auch meiner Zukunft mit positiven Gefühlen entgegen. Aus diesem Grund empfinde ich auch die potenzielle Altersarmut nicht mehr als Bedrohung. Ich bin mir sicher, dass ich auch im Alter mein Leben als lebens- und liebenswert empfinden und eine gute Zeit haben kann.

Lange Zeit stellte die drohende Altersarmut einen Lebensumstand in meinem Leben dar, der mich belastete. Der Satz „Wer es nicht zu etwas bringt, ist selbst schuld!" wirkte bei mir auch bezogen auf meine drohende Altersarmut. Ich glaubte: „Wer es nicht zu einer guten Rente gebracht hat, ist selbst schuld!" Zudem war ich davon überzeugt, dass die Rente auf gewisse Weise meine Lebensleistung abbildet. Ich wertete sie als Spiegel meines beruflichen Lebenserfolges. Deshalb habe ich mich mit dem Thema Rente beschäftigt.

Manches war relativ offensichtlich, anderes bedurfte eines tieferen Verstehens. Doch für mich hat sich diese Auseinandersetzung gelohnt. Ich konnte folgende Überzeugung gewinnen: Ich habe zwar in gewisser Weise meine potenziell niedrige Altersrente selbst zu verantworten. Doch Umstände, auf die ich keinerlei Einfluss hatte, haben einen weitaus größeren Anteil daran.

So begünstigt das Rentensystem eher ein Leben ohne Kinder. Gleichzeitig benachteiligt das System des Rentenausgleichs bei Scheidungen diejenigen, bei denen die Kinder nach der Scheidung leben. Und drittens, das Rentenniveau ist real stark gesunken. Meinen Blick für diese Umstände zu öffnen, hat mich von der Last befreit, mich wegen meiner potenziellen Altersarmut schuldig und schlecht zu fühlen.

Soweit ich es verstehe, ist die Rentenkasse dazu da, den Lebensabend eines Menschen finanziell abzusichern. Das Rentensystem war und ist jedoch als Generationenvertrag gedacht. Die jeweils erwerbstätige Generation finanziert durch ihre Beiträge in die Rentenkasse die nicht mehr erwerbstätige Generation. Die vom Gehalt abgezogenen Rentenbeiträge werden nicht, wie bei einem Sparvertrag, einem persönlichen Konto gutgeschrieben, von dem später die Rente ausgezahlt wird. Stattdessen wird die Rentenabgabe jeweils direkt in die Rentenkasse eingezahlt. Von da werden die Renten der aktuellen Rentnergeneration ausgezahlt. Doch nach meiner Einschätzung bleiben bei diesem System die auf der Strecke, die für die nachwachsende Generation und damit für die Renteneinzahler gesorgt haben!

Der Fall der Rosa Rees, der im Jahr 1992 für Aufsehen sorgte, führt dies deutlich vor Augen. Rosa Rees hatte als Mutter neun Kinder großgezogen. Als sie selbst ins Rentenalter kam, waren ihre Kinder längst erwerbstätig und zahlten insgesamt monatlich 8.000 DM in die Rentenkasse ein. Sie selbst bezog jedoch nur 350 DM Rente. Das Bundesverfassungsgericht unter dem damaligen Vorsitz von Roman Herzog befand, dass die Benachteiligung von Frauen durch Kindererziehung schrittweise abgebaut werden müsse.

Dies ist inzwischen durch die sogenannte „Mütterrente" auch zum Teil geschehen. Bei der Berechnung des Altersgeldes werden Zeiten der Kindererziehung berücksichtigt. Mütter erhalten extra Rentenpunkte, die ihre Rente erhöhen. Eine Frau, die nach 1991 Kinder geboren hat, erhält pro Kind für drei Jahre jeweils einen Rentenpunkt auf ihr Rentenkonto.

Mütter, die vor 1991 Kinder geboren haben, erhalten bis zu 2,5 Rentenpunkte pro Kind. 2018 hatte ein Rentenpunkt einen Wert von 31,03 Euro. Wäre eine Frau 2018 in Rente gegangen, hätte sie bei einem Kind maximal 2,5 Mütter-Rentenpunkte, also 77,57 Euro und bei zwei Kindern maximal fünf Rentenpunkte, also 155,15 Euro Mütterrente zu ihrer sonstigen Rente erhalten. Die meisten Mütter sind jedoch wegen der Kinder über viele Jahre nur in Teilzeit beschäftigt. Dies wirkt sich auch auf ihre Rentenhöhe aus. In meinen Augen stellt die Mütterrente vor allem hinsichtlich dieses Sachverhalts keinen wirklichen Ausgleich dar.

Sicherlich hat die Anerkennung von Erziehungszeiten auf die Rente die Benachteiligung von Frauen durch Kindererziehung etwas abgebaut. Dennoch stellt die Mütterrente keine wirkliche Gleichstellung von Erwerbs- und Familienarbeit dar. Dies wird wahrscheinlich dazu führen, dass in nächster Zukunft viele Mütter von Altersarmut bedroht sind.

Es kann sogar dazu kommen, dass die Kinder finanziell für ihre Mütter aufkommen müssen. Ein Umstand, den ich sehr bedauerlich fände. Kinder sollten nicht für die Alterssicherung ihrer Mütter oder Väter verantwortlich sein. Ich finde, Kinder haben ein Recht auf ein eigenes Leben. Sollte nicht eigentlich die Rentenkasse dazu da sein, den Lebensabend eines Menschen finanziell abzusichern?

Letztlich führt die Benachteiligung von Erziehenden für mich zu einer besonderen Situation: Für die Absicherung der Rente sind künftige Beitragszahler, also Kinder notwendig. Doch für den Einzelnen erscheint es wesentlich günstiger, wenn andere diese Kinder bekommen und aufziehen! Immer wieder höre ich, wie kinderlose Personen über ihre hohen (Renten-)Abga-ben stöhnen. Letztlich haben sie aber auch später eine entsprechend hohe Rente.

Mütter und Väter stöhnen häufig ebenfalls über ihre finanziellen Belastungen. Diese ergeben sich aus den Kosten, die Kinder mit sich bringen. Den Segen einer hohen Rente können Mütter oder Väter, die für ihre Kinder auf eine volle Erwerbstätigkeit verzichtet haben, jedoch meist nicht erwarten.

Da sich diese Ungerechtigkeit zu einer Quelle der Frustration entwickeln kann, ist es mir enorm wichtig, dies bei mir nicht zuzulassen. Ich gestatte der Aussicht auf eine geringe Rente keinen Einfluss auf mein Selbstwertgefühl. Meine geringe Rente hat wenig mit mir, aber viel mit dem geltenden Rentensystem zu tun!

Neben dem geringeren Erwerb von Rentenpunkten durch Teilzeittätigkeit, benachteiligt auch das System des Rentenausgleichs bei Scheidungen. Bei Scheidungen kommt es zum sogenannten Versorgungsausgleich. Dieser wurde im Zusammenhang mit der Familienrechtsreform zum 1. Juli 1977 eingeführt.

Dieses System des Versorgungsausgleichs bei Scheidungen benachteiligt diejenigen, bei denen die Kinder leben – und zwar auf zweifache Weise: Als ich mir bei meiner ersten Scheidung den Rentenausgleich anschaute, war ich anfangs nicht sehr verwundert. Nach vierzehn Jahren Ehe erhielt ich einen Rentenausgleich von 70,43 Euro bzw. 1,66 Rentenpunkten. Ich hatte nicht mit viel mehr gerechnet. Schließlich war mein Mann von den vierzehn Ehejahren ja nur etwa vier Jahre erwerbstätig gewesen.

Als ich mich mit den Unterlagen näher beschäftigte, wunderte ich mich dennoch. Ich selbst hatte ja während der Ehe ausschließlich Rentenpunkte durch Pflichtbeitragszahlungen für Hochschulausbildung und Erziehungszeiten auf mein Rentenkonto erhalten. Zu meinem Entsetzen stellte ich fest, dass die Rentenpunkte, die ich durch Erziehungszeiten erworben hatte, voll in die Berechnung einbezogen worden waren. Ich habe mich gefragt, ob das gerechtfertigt ist.

Prinzipiell werden bei der Berechnung des Rentenausgleichs alle in der Zeit der Ehe erworbenen Rentenansprüche für beide Ehegatten ausgerechnet. Dann werden sie zusammengezählt und durch zwei geteilt. Letztlich sollen bei beiden die Ansprüche gleich werden – wohlgemerkt ausschließlich für die Zeit der Ehe. Wer mehr als die Hälfte hat, bekommt abgezogen, was zu viel ist. Der jeweils andere bekommt diesen Anteil aufgerechnet.

In aller Regel erhalten Frauen, da sie meist die Kinder betreuen, die Gutschrift der Rentenpunkte durch Erziehungszeiten auf ihr Rentenkonto. Hierdurch sollen die

Ansprüche, die sie sonst durch (volle) Erwerbsarbeit erworben hätten, ausgeglichen werden. Wäre es da nicht gerechter, die durch Erziehungszeiten erworbenen Rentenpunkte vom Versorgungsausgleich auszuklammern? Die Person, die diese Rentenpunkte auf ihrem Konto hat, ist doch meist auch diejenige, bei der die Kinder nach der Scheidung leben. Häufig verzichtet diese Person der Kinder wegen auch nach der Scheidung viele Jahre auf eine volle Erwerbstätigkeit. Dadurch erwirtschaftet sie nach der Scheidung geringere Rentenansprüche als die Person, die ohne die Kinder voll erwerbstätig sein kann.

Mein geschiedener Ehemann konnte nach der Scheidung voll erwerbstätig sein. „Seine" Kinder wurden ja von mir versorgt. So konnte er Rentenpunkte erwirtschaften, die ihm ganz allein gutgeschrieben werden. Seine Rente ist durch das Vorhandensein von Kindern kaum beeinträchtigt (bis auf die 1,66 Rentenpunkte Versorgungsausgleich durch die Scheidung). Meine Rente hingegen schon.

Dies sollte beim Versorgungsausgleich beachtet werden. Eine Möglichkeit wäre, bei der Errechnung des Ausgleichs Rentenpunkte durch Erziehungszeiten vollständig der Person zuzusprechen, die die Erziehungsleistung überwiegend erbracht hat und auch nach der Scheidung weiter erbringt. Sonst wird diese erziehende Person in meinen Augen doppelt benachteiligt.

Doch diese doppelte Benachteiligung kann ich nicht rückwirkend ändern. Ich kann aber dennoch etwas tun. Ich kann doppelt schätzen, was diesen Sachverhalt emotional ausgleicht: Ich konnte mit meinen Kindern viele Freuden und glückliche Momente hautnah erleben. Ich konnte miterleben, wie sie aufwuchsen, konnte Freud und Leid mit ihnen teilen. So kann ich heute auf einen Reichtum an Erinnerungen zurückblicken, den ich um nichts auf der Welt missen möchte.

Neben der Benachteiligung durch meine Erziehungsleistung trägt noch ein weiterer Aspekt zu meiner geringeren Altersrente bei: Rentenregelungen wurden verändert und das allgemeine Rentenniveau wurde gesenkt. Die Statistiken zeigen eindeutig: in den vergangenen Jahrzehnten wurden relativ wenige Kinder geboren. Dies hat die Altersstruktur in Deutschland verändert. Anfang des 20. Jahrhunderts entsprach sie noch weitgehend einer klassischen Alterspyramide. Wie ein Dreieck verjüngte sie sich von einer breiten Geburtenbasis hin zu einer ausgedünnten Altersspitze.

In den letzten Jahrzehnten hat sich dieses Dreieck stark verändert. Die bevölkerungsstärksten Jahrgänge sind in einem immer höheren Alter anzutreffen. Somit entwickelte sich das Dreieck zur Jahrtausendwende immer mehr zu einer Zwiebel. Den „dicken" Anteil stellt die Generation Babyboomer dar. Diese bezeichnet Menschen, die zwischen 1963 und 1969 geboren wurden. Da immer weniger Kinder geboren werden, veränderte sich die Alterspyramide weiter - von der Zwiebel zur Pilzform.

Im Jahr 2000 waren die bevölkerungsreichsten Jahrgänge zwischen 31 und 37 Jahre alt – eben jene Jahrgänge, die zwischen 1963 und 1969 geboren wurden. Geht man davon aus, dass dieser Personenkreis mit 67 Jahren in den Ruhestand geht, so muss die Rentenkasse ab 2030 für zwanzig bis dreißig Jahre sehr viele Renten ausbezahlen.

Wie bereits dargelegt, finanzieren die Erwerbstätigen mit ihren Beiträgen die Rentenauszahlungen. Wie viele Erwerbstätige wie viele Rentner finanzieren, beschreibt der Altersquotient. Er steht für das Verhältnis der Personen im Rentenalter zu 100 erwerbstätigen Personen.

Dieser Altersquotient belief sich im Jahr 1957 auf circa 17. Dies bedeutet, dass 100 erwerbstätige Menschen für 17 Menschen im Rentenalter aufkommen mussten. 2005 mussten 100 Erwerbstätige bereits für 32 Rentner Renten erwirtschaften. Im Jahr 2040 wird der Altersquotient voraussichtlich bei 52 liegen. Das heißt, 100 Erwerbstätige müssen dann für etwa 52 Rentner das Altersgeld erwirtschaften. Dies bedeutet, etwa zwei Erwerbstätige finanzieren einen Rentner. Wenn ich eine Lohnabrechnung von mir zur Hand nehme, dann kann ich dort sehen, dass von meinem Gehalt rund 125 Euro an die Rentenkasse gingen. Zwei Erwerbstätige meiner Gehaltsstufe können wohl kaum einen Rentner finanzieren. Spätestens jetzt dürfte deutlich geworden sein, von welch hoher sozialer, gesellschaftlicher und wirtschaftlicher Relevanz es ist, Kinder zu bekommen und zu erziehen.

Um der dargestellten Herausforderung durch den sich verändernden Altersquotienten zu begegnen, wurden (und werden) Rentenregelungen durch die Politik immer wieder verändert. Das vornehmliche Interesse der Politiker bestand und besteht dabei offenbar in der Senkung der Rentenansprüche.

Ich kann mich noch gut erinnern, wie ich mich einige Jahre beim Studieren der Rentenauskunft, die alle paar Jahre von der BfA kam, darüber wunderte, dass meine voraussichtliche Rente sank, statt zu steigen. Ein Bescheid von 2013 erscheint mir beispielhaft. Darin war zu lesen: „Für die Zeit vom 13.06.1979 bis 12.06.1980 können wegen einer Rechtsänderung die bisher vorgemerkten Anrechnungszeiten wegen schulischer Ausbildung nicht mehr berücksichtigt werden, weil sie vor Vollendung des 17. Lebensjahres zurückgelegt wurden." Mir wurden also Anrechnungszeiten einfach gekürzt! Auch der Anrechnungswert meiner Studienjahre wurde gesenkt.

All diese Gesetzesänderungen hatten letztlich eine negative Wirkung auf meine Altersrente. Mir ist mit Blick auf die dramatische Veränderung der deutschen Bevölkerungspyramide klar, dass diese Änderungen beschlossen werden mussten. Sie mussten beschlossen werden, um dem berühmten Satz des damaligen Arbeitsministers Norbert Blüm: „Die Rente ist sicher." (10. Oktober 1997) überhaupt noch gerecht werden zu können.

Das Altersvermögensergänzungsgesetz von 2001 und das Rentenversicherungsnachhaltigkeitsgesetz von 2004 sind wohl die bedeutendsten Änderungen, die in diesem Zusammenhang von der Bundesregierung verabschiedet wurden. Mit diesen Gesetzen wurde zum Beispiel die schrittweise Erhöhung des Renteneintrittsalters bis 2029 auf 67 Jahre festgelegt. Des Weiteren wurde die Absenkung des Rentenniveaus festgeschrieben. In den 1970er Jahren war das Rentenniveau mit 59,8 Prozent am höchsten. Seitdem ist es mit kleinen Schwankungen stetig gesunken und soll nun bis 2025 auf den derzeitigen Stand von 48 Prozent fest geschrieben bleiben. Ob es danach, wie vorgesehen, auf 43 Prozent sinken wird, ist noch offen.

Doch was bedeutet das Absenken des Rentenniveaus eigentlich? Wie bereits dargestellt, zahlen Erwerbstätige in die Rentenkasse ein. Der eingezahlte Geldbetrag wird als Rentenpunkte auf dem Rentenkonto gutgeschrieben. Diese Rentenpunkte orientieren sich am angenommenen Durchschnittsgehalt im jeweiligen Einzahlungsjahr. Ein voller Rentenpunkt wird jeweils gutgeschrieben, wenn in einem Arbeitsjahr das durchschnittliche Einkommen erzielt wurde.

Für das Jahr 2018 wurden als Bezugsgröße nach § 18 SGB IV jährlich 36 540 Euro oder monatlich 3.045 Euro als rentenrelevantes Durchschnittseinkommen für Westdeutschland festgesetzt. Wer im Jahr 2018 diesen Betrag verdient hatte, erhielt in diesem Jahr einen Rentenpunkt auf sein Konto gutgeschrieben. Wer nur halb so viel verdient hatte, erhielt nur einen halben Punkt. Wer doppelt so viel verdient hatte, erhielt zwei Punkte. Diese Punktegutschrift geschieht Jahr für Jahr. Die Anzahl der Punkte, die sich am Ende der Erwerbsarbeit auf dem Rentenkonto angesammelt haben, bestimmt dann die Höhe der Rente.

Wird die Rente beantragt, werden diese Punkte in Euro umgerechnet. In jedem Jahr wird festgesetzt, wie hoch der Eurobetrag eines Rentenentgeltpunktes ist. 2018 betrug der Wert eines Rentenpunktes 32,03 Euro. Wer also im Jahr 2018 seine Rente beantragte und 30 Rentenpunkte auf seinem Konto hatte, erhielt 960,90 Euro Rente. Wurde die Rente einmal für den jeweiligen Empfänger festgesetzt, unterliegt sie nur noch den Regelungen der allgemeinen Rentenerhöhung. Natürlich spielen bei der Ausrechnung der Rente viele Faktoren eine Rolle. Die hier angegebene Rechnung ist also nur als „über den Daumen gepeilt" zu verstehen.

Um den Eurobetrag des Rentenentgeltpunktes festzusetzen, wird jedes Jahr das Verhältnis einer durchschnittlichen und verfügbaren Standardrente zum verfügbaren Durchschnittslohn ermittelt. Dieses Verhältnis sollte die derzeit 48 Prozent des gegenwärtigen Rentenniveaus nicht unterschreiten. Die Durchschnittsrente orientiert sich immer an einer Rente, die sich aus 45 Rentenpunkten ergibt. Im Jahr 2018 wurde als rentenrelevanter Durchschnittslohn der Betrag von 3 045 Euro errechnet. Entsprechend durfte die Durchschnittsrente nicht weniger als die (damals noch) 48,1 Prozent hiervon betragen. Sie sollte also etwa 1 461 Euro hoch sein.

Dieser Betrag wurde dann durch 45 geteilt. Dies ergab einen Betrag von 32,55 Euro. Da noch einige andere Faktoren, auf die hier nicht näher eingegangen werden kann, in die Rechnung einbezogen wurden, ergab sich letztlich ein Rentenpunktwert von 32,03 Euro. Beantragte jemand 2018 seine Rente und hatte im Laufe seines Lebens 35 Rentenpunkte erwirtschaftet, so bekam er 35 x 32,03 Euro = 1 121,05 Euro.

Bei einem Rentenniveau von 52 Prozent hätte der Rentner etwa 1 231,53 Euro erhalten. Bei einem Niveau von 43 Prozent nur etwa 1 018,38 Euro. Bei einem Rentenniveau von 59,8 Prozent, wie es in den 1970er Jahren gegeben war, hätte die Rente etwa 1 416,26 Euro betragen. Das Rentenniveau hat also durchaus einen erheblichen Einfluss auf die Rente – auch auf meine!

Betrachte ich meine Rente als Puzzle, so setzt sich dieses Puzzle aus unterschiedlichen Teilen zusammen. Da ist zum einen das Puzzleteil, welches für meine durch meine Kinder bedingte Teilzeiterwerbstätigkeit und meine durch diese erwirtschafteten Rentenpunkte steht. Daneben liegt das Teil, welches für meine durch meine Kinder bedingte freiberufliche Erwerbstätigkeit ohne Rentenpunkte steht. Meine Mütterrente stellt ebenfalls ein Puzzleteil dar. Dann sind da noch die zwei Teile, die jeweils einen Versorgungsausgleich bei meinen Scheidungen repräsentieren. Schließlich ist da noch das Puzzleteil, das für all die politischen Entscheidungen zur Senkung meiner Rentenansprüche steht. Und nicht zuletzt ist da noch das Puzzleteil, welches für die Absenkung des Rentenniveaus steht.

Meine Recherchen ermutigten mich, mit den Selbstzweifeln und Vorwürfen an die eigene Adresse aufzuhören! „Altersarmut galt als etwas, das aus der Zeit gefallen schien. Ältere in Deutschland sind derzeit im Schnitt relativ selten arm. Doch seit den Neunzigerjahren kennen immer mehr Menschen auch das: Minijobs, Hungerlöhne und Arbeitslosigkeit. Und viele von ihnen kommen bald ins Rentenalter. Wie drastisch Altersarmut sich künftig entwickelt, zeigt eine neue Studie der Wirtschaftsforschungsinstitute DIW und ZEW im Auftrag der Bertelsmann Stiftung.

Jeder fünfte 67-Jährige wird demnach 2036 von Altersarmut bedroht sein. Das Armutsrisiko der Neurentner steigt laut den Autoren von derzeit bundesweit 16,2 Prozent auf 20,2 Prozent. (Spiegel online Artikel: Studie zur Rente. Altersarmut nimmt in Deutschland drastisch zu, von Alexander Preker, vom 26.06.2017, siehe unter: https://www.spiegel.de/wirtschaft/soziales/altersarmut -nimmt-in-deutschland-drastisch-zu-a-1153561.html, abgerufen 10.10.2017)

Mein Beispiel belegt: Armut im Alter ist nicht immer oder ausschließlich selbst verschuldet. Die Altersrente ist kein Spiegel dessen, was ein Mensch in seinem (Berufs-)Leben geleistet hat!

Die eigene Macht entdecken

Konsum und Werbung hinterfragen

Die Welt, die anderen Menschen, alles erhält einen anderen Stellenwert, wenn Menschen mit sich im Reinen sind. Seit dies bei mir der Fall ist, hat sich auch meine Haltung zum Konsum vollkommen verändert. Nun frage ich mich, wie konnte es überhaupt zu meiner Konsumhaltung kommen? In jungen Jahren hatte ich mich doch ganz bewusst gegen eine Konsumorientierung entschieden. Ich lebte auch einige Jahre meine alternative, gegen Konsum gerichtete Einstellung.

Doch dies änderte sich irgendwann. Ich passte mich an und ergab mich dem Konsumverhalten, das mich in meinem Lebensalltag umgab. Dieses war geprägt von einer Generation, die, gegen Ende des Krieges geboren, in einem Klima ständiger Verbesserung des Lebensstandards aufgewachsen war. Hierdurch entwickelte sie eine positive Grundhaltung zum Wohlstand, zur Wirtschaft und – zum Konsum. In den 1960er Jahren brachten junge, zuversichtlich denkende und handelnde Menschen die sogenannte Generation Babyboomer zur Welt. Sie erhoffte für diese Kinder, dass sie es einmal besser haben sollten als sie.

Diesem Bestreben trug die Wirtschaft Rechnung. Es entstanden ganz neue Wirtschaftszweige rund um die Babyboomer. Stillen war out, Babynahrung war in. War vormals ein Püppchen oder das ein oder andere Auto zum Spielen ausreichend, entwickelte sich rasant ein riesiger Spielzeugmarkt. Wegwerfwindeln wurden ebenso entwickelt wie eine ganze Reihe von Hygieneartikeln, die das Wohlbefinden des Kindes steigern sollten. Eltern wurden ebenso wie deren Kinder als Konsumenten entdeckt.

Ganz unbemerkt und wie selbstverständlich wurden Menschen zu Konsumenten – so auch ich. Mitte der 1970er Jahre kam ich in die Pubertät; Markenklamotten wurden mir wichtig. Von meinem Konfirmationsgeld kaufte ich mir meine erste Markenjeans und war mächtig stolz darauf. Zu Beginn der 1980er Jahre kamen dann die sogenannten Popper auf, Jugendliche, die sich einen besonderen Haarschnitt zulegten und ausschließlich teure Modemarken trugen. Zu jener Zeit hatte ich mich schon umorientiert. Ich wurde zur „Ökotante" mit Indienkleid und Schlabberlook.

Ich wollte den Konsumwahn, den ich als erdrückend empfand, nicht mittragen. Allerdings muss ich gestehen, dass auch die Öko-Szene nicht ohne ihre Marken auskam. So habe ich einmal ein ganzes Wochenende auf einer Kirmes bedient, nur um mir meine ersten Markensandalen kaufen zu können. Heute würde man solche Qualitätssandalen vielleicht als „nachhaltig" bezeichnen. Damals waren sie einfach „in" und dies änderte nichts daran, dass meine Grundhaltung eher gegen Konsum gerichtet war.

Indienkleid und Markensandalen begleiteten mich durchs ganze Studium. Auch in den ersten Jahren nach der Geburt meiner Kinder war Konsumorientierung kein Thema. Wir hatten wenig Geld und lebten bescheiden. Das störte mich jedoch nicht. Es entsprach ja meiner damaligen Überzeugung, dass Liebe, Aufmerksamkeit und Zeit für Kinder, Partner, Freunde und mich wichtiger sind als Konsum und Geld.

Ich kann mich noch gut an einen Vorfall aus dieser Zeit erinnern. Damals lebten wir – Vater, Mutter und drei kleine Kinder – in einer Zweizimmerwohnung. Eine Bekannte, die mich damals besuchte, schaute sich ungläubig um und sagte dann nahezu erschüttert: „So ärmlich wie du könnte ich niemals leben!" Nun war ich diejenige, die erschüttert war. Ich entgegnete ihr nahezu fassungslos: „Ich lebe doch nicht ärmlich! Klar, es ist alles etwas eng und bescheiden. Eine größere Wohnung können wir uns halt nicht leisten. Aber drei gesunde Kinder, eine liebevolle Beziehung und allen geht es gut – das gleicht für mich alles andere aus!"

Dennoch wollte auch ich zu einem späteren Zeitpunkt meinen Kindern Dinge bieten, die ich oftmals nicht bezahlen konnte. Mir schien es, als würden meine Kinder darunter leiden, nicht auch zu haben, was andere Kinder hatten. Das belastete mich zunehmend. Allmählich veränderte sich schleichend meine gegen Konsum gerichtete Überzeugung. Ich dachte, es sei wichtig für meine Kinder, dass auch ich ihnen Konsumgüter kaufen konnte.

Ein Beispiel: Als meine Älteste ihr Abitur geschafft hatte, wurde sie von der Mutter ihres damaligen Freundes in die Stadt eingeladen. Sie durfte sich einige Kleidungsstücke aussuchen, die von der Mutter bezahlt wurden. Als meine Tochter mir freudestrahlend ihre Neuanschaffungen zeigte, freute ich mich natürlich mit. Abends im Bett brach ich aber in Tränen aus. Wie gern hätte ich meiner Tochter auch etwas zum Abitur geschenkt ...

Ich war aber oft nicht nur traurig. So manches Mal habe ich mich auch für meine Situation geschämt. Als meine jüngste Tochter zum Beispiel ein neues Kleidchen trug, sprach die Nachbarin sie an: „Du hast aber ein schönes Kleidchen an. Wo hat deine Mutti denn das gekauft?" Über die Antwort meiner Tochter wäre ich am liebsten im Erdboden versunken. Sie sagte völlig unbedarft: „Manchmal steht bei uns eine Tüte vor der Tür. Und gestern war in so einer Tüte dieses Kleid."

Die Tüten stammten von einer Freundin mit einer etwas älteren Tochter. Von ihr bekam ich immer mal wieder abgelegte Kleidung für mein Kind. Wenn ich ihr die Tür nicht öffnen konnte, stellte sie die Sachen einfach vor die Tür. Ich hatte lange kein Problem damit, meinen Kindern getragene Kleidung anzuziehen. Ich fand das anfangs sehr ökologisch und sinnvoll. Doch aus dem „Wollen" wurde ja irgendwann ein „Müssen". Und dieses Müssen wurde zur Belastung. Es führte zu einem schmerzlichen Lebensgefühl. Ich litt immer mehr darunter, wenn ich mal wieder bei einer Kaufentscheidung „nein" sagen musste.

Wie konnte es dazu kommen? Prinzipiell hatten meine Kinder und ich doch alles, was wir brauchten. Dennoch wollte ich mehr. Ich wollte mithalten und ich wollte meinen Kindern und mir auch etwas gönnen können. Warum? Hierfür habe ich folgende Gründe gefunden: Die Allgegenwärtigkeit von Werbung, die Verbundenheit der Wirtschaft mit der Kaufkraft und schließlich das Gefühl, an den Rand der Gesellschaft gedrängt zu sein.

Zur allgegenwärtigen Werbung: Sie hat ja das Ziel, Konsum anzuregen. Menschen sollen die beworbenen Dinge kaufen. Damit sie das tun, muss ein Begehren in ihnen geweckt werden. Und um dieses Begehren zu wecken, wird oftmals ein Mangelgefühl geweckt: Ohne dieses Produkt fehlt euch etwas! Werbemacher sind sehr gut geschult darin, subtil und verdeckt Mangel- und Begehrensgefühle bei Menschen anzuregen. Auch bei mir entwickelten sich Mangelgefühle und Begehrlichkeiten. Dabei bezogen sich diese nicht ausschließlich auf bestimmte Produkte. Es entwickelte sich vielmehr ein allgemeiner Wunsch nach mehr.

Ich habe mich gefragt, wie dies möglich war. Deshalb habe ich mir einmal eine besondere Werbung näher angeschaut. In dieser Fernsehwerbung trifft ein Mann einen alten Schulfreund und knallt ihm seine Lebenserfolge stolz als Fotos auf den Tisch. Dies tut er mit den Worten: „Mein Haus! Mein Auto! Mein Boot!". Der Freund zückt seinerseits Fotos und kontert: „Mein Haus! Mein Auto! Mein Boot! Meine Pferde (drei Fotos, die auf die ersten Drei gelegt werden) und meine Pferdepflegerinnen (drei Fotos mit schönen Frauen). Nach dem letzten Foto zückt der zweite Mann eine Visitenkarte mit den Worten: „Mein Anlageberater!"

Ich kann mich noch gut erinnern, wie sehr ich mich beim ersten Anschauen über diese Werbung ärgerte. Kinder kamen hier, wie mir direkt auffiel, gar nicht vor! Dann habe ich überlegt, welches Ziel mit dieser Werbung verfolgt werden sollten. Offensichtlich sollte die Werbung dazu motivieren, einen Anlageberater bei der Bank, die genannt wurde, zu wählen. Somit richtete sich die Werbung an Menschen, die einen Anlageberater brauchen. An Menschen, die Geld haben. An mich richtete sich die Werbung gar nicht. Ich hatte ja kein Geld, das ich hätte anlegen können.

Deshalb habe ich mich gefragt, wie viele andere Menschen ohne entsprechendes Geldvermögen diese Werbung wohl gesehen haben? Welche Wirkung hatte diese Werbung auf diese Menschen? Motivierte sie diese Werbung vielleicht, nach mehr Wohlstand zu streben? Oder erzeugte sie vornehmlich ein Mangelgefühl oder gar Frustration? Oder motivierte der Werbespot gerade dadurch, dass er Frustrations- und Mangelgefühle erzeugte?

Ich erinnere mich, dass ich das, was auf den Bildern der Männer zu sehen war, als imponierend empfand. Aber kann dies nicht höchst frustrierend auf jemanden wirken, dem solche Errungenschaften unerreichbar sind? Muss er oder sie sich nicht minderwertig fühlen? Habe ich mich minderwertig gefühlt? Wenn ich ehrlich bin, habe ich mich damals nicht nur darüber geärgert, dass in dem Werbespot Kinder unerwähnt blieben. Ich ärgerte mich auch über die Protzerei. Immer geht es um das, was jemand hat, dachte ich. Doch steckte hinter diesem Gedanken nicht auch Neid oder gar Frustration? Ich denke schon.

Könnte es nicht sein, dass so mancher ein Gefühl von Neid und Frustration empfindet, weil ihm auffällt, dass er weder ein Haus noch ein teures Auto und erst recht kein Boot hat? Könnte es nicht sein, dass genau dieser Neid und diese Frustration geweckt werden sollten? Was motiviert mehr als diese beiden Gefühle? Auch wenn diese Gefühle motivierend wirken können, so können sie auch gegenteiliges bewirken. Kann es nicht sein, dass mit solchen Gefühlen Selbstzweifel geschürt werden?

Ich schätze, bei mir war es so: Ich sah das große Haus, den teuren Wagen und die Yacht und setzte meine eigenen Lebensumstände hierzu in ein Verhältnis. So empfand ich mein eigenes Haus als irgendwie eigentlich viel zu klein. Mein eigener Wagen erschien mir eher als bescheiden. Das Nichtvorhandensein eines Bootes erschien mir zwar nicht direkt als Mangel, aber einen Hauch von Luxus hätte ich schon gerne in meinem Leben gehabt ...

Natürlich waren diese Gefühle nicht sofort da; sie entwickelten sich ganz allmählich. So fragte ich mich: Kann es nicht sein, dass Werbung, die sich ja oft an überdurchschnittlich vermögende Menschen richtet, bei unvermögenden Menschen negative Gefühle fördert? Um diese Frage zu klären, habe ich längere Zeit bewusst Werbung geschaut. Dabei fiel mir auf, wie viel Werbung eigentlich gar nicht für mich bestimmt war, sondern für vermögende Menschen. Immer wurde dabei so ein leichtes, sorgenfreies Leben gezeigt.

Doch auch Werbung, die alltägliche Produkte anpries, spiegelte häufig gehobenen Wohlstand. So tummelten sich Rasenmäher zum Beispiel auf unglaublich großzügigen Grundstücken. Wurden Küchengeräte angepriesen, befanden sie sich in sehr großräumig bemessenen Edelküchen. Auch Reinigungsmittel fanden vornehmlich in großzügig bemessenen Häusern Anwendung. Möbel standen in modernen und großen Häusern ... Werbung spiegelt also meist ein Konsumniveau, wie es Menschen in gehobenen materiellen Verhältnissen haben. War es dies, was in mir auf Dauer den starken Wunsch nach größerem Wohlstand hat wachsen lassen?

Immer wieder habe ich davon gehört oder gelesen, dass alles, was man wahrnimmt, sich mit dem eigenen Denken und Fühlen irgendwie verbindet. Nehmen wir einmal an, mein Rasenmäher sei kaputt. Ich habe also den Gedanken im Kopf, dass ich einen Rasenmäher brauche. Dann sehe ich zufällig Werbung für einen Rasenmäher. Die Aussage der Werbung kann sich mit meinem Gedanken, einen Rasenmäher zu brauchen, verbinden. So fühle ich mich vielleicht motiviert, *diesen* Rasenmäher zu kaufen. So weit, so nachvollziehbar.

Wenn ich diesen Zusammenhang auf andere Bereiche übertrage, ergibt sich folgendes Gesamtbild: Tief in meinem Denken und Fühlen muss es einen Keim an Selbstzweifeln gegeben haben. Dieser war mit einem Mangelgefühl verbunden. Die Werbung, die ich sah und die das genaue Gegenteil von Mangel, nämlich Wohlstand spiegelte, war wie Dünger für diesen Keim. Jedes Mal, wenn ich Werbung sah, wurden meine Selbstzweifel und Mangelgefühle aufs Neue gedüngt. Aus dem kleinen Keim wurde ein mächtiger Baum!

Als ich mich näher mit dieser möglichen Beeinflussung meines Denkens und Fühlens beschäftigte, fiel mir auf, dass nicht nur in der Werbung vor allem auf die Lebenswelt der Reichen und Schönen Bezug genommen wird. Die Medien scheinen prinzipiell eine Vorliebe für das Leben der Reichen und Schönen zu haben! Zeitschriften und Online-Magazine beschäftigen sich vornehmlich mit ihrer Lebensweise. Inwieweit spiegelt diese Konzentration auf die wohlhabendere Lebenswelt ein realistisches Abbild der realen Lebenswelt wider? Ist es wirklich wissenswert, wer auf einer Messe für Millionäre einkaufen geht und wer welches Dirndl auf der Münchner „Wies'n" trägt?

Ich erinnere mich an die Aussage von Yves Gijrath, Zeitschriftenverleger und Organisator der Millionärsmesse: „Man sollte fünf Millionen Euro besitzen, um ein einigermaßen komfortables Leben zu führen" („Spektakel für Superreiche". General Anzeiger vom 18./19. Oktober 2008, S. 48.) Als ich diese Aussage las, empfand ich sie nicht nur als arrogant, sondern auch als respektlos meiner Person und meiner Lebensführung gegenüber.

Wenn ich an meine Gefühle von damals denke, dann erkenne ich, dass ich damals sehr von Mangelgefühlen erfüllt war. Heute ist mir die Aussage des Herrn Gijrath völlig egal. Ich habe mein Leben und dieser Herr hat halt ein anderes Leben.

Dennoch denke ich: Sicherlich kann es Millionärsmessen geben, und die Medien sollten auch darüber berichten. Doch ich frage: Kann diese Berichterstattung nicht auf Dauer frustrieren? Sollten die Medien nicht besser ein realistischeres und differenzierteres Gesellschaftsbild vermitteln? Könnte die Darstellung der Notwendigkeit von Suppenküchen für immer mehr Bedürftige oder das Phänomen „Working Poor" (Armut trotz Erwerbstätigkeit) nicht bei so manchem den persönlichen Erfolgsdruck lindern?

Mir persönlich hat die Auseinandersetzung mit der Werbung und der Darstellung reicher Menschen in den Medien viel Klarheit gebracht. Ich konnte deren Einfluss auf mein Selbstwertgefühl unterbinden und den Riesenbaum aus Selbstzweifeln und Mangelgefühlen fällen. Damit kein neuer wächst, dünge ich mein neues Selbstwertgefühl und gehe sehr viel bewusster mit Werbung um. Für mich ist es interessant geworden, Werbung bewusst anzuschauen. Manchmal bin ich erstaunt, wie subtil manche Werbung wirkt. Manchmal kann ich mich über diese köstlich amüsieren, manchmal denke ich: „Für wie blöd haltet ihr Werbemacher eigentlich die Zuschauer?"

Als zweiten Grund für meine Konsumorientierung erachte ich die Verbundenheit der Wirtschaft mit der Kaufkraft: In den Nachrichten wird ja immer wieder von der Kaufkraft der Konsumenten gesprochen. Da frage ich mich: Werde ich von der Wirtschaft überhaupt noch als Mensch gesehen oder zähle ich nur noch als Konsument? Zählt ausschließlich meine Kaufkraft? Klar: Kaufkraft und Konsum sind die Basis von Wirtschaftswachstum. Doch so unverzichtbar ihre Stimulierung für die Wirtschaft sein mögen: Wenn Kaufkraft und Konsum zum Muss werden und damit zum Konsumdruck oder gar Konsumzwang, dann ist eine Grenze überschritten.

Sicherlich gibt es Menschen, die sich ganz leicht immer wieder einen noch leistungsfähigeren Computer, ein noch luxuriöseres Auto, ein noch größeres Haus kaufen können. Dabei können sie jedes Jahr noch zusätzlich in immer exotischere Länder in Urlaub fliegen. Sie haben einfach genug Geld zur Verfügung. Diese Menschen können ihrem Verlangen nach „Immer mehr, immer größer, immer besser" gerecht werden. Doch, wie steht es um die vielen anderen? Wie viele von denen, die mit Stolz ihre Errungenschaften präsentieren, sind bis über beide Ohren verschuldet?

Muss auch ich, die dem Verlangen nach „Immer mehr, immer größer, immer besser" eigentlich nicht gerecht werden kann, diesem mit Hilfe von Krediten gerecht werden, nur damit die Wirtschaft weiter boomt?

Ich empfand meine Kreditlast lange wirklich als stark belastend. Ständig meine Ratenzahlungen bedienen zu müssen, hat mich enorm unter Druck gesetzt und mich letztlich mehr Kraft gekostet als ich hatte. Ich fühle mich, seit ich keine Kredite mehr zurückzahlen muss, von diesem erdrückenden Druck befreit.

Deshalb bin ich nicht mehr bereit, mich zugunsten größerer Kaufkraft unter Druck setzen zu lassen. Für mich ist es wichtig geworden, mit meiner Kaufkraft bewusst umzugehen. Ich fühle mich verantwortlich für meine Ausgaben. Ich fühle mich dafür verantwortlich, meine Ausgaben auf meine Bedürfnisse zu beschränken.

Ich bin mir sicher, dass ich zu jener Zeit, da ich so großen Mangel empfand, gar nicht meine wahren, natürlichen Bedürfnisse befriedigen wollte. Ich wollte vielmehr die Bedürfnisse befriedigen, die mir von der Werbung, der Wirtschaft, meinem Umfeld – letztlich von der Gesellschaft - als Bedürfnisse aufgeschwatzt, ja vielleicht sogar in gewisser Weise aufgezwungen wurden. Ich habe entschieden, dies nicht mehr mit mir machen zu lassen!

Dabei hilft mir, nach meinen wahren Bedürfnissen zu fragen. Mich leiten die Fragen: Was tut mir gut? Was ist für mich wirklich wichtig? Was muss ich kaufen und was möchte ich gern kaufen? Was bin ich bereit, für das, was ich kaufen möchte, zu tun? Bin ich bereit, einen Kredit aufzunehmen? Bin ich bereit, mehr zu arbeiten, nur um mehr zu verdienen damit ich mir mehr kaufen kann?

Will ich wirklich ständig neue Klamotten kaufen, um für andere schick auszusehen? Nein! Ich will lieber bequeme Kleidung tragen, in der ich mich wohl fühle.

Muss ich allen Modetrends hinterherlaufen? Nein: bequem und ökologisch, dies sind meine Kleidungskriterien. Das ist mein Stil. Wer seinen Stil gefunden hat, muss keine Trends mehr bedienen und braucht nicht ständig Neues zu kaufen.

Muss ich wirklich überall hinreisen? Nein! Ich hatte schon immer Bedenken, in andere Länder zu fahren und dort meine Zeit in irgendeinem Hotel mit Meerblick zu verbringen. Ich hätte es nicht ertragen, es mir im Hotel eines Landes gut gehen zu lassen, in dem die Mehrheit der Bevölkerung sich solchen Luxus nicht leisten kann oder gar in Armut nebenan wohnt.

Natürlich kann es reizvoll sein, fremde Länder kennen zu lernen. Bin ich bereit, hierfür meinen ökologischen Fußabdruck zu vergrößern? Nein! Inzwischen ist mir der Umweltschutz wichtiger. Ich brauche nicht in fremde Länder zu reisen. Ich fühle mich da, wo ich jetzt wohne, sehr wohl. Ich kann im Wald spazieren gehen und dies genießen – jeden Tag.

Muss ich mich irgendwelchen Menschen anbiedern, nur um Erfolg zu haben? Nein, ich brauche Menschen, die ich meine Familie oder meine Freunde nennen kann. Diese muss ich glücklicherweise nicht mehr suchen – sie sind bereits Teil meines Lebens. Auch dies kann ich genießen.

Muss ich repräsentablen und vorzeigbaren Wohnraum bewohnen? Nein, ich brauche keine riesige Wohnung. Klein und gemütlich ist mir lieber. Das macht auch viel weniger Arbeit. Auch dies habe ich und kann es genießen.

Nachdem ich meine durch Werbung und Konsumdruck aufgenötigten Bedürfnisse als solche erkannt und beiseitegestellt hatte, stellte ich erstaunt fest, dass die meisten meiner Bedürfnisse von Geld völlig unabhängig und in meinem Leben bereits befriedigt waren.

Meine Überzeugungen und Bedürfnisse werden immer mehr zur Richtschnur meines Handelns. Dies stärkt meinen Selbstwert. Ein sehr befriedigendes Gefühl. Gleichzeitig verändere ich damit auch die Welt –

zwar nur ein kleines bisschen, aber immerhin. Ich konsumiere weniger und achte dabei auf den Umweltschutz. Ich nehme den Satz: „Alle Veränderung beginnt bei mir selbst" ernst. Diesem Satz werde ich mit meinem Leben gerecht.

Ich vermute, für meine Konsumorientierung war auch folgendes Gefühl verantwortlich: Das Gefühl, an den Rand der Gesellschaft gedrängt zu sein. Neben der Werbung und dem allgemeinen Konsumdruck hatte auch dieses Gefühl einen starken Einfluss auf mich. Ich fühlte mich abgeschnitten vom „eigentlichen Leben". Ich ging davon aus, dieses eigentliche Leben bestünde in einem gewissen finanziellen Wohlstand. Ein solches Leben führte ich aber nach meinem Empfinden nicht.

Die Tatsache, in einem eigenen Haus zu leben, änderte dieses Gefühl auch nicht. Vielleicht lag dies daran, dass sich mein Haus in einem reinen Wohngebiet mit überwiegender Eigenheimbebauung befand. Das gutbürgerliche Wohnumfeld ließ mein Haus so unpassend, so deplatziert erscheinen. Die Häuser ringsum wirkten alle so gepflegt und ordentlich. Nur mein Haus machte einen eher ungepflegten Eindruck.

Als ich es kaufte, hatte es zum Beispiel einen alten Glasvorbau an der Eingangstreppe. Die Scheiben waren ziemlich verwittert, die Streben verrostet. Die Treppe war gefliest. Die Fliesen waren Jahrzehnte alt, einige abgebrochen oder gesprungen. Nachdem jemand bei Regen darauf ausgerutscht war, entschloss ich mich, die Fliesen abzuschlagen. Mit Hammer und Meißel verbrachte ich Stunden mit ihrer Entfernung. Das machte ich natürlich nicht ganz fachmännisch. So waren die Stufen danach etwas uneben. Hauptsache, niemand rutschte mehr aus!

Jahrelang hatte ich kein Geld, diese Außentreppe renovieren zu lassen. Die Stufen blieben uneben und moosten sogar etwas zu. Kein sehr gepflegter Anblick. Ich konnte es nicht ändern, aber auch nicht gänzlich ignorieren. Es bereitete mir ein schlechtes Gefühl.

Eine besondere Begebenheit unterstützte dieses Gefühl: Eine Bekannte, die sehr selten zu mir kam, besuchte mich. Ich hatte gerade das Wohnzimmer frisch renoviert und war mächtig stolz darauf. Ich hatte neu gestrichen und neue schöne Bordüren angebracht. Außerdem hatte ich in mühevoller Kleinarbeit den Parkettboden Quadratmeter für Quadratmeter mit einem Handschleifer abgeschliffen und neu lackiert. Abschlussleisten hatte ich auch endlich angebracht.

Als sich meine Bekannte setzte, fragte ich erwartungsvoll: „Und, wie gefällt es dir?" Die Antwort erschütterte mich bis ins Mark. Sie sagte: „Ich kann nicht verstehen, wie man das alles hier so verkommen lassen kann!" Gut, sie war gerade die abgeschlagene Treppe hochgegangen. Der alte Vorbau sah auch nicht gerade einladend aus. Doch ich fand, im Haus und im gerade neu gestalteten Wohnzimmer war alles in Ordnung. Nun, alles ist relativ.

Meine Bekannte lebte in einem neuen und großzügigen Haus. Nachdem ich meine Fassung wiedererlangt hatte, antwortete ich: „Du hast gut reden. Wenn bei dir irgendetwas kaputt geht oder nicht mehr in Ordnung ist, dann kannst du einfach einen Handwerker rufen, und der macht das dann. Ich kann das nicht. Ich könnte den nicht bezahlen. Ich muss alles selbst machen!" Obwohl ich die Kraft hatte, ihr dies zu entgegen, blieb ein mulmiges Gefühl. Wirkte mein Haus wirklich so, als würde ich es verkommen lassen?

Irgendwann riss ich mit Freunden meines Sohnes den Glasvorbau ab. Danach ließ ich die Treppe verputzen und brachte einen rutschfesten Belag auf. Ich musste einen möglichst preiswerten aussuchen. So fiel meine Wahl auf blaue Schwimmbadmatten. Mir gefiel dieser Treppenbelag, auch wenn er nicht gerade einem klassischen Belag entsprach.

Mit einem Freund meines Sohnes, der eine Schreinerlehre machte, zimmerte ich auch eine Art Holzvorbau. Diesen und die Holzrahmen der Fenster strich ich dann passend ebenfalls in blau – enzianblau. Durch die blauen Fensterrahmen, den blauen Vorbau und die blaue Außentreppe fiel mein Haus in besonderer Weise auf. Von manchen wurde es als „das blaue Haus" bezeichnet. Es passte nicht so recht ins gutbürgerliche Umfeld. Auch wenn ich mein Haus liebte, hat mich die Außenseiterrolle meines Hauses irgendwie bedrückt und mir das Gefühl vermittelt, selbst eine Außenseiterin zu sein.

Hierzu fand ich folgende Stellungnahme: „Wenn sich die Gesellschaft die Unterschicht anschaut, dann immer mit den Augen der Mittelschicht. Eine Gruppe mit Geld, Macht und Wissen beurteilt aus ihrer Warte eine Gruppe ohne Geld, ohne Macht, ohne Wissen – oder jedenfalls nicht mit dem Wissen, das als klassische Bildung anerkannt ist. Es ist der Blick der entscheidenden Stellen. In der Politik, in den Redaktionen, den Verlagen, den Ämtern, den Universitäten. Die Mittelschicht bestimmt die Sichtweise. ... Was die Mittelschicht fühlt, prägt die Atmosphäre." (Zitiert nach Özlem Topcu: Gesellschaft: Arm aber stark. Siehe unter: DIE ZEIT https://www.zeit.de/2012/40/Unterschicht-Armut-Hartz-IV Nr. 40, S. 3 vom 27.09.2012)

Mein chronisches Mangelgefühl gab mir das Gefühl, eher zur Unterschicht als zur Mittelschicht zu gehören. Warum? Weil ich mein Leben mit den Augen der Mittelschicht sah und bewertete. Schließlich lebte ich ja in einem Umfeld, das mir tagtäglich diese Mittelschicht vor Augen führte ...

Heute räume ich finanziellem Wohlstand und Konsum keinen großen Stellenwert mehr in meinem Leben ein. Ich kann mit meinen Mitteln gut auskommen und zufrieden leben. Ich lasse mich von den Verlockungen der Werbung und den Errungenschaften meiner Mitmenschen nicht mehr unter Druck setzen. Ich fühle mich frei vom Zwang, unbedingt mithalten zu müssen.

Vielleicht entsteht der Wohlstandsdruck auch deshalb, weil die Menschheit über Jahrmillionen immer wieder mit Mangelsituationen fertig werden musste. Vielleicht hat die Mehrheit der Menschen aufgrund historisch längst vergangener Mangelsituationen ein tief verwurzeltes Bedürfnis nach Horten und Festhalten. Vielleicht sind deshalb so viele Menschen auf Mangel fixiert.

Vielleicht ist auch das Bedürfnis, anderen zu zeigen, was man hat, natürlich. In der frühen Menschheitsgeschichte taten die Menschen dies, um einen besseren Platz in der Sippe zu ergattern. Habe ich nicht dennoch jedes Recht der Welt, mich von solchen archaischen Bedürfnissen zu lösen? Bei der Partnerwahl achte ich doch auch nicht mehr auf möglichst breite Schultern und schmale Hüften!

Lange befand ich mich im inneren Konflikt. Ich wollte unbedingt mithalten und vermeintlich notwendigen finanziellen Erfolg erreichen. Beides schien mir nicht zu gelingen. Dies hatte, wie Undine Zimmer in einem Artikel schreibt, unübersehbare Folgen: „Es erscheint, als hätten viele arbeitslose Hartz IV-Empfänger mit persönlichen, familiären oder gesundheitlichen Problemen zu kämpfen. In der Statistik der Bundesagentur für Arbeit wird diese Gruppe ‚die Entmutigten' genannt. Sie sind laut einer Studie des Leibniz-Instituts für Arbeitsforschung nicht unmittelbar arbeitsfähig. ‚Multiple Vermittlungshemmnisse' heißt das in der Amtssprache. In der Studie wird empfohlen, die Betreuung der Entmutigten zu verbessern. Es solle stärker auf ihre individuelle Situation eingegangen werden, auf ihre gesundheitlichen oder familiären Probleme." (siehe unter: https://www.zeit.de/2011/41/Hartz-IV-Familie/seite-3, ZEITonline Nr. 41, S. 4 vom 06.10.201)

Zum Zeitpunkt meines Zusammenbruchs war ich noch nicht im Hartz IV-Bezug. Dies zeigt, dass sich nicht nur Hartz IV-Empfänger entmutigt fühlen und erkranken können. Ich denke, auch Menschen der unteren Lohngruppen, Alleinerziehende mit wenig Einkommen oder Rentner mit geringer Rente können sich und ihre finanzielle Situation als belastend empfinden.

Ich frage mich, wie sich diese Menschen in ihrer Existenz fühlen. Denken sie überhaupt noch über ihren

Selbstwert nach oder glauben sie, sie hätten kein Recht mehr hierzu?

Aus meiner eigenen Erfahrung kann ich sagen: Immer, wenn ich mich in finanzieller Not wahrnahm, schmälerte dies meinen ohnehin schon angeschlagenen Selbstwert. Ich fühlte mich voll verantwortlich. Ich fühlte mich minderwertig. Wesentliche Lebensumstände, die mich in die jeweilige Lebenssituation brachten, übersah ich. Selbst wenn ich sie einmal nicht übersah, habe ich sie nicht auf angemessene Weise in meine Lebensbewertung eingebunden. Stattdessen habe ich gedanklich Sätze gebildet, die mit „Hätte ich doch nur..." oder „Wenn ich doch nur ..." anfingen. Heute weiß ich: Diese Gedanken waren Ausdruck jener verdeckten Schuldgefühle, die mich niederdrückten und in Hoffnungslosigkeit und Verzweiflung versinken ließen.

Doch nie hätte ich dies offen anderen gezeigt oder gesagt. Ich vermute, dies tun auch viele andere nicht. Deshalb fallen Menschen in finanziell prekären Lebenslagen im gesellschaftlichen Leben kaum auf. Sie machen sich unsichtbar, indem sie sich aus dem gesellschaftlichen Leben zurückziehen. Sie wollen nicht sagen oder zeigen, in welcher Situation sie sich befinden. Sie behalten ihr Problem für sich. Doch, solange etwas unausgesprochen bleibt, ist es ein Geheimnis. Ein Geheimnis, welches meist auch mit einem belastenden Gefühl, der Scham, verbunden ist.

Dieses Gefühl kann positive Lebensgefühle hemmen und so immer mehr in Unzufriedenheit führen. Nicht selten führt dies dazu, dass diese Menschen nicht mehr gut für sich selbst sorgen: „Nicht wenige von Armut Betroffene, das zeigt die Soziologin Claudia Schulz in einer Studie, fangen an, am eigenen Körper zu sparen. Am Schönen, an Wäsche, an Kosmetik, am Essen. Kurz, sie hören auf, dafür zu sorgen, dass sie sich gut fühlen. Sie halten das für unverdienten Luxus." (nach: https://www.zeit.de/2011/41/Hartz-IV-Familie/seite-2, U. Zimmer, ZEITonline Nr. 41, S. 2, 06.10.2011)

Dies zeigt in meinen Augen, wie sehr sich diese Menschen Schritt für Schritt ihres Selbstwertes berauben. Sie sind es sich selbst nicht mehr wert, für sich zu sorgen. Also hören sie auf, für sich zu sorgen! Ein erster Schritt in Richtung gesunden Selbstwertes kann es sein, mit anderen über die eigene Situation zu sprechen. Modern gesagt: Sich Outen hilft! Wird die eigene Lebenssituation anderen mitgeteilt, kann das Gefühl der Scham weichen. Mut kann wachsen. Meist helfen Gespräche auch, verborgene Gefühle offen zu legen. Oft genug relativieren sich eigene Gefühle, wenn andere ihre Sicht der Dinge mitteilen können.

Manchmal hilft schon eine kleine Veränderung des eigenen Blickwinkels. Durch einen neuen Blickwinkel kann deutlich werden, dass es z.B. um einen inneren Konflikt geht. Um den Konflikt, mithalten zu wollen und nicht mithalten zu können. Vielleicht flüchten sich manche Menschen, da sie in diesem Konflikt keine Lösung finden können, irgendwann in Einsamkeit und das Gefühl, wertlos zu sein.

Durch mein Studium der Soziologie ist mir bekannt, dass Menschen in Konfliktsituationen zu Fluchtverhalten neigen. Sie entfliehen auf neutrales Territorium – dies kann wirklich räumlich, aber auch psychisch verstanden werden. Ein solches Fluchtverhalten meine ich inzwischen auch in Deutschland beobachten zu können. Mancher steigt aus und entflieht dem Mithaltekonflikt in die Selbstverwirklichung außerhalb der Gesellschaft.

Dabei bedeutet „außerhalb" nicht nur, dass Menschen Deutschland verlassen und in andere Länder ziehen. Manche Menschen flüchten sich in Deutschland in ein Leben außerhalb der Gesellschaft: Sie leben in eigenen Sozialgefügen oder gar als Obdachlose in ihrer eigenen gesellschaftlichen Gruppe. Wieder andere entfliehen dem Konflikt in die „innere Emigration" – sich flüchten sich in alkohol- oder drogengestützte Zustände der „Betäubung" oder sie flüchten in esoterische oder religiöse Subkulturen. Manch einer entflieht in eine depressive

Stimmung. Einige wenige entwickeln auch extreme Lebensentwürfe.

Dies erscheint mir ebenso bedenklich wie bedauerlich. Innerhalb unserer modernen Gesellschaft sollte für jeden ein gesundes Selbstwertgefühl und Selbstachtung möglich sein. Ich halte es für gänzlich unnötig, dass Menschen ihre Selbstachtung verlieren, nur weil sie vorgegebenen Ansprüchen nicht genügen. Leider kann dieser Selbstwertverlust, wie ich aus eigener Erfahrung weiß, ein sehr schleichender und nahezu unmerklicher Prozess sein ...

Im Englischen gibt es einen interessanten Satz: „Love it, change it or leave it!" („Liebe es, verändere es oder verlasse es!") Ich verstehe diese Aufforderung so: Liebe das, was dir in deinem Leben begegnet. Wenn du etwas in deinem Leben nicht lieben kannst, dann ändere es. Wenn du es nicht ändern kannst, verlasse das, was du nicht lieben oder verändern kannst, oder lasse es hinter dir!

Im Zusammenhang mit dem Satz „Love it, change it or leave it!" ist mir klar geworden: Ich konnte mir nicht aussuchen, zu welcher Zeit und an welchem Ort ich geboren wurde. Ebenso wenig konnte ich mir meine Eltern, Geschwister oder den sozialen Status meiner Familie aussuchen. Was mir vorgegeben wurde, bestimmte meine Kindheit. Wie vorgegebene Koordinaten prägten Zeit, Raum und sozialer Status vielfach über meine Kindheit hinaus meinen ganzen Lebensweg. Dabei spielten auch rechtliche und gesellschaftliche Regelungen und Paradigmen eine Rolle. Ich konnte dies nicht ändern.

Lange stand ich deshalb vor einem Problem, wenn ich in irgendwelchen Büchern las: „Finden Sie heraus, was Sie wirklich wollen". Ich wusste nicht mehr, wer ich bin, was ich bin oder was ich will. Ich konnte nicht mehr sagen, was mir wichtig ist. Wenn ich las: „Setzen Sie sich Ziele!" oder „Stehen Sie zu sich und Ihren Bedürfnissen!" dann dachte ich immer: „Würde ich ja gern! Wie soll ich das aber machen?"

Ich bin ein sehr rationaler und analytischer Mensch. Vielleicht musste ich deshalb den Weg über die gedankliche Analyse gehen. Hierdurch konnte ich erkennen, was annehmen musste, was ich ändern konnte und was ich hinter mir lassen konnte. Ich musste mir die Umstände vor Augen führen, die meine Bedürfnisse verschüttet hatten. So konnte ich diese wieder freischaufeln und erkennen, dass ich für vieles in meinem Leben dankbar sein kann. Diese Erkenntnis führte dazu, dass ich mich an meinem Leben und schließlich auch an mir selbst wieder erfreuen konnte.

Entsprechend habe ich meine Vorstellung von Erfolg neu definiert: Erfolgreich ist nicht dasjenige Leben, welches von anderen für erfolgreich angesehen wird. Erfolgreich ist dasjenige Leben, welches von der Person, die es lebt, als befriedigend, erfüllend oder gar beglückend empfunden wird. Entsprechend dieser Definition fühle ich mich motiviert, mein Leben als erfolgreich zu empfinden.

Seit ich mich und mein Leben als geglückt und wertvoll empfinde, mache ich zunehmend eine außerordentliche Erfahrung: Mein Lebensgefühl beeinflusst meine Umgebung. Ich stecke meine Umgebung geradezu mit meiner Lebensfreude an.

Für die Weltgesundheitsorganisation WHO erscheinen Ängste, Depression und Psychosomatische Störungen von Menschen inzwischen als potenziell unbezahlbare Belastungen für die Gesundheitssysteme der Zukunft. Ich frage mich, könnte der Mut, authentisch mit sich und den eigenen Gefühlen zu leben, in diesem Zusammenhang nicht als lohnender Lösungsansatz angesehen werden?

Über Lohn und Eigentum nachdenken

Allzu lange habe ich mit meinem vermeintlich viel zu niedrigen Einkommen gehadert. Inzwischen konnte ich mich von diesem Hadern gänzlich befreien.

Hierzu hat auch meine Beschäftigung mit Hartz IV-Statistiken beigetragen. Dabei fiel mir z.B. folgendes auf: Der Anteil an arbeitslosen Akademikern und Akademikerinnen ist relativ klein. Dies bedeutet jedoch nicht, dass alle Akademiker und Akademikerinnen in einer Anstellung tätig sind, die ihrer Qualifikation entspricht. Auch ich bin über Jahre nicht arbeitslos gewesen. Eine meinen Qualifikationen angemessene Tätigkeit habe ich jedoch nicht immer ausgeübt.

Es gibt viele AkademikerInnen, die in Bereichen tätig sind, für die sie völlig überqualifiziert sind. Wenn sie diese Tätigkeit verlieren, können sie durchaus auch als akademisch ausgebildete Menschen bei Hartz IV landen.

Auch wenn dies nachvollziehbar ist, erscheint es mir wichtig, prinzipiell darauf hinzuweisen, dass nur wenige auf staatliche Hilfe angewiesene Menschen „Sozialschmarotzer" sind. Inzwischen belegt eine ganze Vielzahl von Statistiken – auch von der Arbeitsagentur (Jobcenter) selbst – dass sich nur wenige der Hartz IV-Bezieher freiwillig für ein Leben in Abhängigkeit von staatlicher Hilfe entschieden haben. Nur wenige lassen sich bewusst staatlich „durchfüttern".

So waren nach Angaben der Agentur für Arbeit 2017 von allen erwerbsfähigen Hartz IV-Beziehern 26,8 Prozent erwerbstätig. Sie bezogen Hilfe zum Lebensunterhalt als sogenannte „Hartz IV-Aufstocker". Im April 2018 wurden von der Arbeitsagentur Zahlen veröffentlicht, wonach rund jeder sechste Hartz IV-Aufstocker sogar in Vollzeit tätig ist. Dies legt die Vermutung nahe, dass viele Menschen ungewollt in diese Form der Existenz „abrutschen".

Diesen Umstand anzuerkennen, bedeutete für mich: Ich bin kein bedauerlicher Einzelfall! Auch akademisch gebildete Menschen, die ihre Existenz mit Hartz IV oder anderen bescheidenen finanziellen Mitteln bewältigen müssen, sind heute keine Ausnahmen mehr.

Ich dachte immer, ein Studium oder eine gute Ausbildung sei eine sichere Eintrittskarte in ein erfolgreiches (Berufs-)Leben. Nährboden erhielt dieser Gedanke durch die Lebensläufe von erfolgreichen Menschen. Sie belegten doch, wie groß die Erfolgschancen heutzutage sind. Inzwischen weiß ich, dass solche Lebensläufe nur herausstechen und daher mehr auffallen.

In Wirklichkeit sind sie aber noch immer die Ausnahme. Sie wurden und werden wohl niemals zur Regel, weder in Amerika noch in Deutschland. Erfolg und Reichtum sind in vielen Fällen nicht ausschließlich das Ergebnis eigener Bildungs- und/oder Arbeitsanstrengungen. Dieser Tatsache gegenüber gründen sich fehlender Reichtum oder Misserfolge nicht immer auf fehlende Bildungs- und/oder Arbeitsanstrengungen.

Es gibt in Deutschland eine ganze Reihe von Berufen, bei denen der Verdienst nicht zum Lebensunterhalt reicht. Die Menschen in diesen Berufsgruppen leben entsprechend auf finanziell eher niedrigem Niveau. Manchmal sind sie gezwungen, zusätzlich Hartz IV zu beantragen. Dies veranlasste mich, mir einmal die Einkommen in Deutschland näher anzuschauen. Die folgende Tabelle fand ich in einem Artikel von Tatjana Grassi auf FOCUS-Online vom Mittwoch, 10.01.2018: „Machen Sie den Check: Wie viele Deutsche verdienen mehr als Sie?" Datenquelle: Statistisches Bundesamt: (https://www.focus.de/finanzen/karriere/grosse-gehaltstabelle-machen-sie-den-check-wie-viele-deutsche-verdienen-mehr-als-sie_id_8273398.html)

Höhe des Gehalts in Euro	Anzahl der Beschäftigten Westdeutschland	Anzahl der Beschäftigten Ostdeutschland	Anzahl der Beschäftigten gesamt	%-Anteil an allen Beschäftigten
bis 850	2 107 400	475 004	2 582 404	8,19
850 -1000	782 480	147 264	929 744	2,95
1000 bis 1100	549 079	107 166	656 245	2,08

1100 bis 1200	549 966	149 925	699 891	2,22
1200 bis 1300	497 929	140 598	638 527	2,02
1300 bis 1400	508 451	164 384	672 835	2,13
1400 bis 1500	571 266	226 934	798 200	2,53
1500 bis 1600	586 401	248 222	834 623	2,65
1600 bis 1700	580 655	234 438	816 093	2,59
1700 bis 1800	593 927	236 545	829 472	2,63
1800 bis 1900	595 727	223 868	819 595	2,63
1900 bis 2000	608 242	238 922	847 164	2,67
2000 bis 2100	601 541	269 153	870 694	2,76
2100 bis 2200	612 253	197 460	809 713	2,57
2200 bis 2300	630 540	185 112	815 652	2,60
2300 bis 2400	823 247	174 287	997 534	3,16
2400 bis 2500	633 202	162 991	796 193	2,53
2500 bis 2600	622 155	150 713	772 868	2,45
2600 bis 2700	624 488	145 445	769 933	2,44
2700 bis 2800	628 915	136 719	765 634	2,43
2800 bis 2900	605 882	128 837	734 719	2,33
2900 bis 3000	606 302	127 754	734 056	2,33
3000 bis 3100	588 935	118 118	707 053	2,24
3100 bis 3200	575 389	110 333	685 722	2,17
3200 bis 3300	555 812	100 075	655 887	2,08
3300 bis 3400	529 072	91 103	620 175	1,97
3400 bis 3500	503 001	86 309	589 310	1,87
3500 bis 3600	460 892	77 553	538 445	1,71
3600 bis 3700	430 656	70 043	500 699	1,59
3700 bis 3800	412 814	65 370	478 184	1,52
3800 bis 3900	382 786	58 744	441 530	1,40
3900 bis 4000	360 270	60 091	420 361	1,33
4000 bis 4100	326 864	51 733	378 597	1,20
4100 bis 4200	313 560	50 063	363 623	1,15
4200 bis 4300	295 824	46 673	342 497	1,09
4300 bis 4400	268 160	42 196	310 356	0,98
4400 bis 4500	262 379	37 499	299 878	0,95
4500 bis 4600	235 770	35 630	271 400	0,86
4600 bis 4700	218 119	34 276	252 395	0,80
4700 bis 4800	202 586	31 854	234 440	0,74
4800 bis 4900	190 861	31 216	222 715	0,71
4900 bis 5000	191 477	28 891	220 368	0,67
5000 bis 5100	175 998	26 462	202 460	0,64
5100 bis 5200	167 368	30 848	198 216	0,63
5200 bis 5300	155 009	31 741	186 750	0,59
über 5300	2 939 513	283 173	3 22 686	10,22

Als durchschnittliches Monatsbruttoeinkommen in Deutschland wurde vom Statistischen Bundesamt für 2018 der Betrag von 3 880 Euro angegeben. Mir persönlich erschien das veröffentlichte Durchschnittseinkommen immer als recht hoch. Das liegt an der Art, wie es errechnet wird. Es wird einfach das „statistische Mittel" aller Einkommen ausgerechnet. Hierfür werden alle Einkommen addiert und durch die Anzahl aller Verdienenden geteilt. Dies ergibt jedoch in meinen Augen kein wirklich repräsentatives Durchschnittseinkommen.

Deshalb habe ich mir die in der Liste dargestellten Zahlen einmal mit anderen Augen angeschaut. Dabei ergab sich ein ganz anderes Bild. Es lässt sich leicht ersehen, dass 24,77 Prozent der Erwerbstätigen maximal 1600 Euro erhält. Als ich für diese 24,77 Prozent das statistische Mittel errechnete, ergab sich: Fast ein Viertel der Erwerbstätigen verdient durchschnittlich nur 1 117 Euro – und dies, obwohl ich von einem Minimum von 850 Euro ausgegangen bin.

35,29 Prozent, also etwas mehr als ein Drittel der Erwerbstätigen, verdienen maximal 2 000 Euro. Nimmt man alle Einkommen bis maximal 2 600 Euro, so fallen 51,33 Prozent der Erwerbstätigen darunter. Das Errechnen des durchschnittlichen Einkommens dieser 51,33 Prozent der Erwerbstätigen ergab nach meiner Berechnung 1 626 Euro. Somit ist mehr als die Hälfte der Erwerbstätigen finanziell weitaus schlechter gestellt, als das vom Statistischen Bundesamt veröffentlichte Durchschnittseinkommen von 3 880 Euro vermuten lässt.

Wenn ich mir diese Zahlen anschaue, dann habe ich bei meiner Festanstellung im Betreuten Wohnen ganz gut verdient. Ich lag zwar weit entfernt vom statistischen Mittel aller Erwerbstätigen. Dies lag jedoch daran, dass ich nur eine Halbtagsstelle hatte. Ein volles Gehalt wäre recht gut gewesen. Damit hätte ich letztlich mehr verdient als das, was etwa 50 Prozent der Bevölkerung im Durchschnitt verdienen. Dies gab mir ein gutes Gefühl! Es hat mich dazu ermutigt, mich und mein Einkommen neu zu bewerten. Objektiv betrachtet, war mein Einkommen einige Jahre lang gut. Dies gilt auch für die Jahre, in denen ich als freiberufliche Dozentin tätig war.

Fast ein Viertel der Erwerbstätigen, nämlich 22,62 Prozent, verdienen zwischen 2 600 und 3 600 Euro. Zähle ich diese 22,62 Prozent, die ja auch unter dem veröffentlichten Durchschnitt verdienen, zu den 51,33 Prozent hinzu, so ergeben sich 73,95 Prozent der Erwerbstätigen, die weniger verdienen als das veröffentlichte Durchschnittseinkommen!

Wie kann es also sein, dass das Durchschnittseinkommen so hoch ist, obwohl fast drei Viertel der Bevölkerung weniger verdienen? Ganz einfach, weil es auch sehr hohe Gehälter gibt. Die „Besserverdiener" treiben das Durchschnittseinkommen in die Höhe. 12,73 Prozent verdienen zwischen 3 700 Euro und 5 000 Euro. Nur 2,53 Prozent verdienen zwischen 5 000 Euro und 5 300 Euro.

Dass sich dennoch ein so hohes Durchschnittseinkommen ergibt, liegt an den 10,22 Prozent der Erwerbstätigen, die mehr als 5 300 Euro verdienen. Die 5 300 Euro stellen ja nur den untersten Wert der Einkommen dieser Gruppe dar. Es gibt aber auch Gehälter von 10 000 Euro, 20 000 Euro, 50 000 Euro oder mehr! Auch Fußballspieler und Manager, die Millionen im Jahr verdienen, fallen unter die Kategorie „über 5 300 Euro". Letztlich ergibt sich das hohe statistische Mittel der Einkommen aus den wenigen wirklich Besserverdienenden.

(An dieser Stelle sei angemerkt, dass fast dreiviertel der Erwerbstätigen pro Erwerbsjahr keinen vollen Rentenpunkt auf ihr Rentenkonto erhält. Einen vollen Rentenpunkt erhält ja nur die Person, die das Durchschnittseinkommen verdient. Altersarmut hat auch hiermit zu tun!)

Anhand der realen Einkommenszahlen habe ich aufgehört, mein Einkommen mit dem öffentlich genannten Durchschnittseinkommen zu vergleichen. Ich betrachte stattdessen die jährlich neu berechnete Höhe des Durchschnittseinkommens mit Skepsis.

Dies vor allem, da sich die Einkommen ja nicht gleichmäßig auf alle Einkommensbezieher verteilen (siehe Liste S. 183f) Es gibt wenige, die wirklich viel verdienen und viele, die eher wenig verdienen. „In der Debatte um die soziale Ungleichheit in Deutschland gibt es eine neue Warnmeldung. Die verfügbaren Einkommen sind so ungleich verteilt wie noch nie, das ist das Ergebnis des Verteilungsberichts des Wirtschafts- und Sozialwissenschaftlichen Instituts (WSI) der gewerkschaftsnahen Hans-Böckler-Stiftung." (Aus dem Artikel: „Politiker und Ökonomen, die Entwarnung geben wollten, liegen falsch" von Christine Haas, 07.10.2019, (https://www.welt.de/wirtschaft/article201469314/Einkommensverteilung-Der-Streit-der-Oekonomen-um-den-Gini-Koeffizient.html)

Bedeutet diese Aussage, dass das durchschnittliche Einkommen zwar stetig steigt, aber dennoch immer mehr Einkommensbezieher immer weniger erhalten? Wie kann dies sein? Ich habe mir dies anhand einer kleinen Beispielrechnung zu erklären versucht. Angenommen:

AN = Arbeitnehmer, zus. = zusammen

10 AN verdienen je 5 000 Euro = zus.	50 000 Euro
30 AN verdienen je 3 500 Euro = zus.	105 000 Euro
100 AN verdienen je 1 500 Euro = zus.	150 000 Euro

Somit verdienen 140 Arbeitnehmer zusammen 305 000 Euro, also im Durchschnitt 2 178,57 Euro. Nun vergeht einige Zeit und die Einkommen verändern sich:

10 AN verdienen je 7 000 Euro = zus.	70 000 Euro
15 AN verdienen je 4 500 Euro = zus.	67 500 Euro
115 AN verdienen je 1 500 Euro = zus.	172 500 Euro

Somit verdienen 140 Arbeitnehmer zusammen 310 000 Euro, also im Durchschnitt 2 214,28 Euro.

In beiden Fällen klingt der Durchschnittsbetrag der Einkommen recht hoch, dabei erhält die Mehrheit der Arbeitnehmer einen weitaus kleineren Betrag. In der zweiten Beispielrechnung ergibt sich ein höherer Durchschnittsbetrag, also ist das durchschnittliche Einkommen gestiegen; dennoch haben mehr Arbeitnehmer als zuvor einen weitaus kleineren Betrag zur Verfügung.

Bei meinen Recherchen zu den Einkommen erinnerte ich mich an eine Situation, die mir völlig entfallen war. 2008 wollte ich nach der Phase mit meinem 400-Euro-Job wieder als Dozentin tätig werden. Ich versuchte also, wieder Aufträge als Dozentin für Interkulturelle Bildung zu erhalten. Leider war mir dies nicht möglich. Veränderungen bei den für die Interkulturelle Arbeit notwendigen Qualifikationen haben dazu geführt, dass ich dieses Thema aufgeben musste. Wer Interkulturelle Bildung anbieten wollte, musste nun mindestens eine der drei neuen Bedingungen erfüllen:

1. entweder sollte er oder sie selbst Migrant sein, also ein Mensch mit eigener Einwanderungsgeschichte oder

2. mit einem Zuwanderer verheiratet sein oder

3. langjährige Auslandserfahrungen haben.

Keine dieser drei „Qualifikationen" konnte ich nachweisen. Ich passte als Dozentin für Interkulturelle Bildung nicht mehr in den Trend. Meine für dieses Thema so wichtigen fachlichen Qualifikationen wurden für nebensächlich erachtet. Ich konnte die Probleme zwischen Menschen mit verschiedenem religiös-kulturellem Hintergrund gut darlegen und vermitteln. Dennoch bekam ich aufgrund der neuen Bedingungen keine neuen Aufträge mehr. War ich dafür verantwortlich? Nein!

Glücklicherweise konnte ich als Dozentin aber auch noch andere Themen anbieten. Also rief ich bei einem früheren Auftraggeber an. Im Jahr 2000 verdiente ich bei diesem Träger als Honorarkraft etwa 30 DM pro Stunde. Bezahlt wurden natürlich ausschließlich die Stunden, die ich vor Ort war. So wurde mit diesem Stundensatz die Vor- und Nachbereitungszeit mithonoriert. Als ich 2008 bei diesem Träger anrief und fragte, ob ich wieder für ihn tätig werden könnte, sagte mir der Direktor: „Frau Dr. Kanacher, Sie werden nicht mehr für mich arbeiten wollen. Wissen Sie, was ich Ihnen als Honorar anbieten kann? 13 Euro 50 Cent!"

Welch ein Preisverfall! Ich rief noch bei einigen anderen Anbietern an. Das höchste Angebot, das ich erhielt, waren 17,50 Euro – bei einer Dozentenstelle, bei der ich auch Klassenarbeiten konzipieren und kontrollieren sollte. Die jeweilige Zeit zuhause wäre natürlich nicht bezahlt worden. Zudem hätte ich als Fahrzeit hin und zurück etwa drei Stunden rechnen müssen. Dieses Angebot hätte sich also überhaupt nicht gelohnt. Folgerichtig habe ich es nicht angenommen.

Die Rahmenbedingungen für meine Dozententätigkeit hatten sich also in nur acht Jahren massiv zum Schlechteren verändert. Konnte ich etwas dafür? Nein! Die wirtschaftliche Situation hatte sich verändert. Es gab wohl ein Überangebot von Dozentinnen und Dozenten auf dem Markt, das den Preisverfall bewirkte. Außerdem hatte der öffentliche Träger, der viele Kurse in Auftrag gab, in seinen Richtlinien geringere Honorare festgesetzt.

In dieser Zeit (2008) kam es deshalb zur „Aktion Butterbrot". Die Interessenvertretung freiberuflicher Lehrer in der Erwachsenenbildung wollte mit dieser Aktion auf ihre schlechten Arbeitsbedingungen aufmerksam machen. Auf Infokarten, die damals verteilt wurden, hieß es:

„Die Bundesregierung zahlt Dumpinghonorare ... für uns DeutschlehrerInnen in Integrationskursen. Die Kurse werden von der Bundesregierung in Auftrag gegeben und finanziert. Trotz eines abgeschlossenen Hochschulstudiums verdienen wir in Vollzeit ein durchschnittliches Monatshonorar von 1690 Euro brutto bzw. 900 Euro netto. Wir „akademischen Tagelöhner" leben oftmals an der Grenze des Existenzminimums und müssen außerdem auf ein Alter in Armut blicken. Denn wir arbeiten auf Honorarbasis und müssen alle Risiken wie Krankheit, Kursausfälle und alle Sozialversicherungsbeiträge vollständig allein schultern.

Wir fordern deshalb:

- Anstellung als Arbeitnehmer analog zu Lehrern im Staatsdienst!
- Solange diese Forderung nicht realisiert ist:
  - die hälftige Zahlung der Sozialversicherungsbeiträge durch den Bund (unseren indirekten Arbeitgeber)
  - ein Mindesthonorar von 30 Euro/UE
  - bezahlten Urlaub
  - Honorarfortzahlungen im Krankheitsfall
  - bezahlte Fortbildungen"

(Weitere Infos unter www.aktionbutterbrot.de – Unterstützt von der Gewerkschaft Erziehung und Wissenschaft Bayern)"

Inwiefern diese Aktion erfolgreich war, kann ich leider nicht sagen. Mir hat diese Aktion damals aber deutlich gemacht, dass ich kaum eine Chance mehr hatte, meinen Lebensunterhalt freiberuflich als Dozentin zu verdienen.

Zudem schien es, als sei eine gesamtgesellschaftliche Entwicklung hin zu niedrigeren Einkommen in Gang zu sein, nicht nur bei den Dozentengehältern. Folgende Aussage scheint dies zu unterstreichen: „Getrieben werde die aktuelle Entwicklung (des Auseinanderdriftens der Einkommen – Anmerkung der Autorin) von zwei Faktoren, heißt es in dem Bericht. Zum einen hätten Gruppen mit hohen Einkommen ‚von sprudelnden Kapital- und Unternehmenseinkommen profitiert und dadurch die große Mehrheit der Haushalte in Deutschland beim verfügbaren Einkommen hinter sich gelassen'. Zum anderen seien die 40 Prozent der Haushalte mit den geringsten Einkommen zurückgefallen." Verdienen also immer mehr Menschen immer weniger?

Zumindest lässt sich sagen: „Der Verlauf der Bruttolöhne und -gehälter unterteilt sich in Phasen. Bis etwa 2005 kommt es zu einem nur sehr schwachen Anstieg. In den Jahren beschleunigt sich der Zuwachs, dies insbesondere ab 2010. Im Unterschied dazu entwickeln sich die Unternehmens- und Vermögenseinkommen in der Zeitspanne zwischen 2003 und 2013 äußerst dynamisch: Sie erhöhen sich weit stärker als die Entgelte aus abhängiger Arbeit." (siehe hierzu: Entwicklung der Bruttolöhne/-gehälter und der Gewinn- und Vermögenseinkommen 1995 – 2018 unter: http://www.sozialpolitik-aktuell.de/tl_files/sozialpolitik-aktuell/_Politikfelder/Einkommen-Armut/Datensammlung/PDF-Dateien/abbIII1a.pdf, abgerufen 10.10.2019)

Kann es sein, dass das Auseinanderdriften der Schere zwischen Arm und Reich vor allem darauf zurück zu führen ist, dass die Unternehmens- und Vermögenseinkommen in den letzten Jahren überproportional gestiegen sind? Wie kann dies sein?

Es gibt nicht nur Einkommen, das aufgrund einer bestimmten Arbeitsleistung gezahlt wird, sondern auch eines, das als Unternehmens- und Vermögenseinkommen entsteht. Diese Form des Einkommens kann wachsen ohne steigende Arbeitsleistung von Seiten des Eigentümers. Das Eigentum „arbeitet", nicht der Eigentümer. Menschen, die arbeitendes Eigentum besitzen, müssen nicht selbst fleißig sein. Ihr Einkommen wächst auch ohne eigenen Fleiß.

Ich habe mich gefragt, warum manche die Erfahrung von „Trotz Fleiß kein Preis" machen müssen, während andere die Erfahrung von „Großer Preis ohne Fleiß" machen können. Bei der Beantwortung dieser Frage erscheinen sowohl die Vermögensverteilung als auch das Eigentum von zentraler Bedeutung. Die Vermögensverhältnisse orientieren sich an dem Vorhandensein oder Fehlen von Eigentum.

Auch ich habe Eigentum: Möbel, Teppiche, Geschirr, Bücher, eine Waschmaschine, eine Spülmaschine, Fernseher, Computer usw. Doch mit diesen Dingen habe ich ausschließlich Sacheigentum. Doch Sacheigentum generiert keinen Vermögenszuwachs. Das macht ausschließlich Eigentum im betriebswirtschaftlichen Sinne. Als betriebswirtschaftliches Eigentum gelten:

- Sachgüter, die durch Handel mit Nutzungsrechten zu Einkommen führen. In diesem Sinne sind Eigentum z.B. Mietwohnungen, die zu Einnahmen durch Vermietung führen. Jemand kann aber auch Autos vermieten, Geld, Geräte oder Werkzeuge.
- Produktionsmittel: Unter diesem Eigentum versteht man Fabriken oder Unternehmen. Sie führen durch den erwirtschafteten Gewinn zu Einnahmen.
- auch Aktien und Wertpapiere. Dies ist Eigentum, das in Form von Renditen zu sogenanntem „arbeitsfreiem Einkommen" führt.

Ich habe lange Zeit Wohlstand mit dem Anhäufen von (Sach-)Eigentum gleichgesetzt. Dies war wohl eine eher naive Vorstellung. Ich fühlte mich in meinem Haus als lebte ich in gewissem Wohlstand. Doch dieses Haus war über einen Kredit finanziert und gehörte somit eigentlich der Bank. Subjektiv empfunden, gehörte es mir. Objektiv gehörte es aber der Bank.

Die Bank hatte Geldeigentum, um mir Geld zu leihen. Ich habe meinen Kredit aber nicht nur zurückgezahlt, sondern zusätzlich auch einen erheblichen Betrag an Leihgebühren bzw. Zinsen. Hierdurch hat meine Bank verdient und ihr Vermögen vermehrt. Ich hingegen, habe zwar eine Immobilie erworben, aber damit kein Vermögen angehäuft. Diese Unterscheidung hat meinen Blick für mein Eigentum geschärft: Ich hatte zwar Sacheigentum, aber kein Eigentum im betriebswirtschaftlichen Sinne.

Wer wirtschaftliches Eigentum besitzt und dieses gut verwaltet, kann es mehren, es vergrößern. Gut angelegt, kann Eigentum ohne großes Zutun zu wachsendem Wohlstand und sogar zu Reichtum führen. Wer kein solches Eigentum hat, kommt eher schwer zu Vermögen und damit auch nur schwer zu finanziellem Wohlstand. Ich vermute, dieser Umstand wird in der alltäglichen Wahrnehmung weitestgehend ausgeblendet – ich habe es jedenfalls ausgeblendet!

Deshalb habe ich mich einmal näher mit dem Verhältnis von Staat, Eigentum und Individuum beschäftigt. Ein Philosoph, der sich hierzu äußerte, war der Engländer Sir Thomas Morus, Humanist und Staatsmann (1478-1535). Er schrieb: „Solange das Eigentum besteht, wird auf dem weitaus größten und besten Teil der Menschheit Armut, Plackerei und Sorgen als eine unentrinnbare Bürde weiter lasten; sie mag ein wenig erleichtert werden können, sie gänzlich zu beseitigen ist unmöglich. Überall, wo das Eigentum herrscht, wo man alles mit Geld misst, wird von Billigkeit und gesellschaftlichem Wohlbefinden nie die Rede sein können." Im Zusammenhang seiner Äußerungen finde ich seine Lebensdaten beachtenswert. Bereits um die Wende vom 15. zum 16. Jahrhundert war Sir Thomas Morus klar, dass sich die Lebensumstände von armen und reichen Menschen vor allem wegen des Eigentums unterscheiden. Dies hat mich veranlasst, diese Aussage näher zu untersuchen.

Nach meinen Recherchen unterstützen alle modernen demokratischen Verfassungen ausdrücklich und bevorzugt das „Recht auf Eigentum".

In den Artikeln 2 und 17 der „Erklärung der Menschen- und Bürgerrechte", die in vollem Wortlaut der französischen Verfassung von 1791 vorangestellt wurde, steht geschrieben:

(Artikel 2) „Der Zweck jeder politischen Vereinigung ist die Erhaltung der natürlichen und unantastbaren Menschenrechte. Diese sind das Recht auf Freiheit, das

Recht auf Eigentum, das Recht auf Sicherheit und das Recht auf Widerstand gegen Unterdrückung.

(Artikel 17) Da das Eigentum ein unverletzliches und geheiligtes Recht ist, kann es niemandem genommen werden, es sei denn, dass die gesetzlich festgestellte öffentliche Notwendigkeit dies eindeutig erfordert und vorher eine gerechte Entschädigung festgelegt wird."

Eigentum wird hier als unverletzliches und geheiligtes Menschenrecht bezeichnet. Ich vermute, mit dem Schutz des Eigentums wollten die Väter der Verfassung wohl zum Ausdruck bringen, dass in einer friedlichen Gesellschaftsordnung eine klare Abgrenzung von „Mein und Dein" gegeben sein sollte. Jeder sollte prinzipiell dem Eigentum eines anderen mit Respekt begegnen. Dies wird meines Erachtens durch die zusätzliche Rechtsgarantie des Staates unterstützt. Deren Grundgedanke war wohl, den Trägern der Staatsgewalt den Zugriff auf das Eigentum der Staatsbürger zu untersagen oder stark zu erschweren. Eine solche Eigentumsgarantie findet sich auch im Grundgesetz der Bundesrepublik Deutschland:

„Artikel 14

(1) Das Eigentum und das Erbrecht werden gewährleistet. Inhalt und Schranken werden durch die Gesetze bestimmt.

(2) Eigentum verpflichtet. Sein Gebrauch soll zugleich dem Wohle der Allgemeinheit dienen.

(3) Eine Enteignung ist nur zum Wohle der Allgemeinheit zulässig. Sie darf nur durch Gesetz oder auf Grund eines Gesetzes erfolgen, das Art und Ausmaß der Entschädigung regelt. Die Entschädigung ist unter gerechter Abwägung der Interessen der Allgemeinheit und der Beteiligten zu bestimmen. Wegen der Höhe der Entschädigung steht im Streitfalle der Rechtsweg vor den ordentlichen Gerichten offen."

Abschnitt (1) gewährleistet den Schutz des Eigentums. Abschnitt (2) des Artikel 14 formuliert die Verpflichtung des einzelnen Staatsbürgers, sein Eigentum „zugleich" auch zum Wohl der Allgemeinheit zu gebrauchen. Auf mich wirkt diese Formulierung, als würde das Grundgesetz das Eigentumsrecht der französischen Verfassung von 1791 etwas einschränken. Dies, indem das Grundgesetz das Eigentumsrechte an das Gemeinwohl bindet: „Eigentum verpflichtet!"

Fazit: Eigentum wurde als unverletzliches und geheiliges Menschenrecht in den westlichen Verfassungen ganz gezielt verankert. Doch warum? Hierfür ist vielleicht die Vermutung verantwortlich, die der deutsche Dichter Friedrich von Schiller (1759-1805) in folgendem Satz formulierte: „Etwas muss er sein Eigen nennen, oder der Mensch wird morden und brennen." Ich frage mich: Braucht ein Mensch wirklich etwas, was er sein Eigen nennen kann, um nicht zu morden und zu brennen? Brauchen Menschen Eigentum, um friedlich miteinander leben zu können? Fraglich ist für mich auch, welches Eigentum in der Verfassung und bei Schiller gemeint ist: Sacheigentum oder wirtschaftliches Eigentum?

Vielleicht liegt der Grund für Eigentum aber auch ganz woanders: Abraham Lincoln (1809-1865), der Präsident der Vereinigten Staaten von Amerika, formulierte einen Grund für Eigentum so: „Eigentum ist eine Frucht von Arbeit. Eigentum ist wünschenswert, ein positives Gut in der Welt. Dass einige reich sind, zeigt, dass andere reich werden können, und das ist wiederum eine Ermutigung für Fleiß und Unternehmensgeist."

Brauchen Menschen die Vision von Eigentum, um sich für dieses zu motivieren? Natürlich empfand ich die visionäre Haltung, mich vom „Tellerwäscher zum Millionär" entwickeln zu können, motivierend. Ich fand es motivierend, da es in meiner Wahrnehmung keinen Unterschied zwischen Sacheigentum und Vermögenseigentum gab. Deshalb habe ich mir keine Gedanken um diesen Unterschied gemacht. Doch nun weiß ich, es gibt diesen Unterschied.

Und dieser Unterschied stellte und stellt einen Lebensumstand in meinem Leben dar, der Wirkung hatte und hat. Dabei ist eine Erkenntnis entscheidend: Vermögen aus wirtschaftlichem Eigentum ist vielfach nicht „die Frucht von Arbeit"! Gleichzeitig ist das wirtschaftlich arbeitende Eigentum meist bereits bei der Geburt vorhanden oder aufgrund von Erbschaften gegeben (siehe S. 63).

Ich hatte und habe eben kein Eigentum, das für mich arbeiten könnte. Ich war und bin einzig und allein auf die Arbeit meiner Hände oder meiner Gehirnzellen angewiesen. Ich war und bin darauf angewiesen, allein durch Erwerbsarbeit zu Wohlstand zu gelangen. Dies in aller Deutlichkeit wahrzunehmen, führte mich zu der Gewissheit: Ich habe im Rahmen meiner Möglichkeiten alles getan und erreicht, was möglich war. Deshalb fühle ich mich wohl in meinem Leben.

Ich fühle mich wohl, weil ich folgendes anerkenne: Mein Leistungswert bezieht sich auf meine Leistungen - nicht auf mich! Ich habe Leistungen erbracht, aber ich bin nicht meine erbrachten oder nicht erbrachten Leistungen. Ebenso verhält es sich mit meinem Erfolgswert. Mein Erfolgswert bezieht sich auf meine Erfolge – nicht auf mich! Ich kann Erfolge vorweisen, aber ich bin nicht meine Erfolge! Gleichsam verhält es sich mit meinem Geld. Mein Geldwert bezieht sich auf mein Geld – nicht auf mich! Ich habe Geld, aber ich bin nicht das Geld, das ich habe oder eben nicht habe! Ich bin nicht, was ich habe.

Ich bin, was ich bin. Alles, was ich bin, bestimmt meinen Selbstwert und mein Wohlbefinden - nicht mein Sach- oder Wirtschaftseigentum. Ich bin wertvoll!

Beziehung von Leistung zu Lohn prüfen

Als ich meine neuen Räumlichkeiten in meiner WG bezugsfertig gemacht habe, habe ich echt hart körperlich gearbeitet. Zuerst musste ich mein jetziges Schlafzimmer leerräumen. Es stand voll Gerümpel, da der Raum als Abstellkammer genutzt worden war. Nach

dem Leerräumen habe ich den Linoleumboden heraus-
gerissen. Darunter kam ein verklebter Kokosbelag zum
Vorschein, der ebenfalls mühevoll entfernt werden
musste. Danach habe ich einen neuen Vinylboden ver-
legt.

Trotz der Schufterei fühlte ich mich jeden Abend richtig wohl, denn ich konnte das Ergebnis meiner Arbeitsleistung – meine Selbstwirksamkeit - sehen. Auch meine
körperliche Leistungsfähigkeit konnte ich ganz unmittelbar spüren. Ich war glücklich, körperlich noch so leistungsfähig zu sein.

Die Unmittelbarkeit dieser Gefühle hat mich zum
Nachdenken gebracht. Wann hatte ich im Rahmen meiner Erwerbsarbeit je so ein unmittelbares Gefühl meiner
Leistungsfähigkeit oder meiner Selbstwirksamkeit? Eigentlich selten.

Natürlich habe ich mich auf meiner Arbeit im Betreuten Wohnen oft freuen können. Meist dann, wenn ich
das Gefühl hatte, dass ich den Menschen helfen konnte.
Auch dann, wenn ich spürte, die Menschen fühlen sich
wohl. Dann habe ich gedacht: „Wie schön, dass du diesen Menschen ihren Lebensabend verschönern kannst."

Letztlich habe ich das aber nie als Ergebnis meiner
Arbeitsleistung gesehen. Natürlich habe ich viel Einsatz
gezeigt. Wenn ich an einem Tag mal wieder ziemlich viel
hin und her gelaufen war, dachte ich hin und wieder:
„Wenn du Kilometergeld bekämst, würdest du besser
bezahlt." Diesen Gedanken hatte ich, da ich meinen
Lohnzettel im Hinterkopf hatte. Was als Lohn auf meinem Konto erschien, war für mich das entscheidende
Maß für meine Arbeitsleistung. Den Zuspruch von Seiten der Bewohner und mein Wohlgefühl empfand ich
nur selten als Lohn. Von Anerkennung, schönen Worten
oder guten Gefühlen kann man sich bekanntlich nichts
kaufen.

Auch während meiner Arbeit als Geschäftsführerin
habe ich viel Anerkennung erfahren und hatte viel
Freude bei der Arbeit. Doch beides habe ich zu jener
Zeit zu wenig gewürdigt. Ich war zu sehr auf meinen

LEG-Wert fokussiert. Orientiert an diesem Wert war ich auf den finanziellen Ertrag meiner Leistung konzentriert. Deshalb blickte ich ausschließlich auf meinen Lohnzettel und empfand meine 400 Euro als unbefriedigend – ja, fast als Demütigung.

Auf diese 400 Euro war ich auch fokussiert, da meine Leistung im Arbeitsalltag eher unsichtbar war. Was im Computer alles abgearbeitet wurde, kann man von außen nicht sehen. Gleichsam war diese Arbeit physisch kaum wahrnehmbar. Beides führte dazu, dass ich mich auf den mittelbaren Leistungsbeweis konzentrierte. Und der bestand nun mal im Gehaltsnachweis.

Inzwischen habe ich dies als einen zentralen Aspekt meiner damaligen Unzufriedenheit erkannt. Ich habe mich damals vor allem auf das Verhältnis von Leistung zu finanzieller Entlohnung fokussiert. Dies tat ich, weil ich im Glauben lebte, Leistung und Lohn stünden in einem nachvollziehbaren Verhältnis. Ich glaubte, vor allem mein Lohn spiegele meine Leistung. Befreit von diesem Glauben kann ich meine Leistungen unabhängig von ihrem Geldwert betrachten und bewerten. Eine sehr wohltuende Betrachtungsweise.

Befreit von dem Glauben, dass Leistung und Lohn in einem nachvollziehbaren Verhältnis stehen, habe ich mich gefragt: Wie kommt es zu so großen Einkommensunterschieden? Wer bestimmt, welche Leistung wie entlohnt wird? Erst kürzlich ging wieder durch die Presse: In ein und demselben Arbeitsbereich bekommen Frauen für die gleiche Arbeit noch immer bis zu 21 Prozent weniger Entgelt als Männer. Leisten Frauen weniger? Oder bedeutet das geringere Entgelt, dass gleiche Leistung nicht immer zu gleichem Einkommen führt?

Welche Kriterien werden zur finanziellen Vergütung einer Arbeitsleistung herangezogen? Was rechtfertigt ein Managergehalt von mehreren Millionen Euro im Monat? Verdient ein Popstar Millionenbeträge, so ergibt sich dies aus hohen Verkaufszahlen der CDs und hohen GEMA-Gebühren – das ist für mich nachvollziehbar!

Aber gibt es eine Leistung, die mehrere Millionen Euro Monatseinkommen rechtfertigt?

Nach genauerer Betrachtung kam ich zu dem Schluss, dass Arbeitsleistungen, die hohes soziales Prestige besitzen (politische Arbeit, Staatsdienste usw.), eher gut bezahlt werden. Besonders belastende, wenig angesehene, schmutzige oder unangenehme Tätigkeiten (z.B. Bauarbeiten, Reinigungsarbeiten), werden eher schlecht bezahlt. Welche Leistung die Arbeitenden erbringen, scheint keine Rolle zu spielen. Vielmehr erscheint vor allem das Prestige einer Tätigkeit für den Lohn von Relevanz.

Aus diesem Prestigedenken hat sich wohl auch eine Hierarchie entwickelt. Diese teilt Erwerbsarbeit auf in Lohnarbeit, Handwerk, Wissenschaft und Forschung, Verwaltung und Politik, Unternehmen und Wirtschaft. Die Haus-, Erziehungs- und Pflegeleistungen innerhalb der Familie tauchen in dieser Hierarchie überhaupt nicht auf. Sie scheinen hinsichtlich des Prestiges überhaupt keine Rolle zu spielen – werden sie deshalb auch nicht entlohnt?

Es scheint mir, als wären die Löhne weitestgehend entsprechend dieser Prestigehierarchie gestaffelt. Dabei erscheint mir diese Hierarchie bis auf das Herausfallen der Familienarbeit in gewissem Umfang nachvollziehbar. In der Regel werden Tätigkeiten, die weniger Bildung voraussetzen, geringer entlohnt. Arbeitsstellen, die mehr Bildung voraussetzen, werden besser entlohnt. Ich vermute, dies gründet sich darauf: Wer durch längere Ausbildung Jahre lang auf Verdienst verzichten muss, erhält später im Erwerbsleben mehr Lohn oder Gehalt. So weit, so anerkannt.

Doch dies gilt keineswegs durchgängig. Gegenwärtig wird oft darauf hingewiesen, dass die frühkindliche Erziehung und die Tätigkeit als Lehrkraft in der Grundschule relativ schlecht bezahlt werden – und dies, obwohl Erzieherinnen im Kindergarten und Lehrkräfte an Grundschulen ein Studium absolvieren müssen. Es wird viel darüber diskutiert, die Qualität der Arbeit in diesen

Tätigkeitsfeldern zu verbessern. Dies erscheint aus vielerlei Gründen notwendig. Sollte hierfür nicht die Zahl der Arbeitsplätze sowie die Bezahlung erhöht werden?

Neben dem Bildungsbereich zählt heute auch der Bereich der Kranken- und Altenpflege zu den Tätigkeiten, in denen die Mitarbeitenden eher wenig verdienen. Dabei arbeiten gerade die Personen, die in diesen Bereichen tätig sind, häufig mit viel Idealismus. Sie wollen den Kranken oder den Alten helfen. Ich habe schon sehr viele Berichte gelesen und gesehen, in welchen sich solche Personen über ihre Arbeitsbedingungen beschwerten. Dabei war der Hauptpunkt immer, dass sie in ihrer Tätigkeit ihrem Idealismus nicht mehr gerecht werden können. Sie können den Kranken oder den Alten nicht das geben, was sie gerne geben möchten. Diese Arbeitnehmenden erleben nicht nur die Frustration der Überlastung durch zu wenige Arbeitskräfte und die viel zu geringe Entlohnung. Ich gehe davon aus, sie erleben auch noch eine Beschneidung ihrer Leistungsfähigkeit und ihrer Leistungswilligkeit. Belegt dies nicht die Notwendigkeit prinzipieller Veränderungen an den gegenwärtigen Arbeitsbedingungen und der Bezahlung?

Angesichts dieser heutigen Situation sollte die Frage erlaubt sein: Sind die einst entwickelten Bewertungskriterien für leistungsgerechte Bezahlung heute noch nachvollziehbar und gerechtfertigt? Hierzu ein Zitat von Jock Young: „Die Leistungsgesellschaft kann man sich wie ein Wettrennen vorstellen: Jede/r hat freien Zugang und jedes Individuum läuft individuell seine Runden in Konkurrenz mit den anderen und seine oder ihre Belohnung entspricht jeweils den Anstrengungen und den individuellen Fähigkeiten. Aber das Seltsame an diesem Wettrennen ist, dass einige kurz vor der Ziellinie starten, während andere ganz von Anfang an beginnen. Manche brauchen nur einen bestimmten Abschnitt zu laufen und wieder andere – meist Frauen – treten müde am Start an, nachdem sie schon den ganzen Tag hart gearbeitet haben und nur einen Teil ihrer Zeit auf dem Sportplatz verbringen. Manche werden generell vom

Wettkampf ausgeschlossen, und wiederum gibt es andere, die gar nicht laufen, weil es ihre Aufgabe ist, die Preise zu verteilen. Und wieder anderen gehört die ganze Sportanlage. Jedoch allen ist es erlaubt, bei diesem Wettrennen zuzuschauen und zu sehen, wie glitzernde Preise in unserer reichen Gesellschaft verteilt werden." Diese Zeilen fand ich in Rommelspacher, Birgit: Anerkennung und Ausgrenzung. Deutschland als multikulturelle Gesellschaft, Frankfurt/Main, S. 68.

Das Zitat zeigt für mich sehr anschaulich, wie unterschiedlich die Voraussetzungen im Wettrennen um Lohn und Erfolg heute sind. Dennoch wird Leistung zu erbringen als die zentrale Möglichkeit gesehen, es finanziell zu etwas zu bringen. Politiker unterschiedlichster Parteien warben zu unterschiedlichsten Zeiten immer mal wieder mit dem Kampfslogan „Leistung muss sich wieder lohnen". Besagt diese Aussage nicht auch: „Zurzeit lohnt sich Leistung nicht"?

Hierzu habe ich neulich in einer Talkshow einiges gehört. Es ging dort um gegenwärtige Arbeitsbedingungen in Deutschland. Es wurde berichtet, wie Firmen Arbeitskräfte aus dem Ausland (z.B. aus Polen) nach Deutschland holen. Diese Arbeitskräfte leben dann hier in Baracken oder heruntergekommenen Wohnräumen. Sie arbeiten bis zu 17 Stunden am Tag und erhalten nur wenig Lohn. Sie leben und arbeiten wie Sklaven. (Sie leben und arbeiten wie die Arbeiter zu Zeiten der beginnenden Industrialisierung - wie das Proletariat jener Zeit.)

Ich war hoch erfreut darüber, eine solche Diskussion zu sehen. Belegt sie doch ein Interesse, solche Gegebenheiten einer breiteren Öffentlichkeit bekannt zu machen. Es wurde gesagt, diese Arbeitskräfte seien meist vom vierten oder fünften Subunternehmer eines großen Unternehmens beschäftigt worden – oft sogar ohne Arbeitsvertrag.

Ich frage mich: Hat das noch etwas mit gerechtem Lohn für Leistung zu tun? Hat das noch etwas mit sozialer Marktwirtschaft zu tun? Werden heute durch

Subunternehmen und Subsubunternehmen Arbeits-
schutz und Arbeitszeitenregelungen umschifft? Werden
Arbeitsgesetze (bewusst) ausgehöhlt oder gar (zielgerich-
tet) umgangen?

Prekäre Arbeitsverhältnisse nehmen jedenfalls weiter
zu. Hierzu ein Ausschnitt aus einer Heute-Sendung vom
17.10.2018: Sprecher Christian Sievers leitet mit den
Worten ein: „Die Politik tut nicht genug gegen die Armut
in Deutschland." Ein anderer Sprecher fährt fort mit:
„Das sagt die nationale Armutskonferenz. Das ist ein
Bündnis von Wohlfahrtsverbänden und Gewerkschaften. Obwohl es wenig Arbeitslosigkeit gibt, bleiben die
Armutszahlen unverändert hoch. Weiterhin sind gut 16
Prozent der Bevölkerung (eingeblendet sind 16,2 %) von
Armut betroffen. Als arm gelten in Deutschland zum
Beispiel Singlehaushalte mit weniger als rund 1000 Eu-
ro (eingeblendet ist < 999 Euro) netto im Monat. Besonders auffällig drastisch gestiegen ist in den letzten zehn
Jahren der Anteil der Beschäftigten, die in Armut leben,
obwohl sie Arbeit haben. Von 4,8 Prozent auf 9,6 Prozent. Dagegen hilft vor allem gute und gut bezahlte Arbeit, sagt die Sprecherin der Armutskonferenz Barbara
Eschen. (Einblendung eines Interviews mit ihr) Sie sagt:
„Unsere Kernforderungen sind: bessere Arbeitsbedingungen, d.h. eine deutliche Anhebung des Mindest-
lohns. Wir brauchen eine Grundsicherung, einen Regel-
satz, der auskömmlich ist. Das ist er nämlich derzeit
nicht." Christian Sievers schließt mit den Worten: „Die
Sprecherin der Armutskonferenz zu den bedrückenden
Zahlen in Deutschland."

Im Zusammenhang mit Praktikanten- und Werkver-
trägen wird bereits von „Lohnsklaventum" gesprochen.
In immer mehr Arbeitsbereichen, z.B. bei Softwarepro-
grammierung, im Grafik- oder Designbereich, werden
vermehrt Arbeitsplätze mit Arbeitsverträgen abgebaut.
Stattdessen werden Projekte auf Internetplattformen wie
freelancermap.de oder topcoder.com ausgeschrieben.
Weltweit können sich entsprechend ausgebildete Menschen an den Ausschreibungen als selbstständige Mit-

arbeiter beteiligen. Die Unternehmen sparen so die Sozialabgaben. Die freiberuflich Tätigen müssen letztlich als „digitale Tagelöhner" das volle Risiko tragen und in Vorleistung gehen. Denn die Firmen erteilen nur dem Besten den Zuschlag und zahlen nur diesem das Honorar.

Ich frage mich: Was haben all diese genannten Veränderungen in der Arbeitswelt noch mit dem propagierten Leistungsprinzip zu tun? Ist es überhaupt noch sinnvoll, weiter den LEG-Wert zu propagieren, wenn immer mehr Menschen nach erbrachter Leistung weder zu Erfolg noch zu Geld kommen?

Kann es sein, dass weiter so vehement auf den LEG-Wert hin-gebildet wird, weil dies die Menschen weiter zu Leistung motiviert? Wird weiter auf das Prinzip „Identität durch Erfolg" gepocht, damit Menschen weiter als Konsumenten das Wachstum der Wirtschaft begünstigen?

Ich habe mich dem Prinzip „Erfolg durch Identität" zugewendet. Ich weiß, wer und was ich bin. Ich habe meinen Selbstwert und damit meine Identität wiedergefunden. Mit dieser Identität gilt für mich: Erfolgreich ist dasjenige Leben, welches von der Person, die es lebt, als befriedigend, erfüllend oder gar beglückend empfunden wird.

Hierzu eine kleine Erzählung, die unter dem Suchbegriff „Zwei Krüge" oder „Der kaputte Krug" in unterschiedlichen Varianten im Internet zu finden ist (Autor unbekannt. Übersetzung aus dem Englischen. Zitiert in Anlehnung an: https://zeitzuleben.de/der-kaputte-krug/, abgerufen 10.10.2017):

Es war einmal ein Wasserträger in Indien.

Auf seinen Schultern ruhte ein schwerer Holzstab. An diesem hatte er rechts und links je einen großen Wasserkrug befestigt.

Der eine Krug war perfekt geformt und ganz. Mit ihm konnte der Wasserträger am Ende seines langen Weges vom Fluss zum Haus seines Herren eine volle Portion Wasser abliefern. Der zweite Krug hatte jedoch einen

Sprung. In diesem war immer nur etwa die Hälfte des Wassers, wenn er am Haus ankam.

Für volle zwei Jahre lieferte der Wasserträger seinem Herrn also einen vollen und einen halbvollen Krug. Der perfekte der beiden Krüge war natürlich sehr stolz darauf, dass der Wasserträger in ihm immer eine volle Portion transportieren konnte. Der Krug mit dem Sprung hingegen schämte sich, dass er durch seinen Makel nur halb so gut war wie der andere Krug.

Nach zwei Jahren Scham hielt der kaputte Krug es nicht mehr aus und sprach zu seinem Träger: „Ich schäme mich so für mich selbst und möchte mich bei dir entschuldigen."

Der Wasserträger schaute den Krug an und fragte: „Aber wofür denn? Wofür schämst du dich?"

„Ich war die ganze Zeit nicht in der Lage, das Wasser zu halten, so dass du durch mich immer nur die Hälfte zu dem Haus deines Herren bringen konntest. Du hast die volle Anstrengung, bekommst aber nicht den vollen Lohn, weil du immer nur anderthalb statt zwei Krüge Wasser ablieferst", sprach der Krug.

Dem Wasserträger tat der alte Krug leid, und er wollte ihn trösten. So sprach er: „Achte gleich einmal, wenn wir zum Haus meines Herrn gehen, auf die wundervollen Wildblumen am Straßenrand."

Der Krug konnte daraufhin ein wenig lächeln, und so machten sie sich auf den Weg. Am Ende des Weges jedoch fühlte sich der Krug wieder ganz elend und entschuldigte sich erneut zerknirscht bei dem Wasserträger.

Der aber erwiderte: „Hast du die Wildblumen am Straßenrand gesehen? Ist dir aufgefallen, dass sie nur auf deiner Seite des Weges wachsen, nicht aber auf der, wo ich den anderen Krug trage? Ich wusste von Beginn an über deinen Sprung. Und so habe ich einige Wildblumensamen gesammelt und sie auf deiner Seite des Weges verstreut. Jedes Mal, wenn wir zum Haus meines Herrn liefen, hast du sie gewässert. Ich habe jeden Tag einige dieser wundervollen Blumen pflücken können und damit den Tisch meines Herrn dekoriert. Und all diese Schönheit hast du geschaffen.

Für mich gilt, ich bin halt kein perfekter Krug – zumindest nicht im Rahmen der leistungs- und prestigeorientierten Gesellschaft, die mich umgibt. Glücklicherweise kann ich aber viele Blumen entdecken, die am Rande meines Lebensweges gewachsen sind!

Balance von Wirtschaft & Wohlstand fördern

Ich bin ein Mensch, der immer nach der „inneren Logik" eines Sachverhaltes suchen muss. Ich fühle mich geradezu unwohl, wenn ich diese Logik nicht entdecken kann. Diesem Bedürfnis nachzugeben ist auch eine Form, meinem Selbstwert gerecht zu werden. Denn nichts anderes meint Selbstwert: Dinge wichtig nehmen, die ganz persönlichen Bedürfnissen entsprechen. Deshalb habe ich mich noch mehr mit der inneren Logik der Zusammenhänge von Eigentum, Wohlstand und Vermögen beschäftigt.

Bereits die Währungsreform von 1948 stellte entscheidende Weichen. Wer damals Grund und Boden, Fabriken oder Lagervorräte besaß, hatte Eigentum. Eigentum, welches ihm oder ihr nicht genommen werden konnte. Diejenigen hingegen, die ausschließlich Sparguthaben als Eigentum besaßen, verloren dies nahezu völlig. Die Kriegsinflation löschte Geldvermögen größtenteils aus.

In der Aufbruchsphase nach dem Krieg mussten Arbeitsplätze für viele Millionen Flüchtlinge, Vertriebene, Heimkehrer und Arbeitslose geschaffen werden. Dies stellte Staat und Unternehmertum vor besondere Herausforderungen. Die Wirtschaft musste angekurbelt werden. Arbeitsplätze zu schaffen war das zentrale Interesse. Unternehmen mussten auf- oder ausgebaut werden. Hierfür erhielten sie größtmögliche politische und wirtschaftliche Unterstützung. So waren zum Beispiel

Steuervergünstigungen für Unternehmer eines der politischen Mittel, die in dieser „Stunde Null" angemessen erschienen.

Kurz nach dem Krieg waren die Preise für Sacheigentum sehr hoch. Da ein nachvollziehbarer Warenhunger in der Bevölkerung bestand, wurde, was nötig und möglich war, gekauft. Sparen war out: Zwei Inflationen innerhalb einer Generation hatten das Vertrauen in ein „dickes Sparbuch" schwinden lassen!

Bereits in dieser Zeit des Wirtschaftswunders mit seinem rasanten Wachstum konnten vor allem Vermögende ihren Reichtum vergrößern. Die Bevölkerungsmehrheit der abhängig Beschäftigten hingegen konnte nur ihr Gebrauchsvermögen vermehren. Die relativ kleinen Einkommen der Erwerbstätigen mussten fast vollständig für notwendige Verbrauchsausgaben verwendet werden. Wer dennoch etwas übrig hatte, kaufte vor allem Sachgüter des Haushalts.

Sparen konnte damals kaum jemand. Wenn gespart wurde, dann wohl vor allem, um sich irgendwann ein Auto oder eine Immobilie anschaffen zu können. Solche großen Anschaffungen wurden noch eher selten und nur von wenigen getätigt. Anteile an Produktionsgütern (Aktien) wurden nur von solchen Personen gekauft, die ihr Einkommen bereits aus Gewinnen und Zinserträgen erzielten – also von Unternehmern, Aktionären und anderen Wirtschaftseigentümern. Es erscheint mir durchaus sinnvoll, dass das Wirtschaftswachstum nach dem Zweiten Weltkrieg vor allem mit einem Wachstum am Vermögen des Unternehmertums und des Staates zusammenhängt.

Dennoch entwickelte sich der Wohlstandglaube. Ich vermute, die Menschen der 1960er, 1970er und 1980er Jahre lebten ganz selbstverständlich in diesem Wohlstandsglauben. Dieser wurde begünstigt, da sich die Lebensumstände nicht nur in den Jahren des Wirtschaftswunders kontinuierlich verbesserten. Sie verbesserten sich auch noch danach für immer mehr Menschen.

Diese Entwicklung fokussierte den Blick auf den wachsenden allgemeinen Wohlstand. Wobei dieser ganz selbstverständlich mit dem Begriff „Eigentum" verbunden wurde. Im täglichen Leben ging es den meisten Menschen zwar ausschließlich um das, was mit dem Begriff „Sacheigentum" verbunden ist. Dennoch sagte, wer ein Haus kaufte: „Ich erwerbe Eigentum!" Es wäre wohl niemand auf die Idee gekommen, zu sagen: „Ich erwerbe Sacheigentum!"

Ich glaube, durch die Nutzung des Begriffs Eigentum für Sacheigentum geriet das betriebswirtschaftliche Eigentum zunehmend aus dem Blickfeld. Gleichsam geriet die Besonderheit im Leben derer, die über diese Art des Eigentums verfügten, aus dem Fokus. Die Besonderheit ihres Lebens war und ist ihr wirtschaftliches Eigentum. Dies ist die Basis ihres Vermögens!

Nach außen sichtbar verfügten die Menschen mit betriebswirtschaftlichem Eigentum aber „nur" über Haus, Auto, schöne Kleidung und dergleichen. Dieses Sacheigentum wurde für immer mehr Menschen ebenfalls erschwinglich. So wirkte es, als würden sich die Lebensumstände von Reichen und nicht so Reichen annähern. Offen sichtbar bestand kaum ein Unterschied zwischen Wohlstand mit und Wohlstand ohne Vermögen. Hierdurch geriet der Zusammenhang von Abstammung und Wohlstand aus dem Blick.

Verstärkt wurde dies, da die Rangordnung innerhalb der Gesellschaft, die Schichtzugehörigkeit, seit dem Zweiten Weltkrieg immer mehr als bedeutungslos eingestuft wurde. Als Beweis erschien, dass sich eine offensichtliche Armut der sogenannten Unterschicht durch das deutsche Wirtschaftswunder immer mehr verringerte. Die Lebensbedingungen wurden allgemein immer besser.

Meine Mutter erzählt immer wieder gern, wie segensreich sie es empfand, als sie in eine Wohnung mit Zentralheizung und eigenem Bad einziehen konnte. Wir lebten vorher in einem kleinen Zimmer mit Wohnküche. Die Toilette war eine halbe Etage tiefer. Geheizt wurde mit Holzöfen. Als meine Mutter von dem Bau von Drei-zimmerwohnungen in der Zeitung las, machte sie sich sofort zur Baugesellschaft auf und bewarb sich um eine solche Wohnung. Diese auch zu erhalten empfand sie als unglaubliches Glück. Eine Wohnung mit Zentralhei-zung und eigenem Badezimmer mit Wanne war für sie der Inbegriff von Wohlstand. Sie nahm dafür auch in Kauf, abends putzen gehen zu müssen, um das Haus-haltsgeld aufzubessern. Nur mit dem damaligen Gehalt meines Vaters wäre die Miete nicht zahlbar gewesen.

Ich erinnere mich noch lebhaft, wie spannend ich es fand, wenn meine Mutter mich zur Arbeit mitnahm. Das kam nicht oft vor, aber es war für mich immer aufre-gend und angenehm. Heute ist die Mitnahme von Kin-dern an den Arbeitsplatz oft ein Problem. In den 1970er Jahren war es offensichtlich möglich. Ob dies die Regel war, kann ich natürlich nicht sagen.

Mit Bestimmtheit kann ich jedoch feststellen: Neben den Lebensbedingungen verbesserten sich auch die Ar-beitsbedingungen kontinuierlich. Feste Arbeitsverträge wurden zur Regel. Arbeitszeiten wurden verringert. Die Gewerkschaften erstarkten und setzten Unternehmer erfolgreich unter Druck. So konnten sie Verbesserungen für die Arbeitnehmerinnen und Arbeitnehmer erwirken. Ende der 1970er Jahre wurde gar für eine 35-Stunden-Arbeitswoche gestreikt.

Ich würde die 1960er, 1970er und 1980er Jahre so zusammenfassen: In jener Zeit stellte sich eine gewisse Balance zwischen Wirtschaftsinteressen und den Inte-ressen der Mehrheit der Bevölkerung ein. Wirtschafts-wachstum war ein erklärtes Ziel von Wirtschaft, Politik und Bevölkerung. Alle zogen an einem Strang. Gleichzei-tig war aber auch ein politisches Interesse am Wohlbe-finden der Bevölkerung gegeben. Ich vermute, allen war klar: nur eine zufriedene Arbeiterschaft kann zum Wachstum der Wirtschaft beitragen. Deshalb verbesser-ten sich auch deren Lebens- und Arbeitsbedingungen.

Bereits in den 1980er Jahren wurde in Politik und Gesellschaft darüber diskutiert, ob sich die Wirtschaft nicht allzu sehr in eine kapitalistische Richtung entwickelte. Als erklärtes Ziel wurde eine soziale Marktwirtschaft, keine kapitalistische Marktwirtschaft angestrebt.

Doch bereits in den 1980er Jahren zeigten sich immer mehr Anzeichen von Kapitalismus. Diese Tendenz verschärfte sich. In Deutschland waren in den 1990er Jahren hierfür wohl vor allem der Fall der Berliner Mauer und die Globalisierung verantwortlich. Deutschland entwickelte sich mit fünf Millionen Arbeitslosen in der Bewertung von damaligen Wirtschaftsfachleuten zunehmend zum „kranken Mann Europas". Die Wirtschaft musste wieder angekurbelt werden. Wieder mussten Arbeitsplätze geschaffen werden. Um den Staatshaushalt wieder ins Lot zu bringen, sollten Sozialausgaben verringert werden.

Mit der Agenda 2010 wurden deshalb Einschnitte ins soziale System getätigt, und der Niedriglohnsektor wurde eingeführt. „Im Rückblick konnte wohl nur die SPD eine so tiefgreifende Reform wie die Agenda 2010 umsetzen. Mit einem Kanzler an der Spitze, der selbst aus der Unterschicht kam, dessen Mutter Putzfrau war, der Vater Kirmesarbeiter. Es war seine Partei, die, wie sie selbst fand, alles für das Versprechen des Aufstiegs getan hatte. Die seit den sechziger Jahren versucht hatte, über Bildung und Sozialtransfers gesellschaftliche Unterschiede wettzumachen. Um dann festzustellen: Ihr System funktionierte nicht mehr. Der Aufstieg in Deutschland war trotz Leihbüchereien, Volkshochschulen und Bafög nicht leichter geworden." (https://www.zeit.de/2012/40/Unterschicht-Armut-Hartz-IV/seite-3, Özlem Topcu: Gesellschaft: Arm aber stark, DIE ZEIT Nr. 40, 27.09.2012, S. 3, online).

Die Umsetzung der Agenda 2010 in der Zeit von 2003 bis 2005 führte auch tatsächlich zu einer Erholung der wirtschaftlichen Situation in Deutschland. Die Wirtschaft entwickelte sich wieder positiv. Seither wurde und wird immer wieder folgendes betont: Wachsender Wohlstand ist ausschließlich zu erreichen, wenn auch die Wirtschaft wächst.

Unter Kanzler Schröder wurden sowohl die Erbschaftssteuer als auch die Kapitalertragsteuer gesenkt. Bereits unter Kanzler Kohl war 1997 die Vermögenssteuer gänzlich abgeschafft worden. (Diese wurde in 1996 das letzte Mal erhoben und generierte in jenem Jahr Steuereinnahmen von etwa 9 Milliarden DM).

Ich bin mir sicher, von diesen politischen Regelungen haben vor allem Vermögende profitiert. Ich habe von meinem Vater nichts geerbt. Somit musste ich mich nicht mit einer Erbschaftssteuer herumärgern. Nennenswerte Kapitalerträge, auf die eine entsprechende Steuer erhoben wurde, hatte ich auch nicht, und Vermögenssteuer war bei mir natürlich ebenfalls kein Thema.

Ich kann nicht abschätzen, inwiefern die genannten Vergünstigungen positiv auf die Wirtschaft wirkten. Dennoch nehme ich an, dass sie genau mit diesem Argument eingeführt wurden. Es ist mir an dieser Stelle geradezu ein Bedürfnis an das Grundgesetz zu erinnern. Dort heißt es in Artikel 14, Absatz (2): „Eigentum verpflichtet. Sein Gebrauch soll zugleich dem Wohle der Allgemeinheit dienen."

Unter der rot-grünen Regierungskoalition unter Kanzler Schröder wurde auch der Spitzensteuersatz von 53 Prozent auf 51 Prozent gesenkt. Bis 2005 wurde er vier Mal weiter gesenkt und beträgt nun nur noch 42 Prozent. Der Höchststeuersatz von 45 Prozent greift erst ab einem Jahreseinkommen von 265 327 Euro und gilt dann für jeden weiteren Euro.

Die Steuersenkung erscheint erklärlich. Gilt es doch, eine möglichst optimale Balance zwischen Wirtschaftswachstum und Kaufkraft der Bevölkerung herzustellen. Wird der Steuersatz gesenkt, so haben die Menschen mehr Geld. Dies erhöht ihre Kaufkraft. Für mich stellt sich jedoch die Frage: Muss der Steuersatz wirklich an der Spitze, also bei den Besserverdienenden gekürzt werden? Macht es nicht mehr Sinn, den Steuersatz der niedrigen Einkommen zu kürzen? Sicherlich, parallel zum Spitzensteuersatz wurde der Eingangssteuersatz ebenfalls von 25,9 Prozent auf 15 Prozent herabgesetzt. Doch im Verhältnis bleibt bei höheren Gehältern natürlich nach Steuern wesentlich mehr übrig, als bei niedrigeren Gehältern.

In diesem Zusammenhang kommt die Frage auf: Können die genannten politischen Entscheidungen als Indiz dafür gewertet werden, dass es seit der Globalisierung vornehmlich um wirtschaftliche Interessen geht? Ist die Agenda 2010 ein Indiz dafür, dass die Notwendigkeit einer Balance von Wirtschaftswachstum und Wohl der Bevölkerung in Vergessenheit geraten ist? Ist diese Balance inzwischen gar schon gänzlich verloren gegangen?

Im Kapitel „Zusammenhänge erkennen und ...“ wurde die Entwicklung der Idee vom Wohlstand für alle und vom für alle gleichen Recht hierauf beschrieben. Diese Idee hat sich immer weiterentwickelt und stand in der Zeit des Wirtschaftswunders und danach „in der Blüte ihres Lebens“. Kann es sein, dass diese Idee um die Jahrtausendwende zum Greis geworden ist? Ist diese Idee in den letzten Jahren vielleicht sogar schon verstorben?

Wirtschaftswachstum ist nach wie vor erklärtes Ziel von Wirtschaft, Politik und Bevölkerung. Ich glaube jedoch, dass sich die Beweggründe zur Förderung des Wirtschaftswachstums bei den Beteiligten geändert hat. Die Bevölkerung erhofft sich vom Wirtschaftswachstum noch immer ein Mehr an persönlichem Wohlstand. Unterstützt die Politik Wirtschaftswachstum vornehmlich, weil sie den Wohlstand der Bevölkerung steigern möchte? Oder möchte sie nicht vielmehr die Unternehmen und damit die deutsche Wirtschaft im weltweiten Konkurrenzkampf konkurrenzfähig halten? Ich denke, die Politik unterstützt vor allem die Wirtschaft. Die Interessen der BürgerInnen sind sekundär. Die Wirtschaft dringt geradezu auf Wachstum. Ihr Interesse ist dabei wohl eher nicht, den allgemeinen Wohlstand der Bevölkerung zu erhöhen – sie möchte vor allem ihre Gewinne maximieren.

Diese Veränderungen bei den Beweggründen zur Wirtschaftsförderung hatte Folgewirkungen, die sich auch in meinem Leben bemerkbar machten. So wurden zum Beispiel die Einkommen für freie Dozenten drastisch verringert. Da, wo ich die Veränderungen nicht selbst spüre, sehe ich sie in meinem Umfeld oder erfahre sie durch die Medien. Der Wohlstand der Vermögenden steigt (siehe S. 186). Der Wohlstand der Mittelschicht scheint zusehends zu schwinden und der Lebensstandard der Unterschichten sinkt ebenfalls.

Mir kommt es so vor, als könne der Sozialstaat nicht auffangen, was hierdurch an Problemen in der Gesellschaft erwächst. So entwickeln sich Tafeln, Sozialkaufhäuser und eine Infrastruktur für Arme.

Es gibt eben einen großen Unterschied zwischen Wohlstand mit und Wohlstand ohne Vermögen. Der Wohlstand mit Vermögen erscheint relativ stabil. Er kann sich auf die Sicherheit des (wirtschaftlichen) Eigentums stützen. Der Wohlstand ohne Vermögen scheint mir hingegen eher unstabil. Er ist auf viele Rahmenbedingungen angewiesen, auf die die Menschen kaum oder gar keinen Einfluss haben.

Mein bescheidener Wohlstand war abhängig von einem Arbeitsplatz meines Mannes, von einem potenziellen zweiten Gehalt meinerseits, von Kreditzinsen und immer mal wieder einfach von Glück. Als das Gehalt meines Ehemanns für mich wegfiel, kam mein Wohlstand schon stark ins Wanken. Als ich dann krank wurde, kein Arbeitseinkommen mehr hatte und keine Arbeitsstelle fand, kippte mein bescheidener Wohlstand gänzlich.

Sicher, Deutschland ist noch immer eine Wohlstandsgesellschaft. Doch in dieser Gesellschaft existieren zwei Gruppen von Menschen: Die einen leben in Wohlstand mit Vermögen. Die anderen leben in Wohlstand ohne Vermögen. Der gravierendste Unterschied bei diesen beiden Gruppen ist das Vorhandensein bzw. Fehlen von Vermögen.

Ich habe diesen Unterschied übersehen, weil er nicht (mehr) offensichtlich ist. Jetzt ist mir ganz klar, es gibt nun mal Menschen, die ihren Wohlstand mit Vermögen leben können und welche, die dies nicht können. Dies kann ich nun sehen und beachten. Dies hat meine Lebensbilanz wieder in Balance gebracht.

So kann ich nun mit guten Gefühlen „Schnulzen" im Fernsehen anschauen. In den Filmen geht es meist um reiche Leute mit irgendwelchen Problemlagen. Früher ärgerte ich mich über solche Filme und habe sie deshalb nicht angeschaut. Ich empfand diese Filme immer als fernab jeglicher Realität und deshalb als gänzlich überflüssig.

Heute schaue ich mit Vorliebe solche Filme an. Sie entspannen mich. Sehe ich Krimis, rege ich mich eher auf. Krimis spielen häufig in einem eher realitätsnahen Milieu. Hierdurch erhalten sie eine Nähe zu meiner Lebenswirklichkeit. Ich fange dann an, darüber nachzudenken, ob das, was ich da sehe, in meinem Umfeld oder gar mir passieren könnte. Solche belastenden Gedanken plagen mich bei Schnulzen überhaupt nicht. Ich empfinde eine große Distanz zu der dort dargestellten Lebenswelt.

Immer geht es um schöne Menschen in wunderschönen Landschaften. Die Menschen leben in riesigen Häusern oder Anwesen, fahren Sportwagen, haben Bedienstete und und und. Wenn sich ein Problem in einem anderen Land ergibt, dann buchen sie mal eben einen Flug und reisen hin. Mein Sohn lebte einige Zeit im Ausland. Ich war so froh, dass ihm in dieser Zeit nichts passiert ist. Ich hätte auf keinen Fall mal eben dorthin fliegen können. Weder hätte ich mal eben von meinem Arbeitgeber frei bekommen, noch hätte ich einfach so einen Flug bezahlen können. Die Menschen in den Filmen können das.

Sie leben eben in einer anderen Welt. In der Welt des Wohlstands mit Vermögen, die so gar nichts mit meiner Lebenswelt zu tun hat. Daher wirken diese Schnulzen auf mich wie Darstellungen einer Märchenwelt. Natürlich tritt immer ein gewisses Problem oder eine gewisse Dramatik auf – aber immer ist am Ende des Films alles in bester Ordnung. Dies ist dann der einzige Punkt, an welchem die Lebenswelt der Schnulzen doch etwas mit meiner Lebenswelt zu tun hat. Auch bei mir ist alles gut! Ich bin zwar, so hoffe ich, noch nicht am Ende meines Lebensfilms angelangt, dennoch kann ich sagen: alles gut!

Ich lebe in meiner persönlichen Balance. Ich lebe eine ganz persönliche Balance meiner Wirtschafts- und Wohlstandsinteressen. Zudem nehme ich gegenwärtig Entwicklungen war, die mich zuversichtlich stimmen. Immer mehr Menschen scheinen die Notwendigkeit einer Balance von Wirtschaftsinteressen und Interessen der Mehrheit der (Welt-)Bevölkerung wahrzunehmen. Modelle und Ideen der Machbarkeit dieser Balance werden von immer mehr Menschen entwickelt und diskutiert. Es ist mir ein tiefes Bedürfnis, in diesem Zusammenhang meinen Beitrag zu leisten!

Am Gemeinwohl orientieren

Durch meine Recherchen konnte ich erkennen, wie stark mein Leben von eigenen Wertmaßstäben geprägt war. Ich bin stolz darauf, dass ich die Grenzen meiner Wertmaßstäbe bewahren konnte. Dies bestärkt mich in meinem Selbstwert. Andererseits konnte ich erkennen, wie sehr ich mich zeitweise dem leistungs- und prestigeorientierten Denken angepasst hatte. Glücklicherweise wurde ich hierbei nicht mit moralischen Grenzen konfrontiert.

Dennoch habe ich mich gefragt, ob ich bereit gewesen wäre, unmoralisch zu handeln, um meinen Arbeitsplatz zu erhalten. Ich kann dies nicht mit hundertprozentiger Gewissheit ausschließen. Wenn der Existenzdruck groß genug gewesen wäre, hätte ich meine moralischen Grenzen vielleicht überschritten. Daher habe ich für „Not kennt kein Gebot" durchaus in gewissem Maß Verständnis. Für manches wirtschaftliche Handeln habe ich hingegen überhaupt kein Verständnis!

So frage ich mich beispielsweise, wie Menschen Steuern hinterziehen können? Mit Steuern wird doch das Gemeinwohl finanziert! Steuern sind in meinem Empfinden die praktische Anwendung des Grundgesetz-Artikel 14 (2): „Eigentum verpflichtet. Sein Gebrauch soll zugleich dem Wohle der Allgemeinheit dienen." Ich habe kein wirtschaftliches Eigentum, welches ich auch zum Wohle der Allgemeinheit einsetzen könnte. Was ich jedoch tun kann, ist, meine Steuern zu zahlen. Damit kann ich der Allgemeinheit dienlich sein. Letztlich bin ich damit auch mir dienlich – denn Steuern sichern das Gemeinwohl!

Ich denke, mein Unrechtsbewusstsein hindert mich daran, Steuern zu hinterziehen. Es hindert mich prinzipiell daran, mich bewusst unrechtmäßig zu verhalten. Ich könnte nicht mehr mit Selbstachtung in den Spiegel schauen, wenn ich mich bewusst unrechtmäßig verhielte. Deshalb frage ich mich: Wie kann es sein, dass manche Menschen unmoralisch handeln, um Gewinne zu erzielen? Wie können Unternehmer oder Firmenmanager das Leben von Menschen riskieren, um Gewinne zu maximieren? Wie können Bankenmanager den wirtschaftlichen Kollaps vor Augen haben und dennoch unendliche Risiken eingehen?

Auch dies wollte ich verstehen. Ich wollte mir erklären, wie es sein kann, dass Menschen sogar über moralische Grenzen hinweg handeln. Ich kam zu folgendem Resümee: Bis zur Globalisierung entwickelte sich die deutsche Gesellschaft trotz gelegentlicher Rezessionen oder Flauten (wie der Ölkrise von 1973) über Jahrzehnte im Rahmen kontinuierlichen Wirtschaftswachstums. Die Politik baute in jener Zeit einen Sozialstaat aus, der allen eine gesicherte Existenz ermöglichen sollte. Die Menschen konnten sich über Jahrzehnte an diesen Sozialstaat gewöhnen. Kann es sein, dass sie dadurch auch verwöhnt wurden? Kann es sein, dass hierdurch das persönliche Gemeinschaftsgefühl, die individuelle Gemeinwohlorientierung abhandengekommen ist?

Es sah doch irgendwie so aus, als würde sich die Gesellschaft nahezu uneingeschränkt zur Wohlstandsgesellschaft entwickeln. Vielleicht entwickelte sich bei so manchem der Eindruck oder gar die Gewissheit, Politik und Wirtschaft würden schon alles zum Besten richten. Kann es sein, dass Menschen mit dieser Haltung ihre Verantwortung für ihr Leben und für die Gemeinschaft abgegeben haben? Haben die Menschen verlernt, die Verantwortung für ihr Leben zu übernehmen? Haben die Menschen zudem verlernt, Verantwortung für ein gerechtes, soziales Umfeld zu übernehmen? Führte auch dies zu den derzeitigen Problemlagen?

Mir scheint, die positive Entwicklung zur Wohlstandsgesellschaft fand mit der Globalisierung ihr schleichendes und unbemerktes Ende. Unternehmen wuchsen über nationale Grenzen hinweg. Multinationale Konzerne als Aktiengesellschaften lösten zunehmend nationale (Familien-)Betriebe ab. Verantwortung für die Mitarbeiter wandelte sich in Rechenschaftspflicht gegenüber den Aktionären.

Die Entwicklungen der Industrie hatten in ihren Wirtschaftswunderjahren zunächst immer mehr Arbeitsplätze geschaffen. Nun wurden die notwendigen Steigerungen der Produktivität zunehmend nicht mehr durch mehr Arbeitskräfte, sondern durch automatisierte Herstellungsprozesse erreicht. Es wurden immer weniger Arbeitskräfte benötigt.

Zudem senkten Rationalisierungen in den Verwaltungen und in den Produktionsabläufen die Zahl der Arbeitsplätze. Wo Arbeitsplätze zu teuer wurden, wurde die Produktion in Niedriglohnländer ausgelagert. Eine in Deutschland ansässige Firma war nicht mehr darauf angewiesen, hier zu produzieren. Vielmehr stand die ganze Welt als potenzieller Standort zur Verfügung. Bei der Qual der Wahl wurden vor allem die Kosten zum Argument.

Gewinnmaximierung und Überlebenskampf bestimmten und bestimmen zunehmend das wirtschaftliche Handeln. Doch nicht nur bei der Wirtschaft wurden Überlebenskampf und Gewinnmaximierung zu obersten Maximen. Auch Einzelpersonen lebten nicht frei von diesen Prinzipien.

Ich bin keine Ausnahme. Auch wenn es bei mir nur um kleine Summen ging, so war auch ich zunehmend bestrebt, für möglichst wenig Geld möglichst viel zu bekommen. Zum Einkaufen hatte ich meist nur einen bestimmten Betrag zu Verfügung. Ich habe dann schon geschaut, wo ich das beste Preis-Leistungsverhältnis erhielt. Ich wollte mit meinem Geld den größtmöglichen Kaufgewinn erreichen. Ist das nicht auch eine Form der Gewinnmaximierung?

Ich habe z.B. Kleidung preiswert eingekauft, um optisch modisch mithalten zu können. Die Art und Weise, wie die Kleidung, die ich kaufte, hergestellt wurde, habe ich nicht mehr hinterfragt. Arbeitsbedingungen oder umweltfreundliche Herstellungsaspekte wurden mir egal. Mit Lebensmitteln oder notwendigen Dingen des Alltags ging es mir nicht anders. Im Vordergrund meines Handelns stand das Bestreben, mit meinem Geld möglichst viel kaufen zu können.

Heute ist mir klar: Mit diesem Verhalten habe auch ich die Gewinnorientierung der Wirtschaft in meinem ganz persönlichen Verhalten gespiegelt. Letztlich habe auch ich das wirtschaftliche Gewinnstreben unterstützt, es mitgetragen!

Aufgrund meiner finanziellen Lage befand ich mich zudem in einem – wenigstens subjektiv so empfundenen – Überlebenskampf. Dabei fühlte ich mich immer mehr als Einzelkämpferin. Als mir die Banken einen Kredit für die notwendige Erneuerung meiner Heizungsanlage versagten, habe ich mich entschieden, das Haus zu verkaufen. Nein, ich sah mich dazu geradewegs gezwungen!

Als ich später einem Bekannten erzählte, dass ich nur wegen der kaputten Heizung das Haus verkaufen musste, meinte er: „Warum hast du mir das nicht erzählt. Ich hätte dir doch helfen können!" Nie wäre ich auf die Idee gekommen, meine finanzielle Situation offenzulegen oder gar um Hilfe zu bitten. Ich fühlte mich halt als Einzelkämpferin.

Mein Gemeinschaftssinn war mir verloren gegangen. Irgendwann habe ich auch all meine Mitgliedschaften in Vereinen gekündigt. Ich hatte kein Geld für Beiträge übrig. Da ich meine Zeit fürs Geldverdienen nutzen musste, blieben auch ehrenamtliche Tätigkeiten auf der Strecke, also meine Gemeinwohlorientierung ...

Als ich mein Haus verkaufen musste, war ich gerade erst aus der Klinik entlassen worden und steckte noch tief in meiner eigenen Krise. Deshalb bekam ich von der Bankenkrise, die sich in den Jahren 2007 und 2008 entwickelte und sich zur weltweiten Wirtschaftskrise ausweitete, eher wenig mit. Im Rahmen meiner Recherchen wurde mir jedoch deutlich, dass letztlich auch diese weltwirtschaftlichen Zusammenhänge Einfluss auf mein Leben hatten.

Fiel doch just in dieser Zeit meine Heizung aus und ich bekam, da die Banken bei ihrer Kreditvergabe vorsichtiger wurden, kein Darlehen. Also musste ich mein Haus verkaufen. Wahrscheinlich hätte ich zu einer anderen Zeit ein Darlehen erhalten. Wenn nicht, hätte ich wahrscheinlich mein Haus zu einer anderen Zeit zumindest besser verkauft. Es war einfach ein sehr unglücklicher Zeitpunkt für meine Hauskrise.

Doch weder den Zeitpunkt noch die gegebene Bankenkrise konnte ich auf irgendeine Weise beeinflussen. Dies ist mir sehr deutlich geworden. Auch diese Erkenntnis hat mich enorm entlastet. Die Tatsache, dass ich nach dem Hausverkauf durch den Wohnungskauf wieder auf einem Schuldenberg stand, lag nicht an persönlichem Leichtsinn, es lag an der Bankenkrise! Dieser Zusammenhang hat mich motiviert, mich noch mehr mit der Bankenkrise zu beschäftigen.

Über die Medien erfuhr ich, dass der deutsche Staat Bürgschaften für Banken in Milliardenhöhe übernahm. Soweit ich es nachvollziehen konnte, wurden diese

Bürgschaften notwendig, um einen gänzlichen Kollaps der Wirtschaft zu verhindern. Letztlich dienten die Bürgschaften dem Schutz der Wirtschaft und damit dem Schutz der Bürgerinnen und Bürger. Doch wie konnte es zu dieser Wirtschaftskrise kommen?

Die weltweiten Verbindungen vieler Geldhäuser waren für diese Krise mit verantwortlich. So hatten deutsche Banken in amerikanische Banken investiert. Diese fuhren Verluste ein. Sie hatten Hauskredite zu immer günstigeren Konditionen vergeben. Doch immer mehr Amerikaner konnten ihre Raten nicht mehr bezahlen. Immer mehr Häuser mussten verkauft werden. Der Immobilienmarkt wurde überschwemmt. Die Preise verfielen. Die Banken blieben auf Verlusten sitzen und stürzten ab. Sowohl in Deutschland als auch weltweit drohten weitere Banken wie Dominosteine in einer Reihe zu fallen.

Hinter diesem Sachverhalt verbergen sich nach meiner Einschätzung drei Dimensionen von Verhalten und Handeln, welche ich kritisch hinterfragen möchte: 1. Das Verhalten der Kreditnehmer, 2. das Verhalten der Banken als Kreditgeber und 3. das Verhalten der in den Banken angestellten Menschen.

1. Zum Verhalten der Kreditnehmer:

Tausende mittelständischer Amerikaner haben ihre Existenz auf Darlehen aufgebaut, die nicht wirklich abgesichert waren. Für mich liegt die Vermutung nahe, dass sich in Amerika viele Menschen am Leitbild „Hast du was, bist du was" orientierten und aus diesem Grund nach all den vermeintlich notwendigen modernen Must-Have-Sachgütern strebten. Im Gefühl, unbedingt mit den anderen mithalten zu müssen, war ihnen der äußere Schein sehr wichtig. Sie wollten zeigen, dass sie auf der „bright side of life" standen und zu den finanziell Erfolgreichen gehörten. Dafür haben viele Amerikaner Kredite aufgenommen. Kann ich ihnen dieses Verhalten vorwerfen? Ich selbst war lange in meinem Wohlstandsglauben und meinem Konsumdruck gefangen.

2. Zum Verhalten der Kreditgeber:

Die Kredite der Amerikaner wurden ja von den Banken bewilligt, vielfach trotz kaum oder gar nicht vorhandener Sicherheiten. Ich glaube aber nicht, dass die Banken diese günstigen Kredite aus purer Menschenliebe zur Verfügung gestellt haben. Viel wahrscheinlicher ist pure Profitorientierung. Die Banken wollten aus dem Kreditmarkt das Maximum an Ertrag herausholen.

Ich kann den Wunsch nach Gewinn durchaus nachvollziehen. Muss es aber unbedingt der Wunsch nach möglichst großen Gewinnen, nach Gewinnmaximierung sein? Muss dieser Wunsch nach Gewinnmaximierung zum Zwang werden? Reicht nicht eine „gesunde" Gewinnorientierung? Reicht nicht eine Gewinnorientierung, die auch das Wohl aller im Blick hat?

Als Laie stoße ich bei der Banken- und Börsenwirtschaft oft an die Grenzen meines Verständnisses. Da soll es zum Beispiel Wetten geben. Wetten, die sich darauf beziehen, ob zum Beispiel Lebensmittelpreise fallen oder steigen. Mit solchen Wetten können an der Börse Gewinne gemacht werden. Ist das nicht grotesk? Außerdem gibt es einen Handel mit digitalem Geld (z.B. Bitcoins). Dieses Geld gibt es real gar nicht; dennoch wird damit gehandelt und Menschen machen damit reale Gewinne. Dies erscheint mir unverständlich und kaum nachvollziehbar.

In meinem laienhaften Blick stellt sich mir eine wesentliche Frage: Kann es nicht sein, dass hier etwas gründlich aus dem Ruder gelaufen ist? Wieso gibt es solche Dinge? Hat sich da der „Freie Markt" nicht vielleicht etwas zu frei entwickelt? Ich bin keine Gärtnerin, dennoch hatte ich schon öfter Tomaten in meinem Garten oder auf dem Balkon. Diese Tomaten hatten immer reichlich Ertrag. Sie brachten großen Ertrag, weil ich sie nicht unbändig wachsen ließ. Ich habe das Wachstum kontrolliert. Ich habe überflüssige Triebe, die wachsen wollten, herausgeschnitten.

Soweit ich nachlesen konnte, hat sich der Markt weitestgehend ungeregelt entwickelt. Es gab Stimmen, die

vor den möglichen Folgen einer ungeregelten Finanzwirtschaft warnten. Es gab Stimmen, die vor einem
„Wildwuchs" der Märkte warnten. Wurden diese Stimmen überhört, nicht ernst genug genommen oder gar
bewusst ignoriert? Ich wurde schon das ein oder andere
Mal zur Bank zitiert, weil ich mein Konto überzogen hatte. Immer musste ich glaubhaft darlegen, wie ich dieses
Minus wieder bereinigen wollte. Wie hätte der Bankangestellte wohl geschaut, wenn ich ihm gesagt hätte:
„Freier Markt, wissen Sie? Das wird sich schon irgendwie von selbst regeln!"

Ich kann letztlich nicht beurteilen, ob es bei der Ban-
ken- und Börsenwirtschaft einen Wildwuchs gibt. Dennoch frage ich mich: Macht es nicht Sinn, auch Bank-
und Börsengeschäften klare Regeln und Kontrollen auf-
zuerlegen?

Sicherlich, einiges ist bereits passiert. Dennoch
scheint sich die Situation wieder zuzuspitzen. So erfuhr
ich in der ZDFzoom-Sendung: „Geheimakte Finanzkrise:
Droht der nächste Jahrhundert-Crash? Von Dirk Laabs,
(https://www.zdf.de/dokumentation/zdfzoom/zdfzoom-
geheimakte-finanzkrise-110.html, ausgestrahlt am
17.10.2019) folgendes: Gegen Ende der Sendung sagt
ein Sprecher: „Wieder vergeben Banken zu wenig Kredite
an Unternehmen. Wieder wollen Regierungen ihnen
deshalb gefährliche Kreditverbriefungen erlauben". Eingeblendet wird Peter Simon (stellv. Wirtschafts- und
Währungsausschuss Europäisches Parlament, SPD). Er
sagt: „Verbriefungen per se sind nicht schlecht. Es
kommt darauf an, wie sie ausgestaltet werden." Sprecher: „Alles wie damals, vor der großen Krise in
Deutschland?" Wieder Simon: „Wenn wir Verbriefungen
hier auf dem europäischen Markt wieder salonfähig machen wollen, brauchen wir ganz klare Spielregeln, die
sicherstellen, dass so etwas, wie es in der Vergangenheit
passiert ist, nie wieder passiert. Wo die handelnden Ak-
teure alle nicht mal nur nicht mit Sicht gefahren sind –
die sind bei Nacht im Auto mit 180 ohne Licht über die
Autobahn gefahren und haben dem Navi vertraut, dass

am Ende wohl keine Kurve kommt!" Laut dieser Sendung sieht es schon wieder sehr kritisch aus. Bleibt zu hoffen, dass klare Spielregeln eingeführt werden. Bleibt zu hoffen, dass die Verantwortlichen ihrer Verantwortung gerecht werden. Ist es nicht so, dass von der Finanzwirtschaft in der globalen Welt inzwischen die ganze Welt abhängig ist?

3. Zum Verhalten der in den Banken angestellten Menschen:

Kann das Verhalten der Banken, der Börse oder der Finanzwirtschaft als verwerflich angesehen werden? Können die Börse, die Finanzwirtschaft oder die Banken wirklich verantwortungslos handeln? Ich denke, eine Bank als solche kann nicht handeln. Auch die Börse als solche kann nicht handeln. Ebenso wenig die Märkte.

Zwar wird z.B. gesagt: „Die Börse reagiert nervös." Aber hat die Börse Gefühle? Für mich ist die Finanzwirtschaft ein wirtschaftliches Geflecht. Die Börse ist ein wirtschaftliches Instrument. Eine Bank ist ein Unternehmen. Es besteht aus Gebäuden und Menschen, die im Namen der Bank handeln. Börse, Finanzmarkt oder Banken können nach meiner Einschätzung nicht aus sich heraus handeln. Es sind immer die Menschen, die handeln! Auch wenn es heute oft schwierig ist, den oder die verantwortlich handelnden Personen zu finden, sind es doch immer Menschen, die Entscheidungen treffen und Handlungen vornehmen.

Ich frage mich also: Welches Denken bestimmt das Verhalten dieser Menschen? So könnte ein Finanzmanager argumentieren: „Ich musste so handeln und diese Risiken eingehen, um für meine Bank den maximalen Gewinn herauszuholen. Ich hätte meinen gut bezahlten Job verloren, wenn ich nicht so gehandelt hätte!" Ebenso kann der „kleine" Bankangestellte argumentieren: „Ich musste die risikobehafteten Kreditverträge mit meinen Kunden abschließen. Sonst hätte ich meine Vorgaben nicht erfüllt und meinen Job verloren."

Solche Argumente wirken auf mich, als würde sich das Denken dieser Menschen nur noch am System von Überlebenskampf und Gewinnmaximierung orientieren. Wobei sich dieses Denken durch alle Schichten, vom höchsten Manager bis hin zum „kleinesten" Angestellten, zieht. Ich denke, hierin spiegeln sich Zwänge des globalen und gewinnorientierten Wirtschaftssystems, denen sich die Menschen nur schwer entziehen können.

Frage: Wäre es nicht besser, wenn nicht nur der Markt, sondern auch die darin arbeitenden Menschen klare Regeln und klare Grenzen gesetzt bekommen? Wenn ich mein Konto überziehe, dann bekomme ich auf Dauer ein schlechtes Gewissen. Ich fühle mich schlecht. Warum? Weil ich Bedenken davor habe, zur Rechenschaft gezogen zu werden. Für mich existieren klare Regeln und Gesetze, an die ich mich halten muss. Dies hat auch Auswirkungen auf mein Verhalten.

Dabei wirkt in mir auch ein ganz persönliches moralisches Denken, an dem sich mein Handeln orientiert. Schon vor vielen Jahren hörte ich ein Lied der Gruppe „Prinzen". Darin hieß es: „Du musst ein Schwein sein in dieser Welt". Schon damals dachte ich: „Nein, ich will kein Schwein sein in dieser Welt!"

Ich will daran glauben, dass es noch mehr Menschen mit einem gesunden Maß an ethischen und moralischen Werten gibt. Ich will daran glauben, dass diese zu einem Wandel beitragen können. Ich will daran glauben und daran mitarbeiten, dass der gewinnt, der sozial gerecht, gemeinwohlorientiert und ökologisch denkt, fühlt und handelt. Mich daran wieder zu erinnern, hat mir geholfen, mich selbst zu positionieren. Befreit vom LEG-Wert bin ich mir wieder meiner Werte und Grenzen bewusst und lebe meinen Selbstwert.

Ich übernehme wieder voll und ganz die Verantwortung für mich und mein Leben. Mir ist wieder klar geworden: Ich trage Verantwortung! Für mich, aber auch für die Menschen, die mit mir zu tun haben und für meine Umwelt. Ich bin mir meiner Verantwortung für mich und meine Umwelt wieder bewusst geworden.

Es gibt einen Spruch: „Das interessiert mich so viel, wie wenn in China ein Sack Reis umfällt." Die Welt ist global geworden. Auch mein Verständnis für die Welt hat sich globalisiert. Dieser Sack Reis, der da in China umfällt, kann sehr wohl Einfluss auf mein Leben haben. Vielleicht ist es ein Sack Reis, der (wie auch immer) verseucht ist. Eigentlich soll er entsorgt werden. Doch der Sack fällt um und platzt. Der Reis verteilt sich und wird sorglos in den nächsten Abflusskanal gekehrt. Von dort gerät der Reis über Flüsse ins Meer, einige Reiskörner werden von einem Fisch gefressen, der Fisch wird von einem Fischer gefangen, von einem Fischhändler in Dosen gepackt und nach Deutschland verschifft. In Deutschland angekommen, kaufe ich den Fisch im Supermarkt und werde verseucht. Natürlich ohne dies zu wissen oder zu merken. Irgendwann wundere ich mich, dass ich, obwohl ich mich recht gesund ernähre und auf vieles achte, krebskrank werde. Vielleicht lag es an dem Sack Reis, der mich nicht interessiert hat?

Dies mag überspitzt gedacht sein. Für mich ist es jedoch eine Tatsache: Weltweit verschmutzen die Meere durch Plastik. Dieser findet sich als Mikroplastik in meinem Essen wieder. Weltweit verschmutzen immer mehr Autos und Industrien die Luft. Ich muss diese verschmutzte Luft einatmen. Die Erde erwärmt sich und Umweltkatastrophen erschüttern die Menschen und mich – manchmal direkt und ganz unmittelbar, manchmal nur mittelbar. Dies alles zeigt mir, dass ich mich sehr wohl dafür interessieren sollte, was in der Welt geschieht.

Ich bin zwar nur ein sehr, sehr kleines Rad im weltweiten Getriebe. Dennoch, ich bin ein Rad in diesem Getriebe. Insofern trage auch ich Verantwortung! Das motiviert mich, für die Notwendigkeit einer Balance von Wirtschaftswachstum und Wohl der Bevölkerung und Wohl der Umwelt, in Deutschland und weltweit, einzutreten. Es ist mir ein Bedürfnis, meiner Verantwortung gerecht zu werden. Für mich und die Welt.

Allmählich werden immer mehr Krisen sichtbar: Umweltberichte beschreiben eine Umweltkrise, Wirtschaftszahlen belegen eine Wirtschaftskrise und Armutsberichte sprechen von einer humanitären Krise. Dies wirft Fragen auf: Kann es sein, dass vor allem Gewinnmaximierung zu diesen Krisen führte? Muss, sollte und kann es mit der Konzentration auf Gewinnmaximierung wirklich so weitergehen? Hat persönliches und wirtschaftliches Gewinnstreben nahezu jegliches Unrechtsbewusstsein und persönliche Verantwortungsgefühle verdrängt?

Der britische Ökonom Adam Smith hatte bereits im 18. Jahrhundert den Eigennutz zum handlungsleitenden Prinzip des Menschen erklärt. Beweisen die gegenwärtigen Krisen nicht, wie sehr Menschen ihre Umwelt durch ihre Eigennutzorientierung negativ prägen können?

Global dominieren Profitgier und Gewinnmaximierung die Wirtschaft bzw. die Menschen, die in der Wirtschaft handeln. Immer mehr Menschen, die in diesem Konstrukt nicht aktiv handlungsfähig sind, müssen hierunter unmittelbar oder mittelbar leiden.

Für mich sieht es deshalb so aus, als habe die Eigennutzorientierung den Traum vom unendlichen Wirtschaftswachstum für viele in einen Albtraum verwandelt. Auch für mich. Deshalb halte ich nicht mehr an diesem Traum fest. Die Bankenkrise, die wachsende Armut, die zunehmenden Umweltkatastrophen haben bei mir zu einem Umdenken geführt.

Mit meinem Umdenken stehe ich nicht allein! Es gibt so viele ermutigende Beispiele, wie Veränderungen angeregt und Wirklichkeit werden können: So wurde 2007 von dem neunjährigen Schüler Felix Finkbeiner die Schülerinitiative Plant-for-the-Planet gegründet. Inzwischen sind weltweit über 100.000 Kinder für diese Initiative aktiv und es wurden bereits über 14 Milliarden Bäume gepflanzt, die zum Klimaschutz beitragen. Die Schülerin Greta Thunberg hat mit ihrem freitäglichen Schulstreik fürs Klima eine soziale Bewegung ausgelöst

(Fridays-for-future), die weltweit Beachtung findet und bereits zu Veränderungen führte.

Es gibt auch ermutigende Beispiele, wie Wirtschaft anders gedacht und gemacht werden kann: Von Fair-Trade-Modellen über Car-Sharing und genossenschaftliche Betriebsmodelle bis hin zu alternativen Wirtschaftsmodellen, die völlig ohne Geld funktionieren. Es gibt eine Vielzahl solcher Beispiele, die mich motivieren und in mir ein Gefühl von Zuversicht wachsen lassen.

Mir scheint, die Welt ist im Wandel. Dies ermutigt und motiviert mich. Ich habe die Freiheit, mich zu fragen: Will ich ein kleines Rad im globalen gewinnmaximierenden Wirtschaftsgetriebe sein? Nein! Ich habe die Freiheit, mich zu entscheiden: Ich möchte ein kleines Rad im globalen Wandlungsprozess sein.

Dabei hilft mir ein besonderes Glück: Ich lebe in meinem ganz persönlichen Wohlstand in der mich umgebenden Wohlstandsgesellschaft. Hier habe ich die Chance, tagtäglich etwas für die Umwelt tun zu können. Ich achte darauf, möglichst regionale Produkte zu kaufen, ich verwende keine Plastiktüten mehr und versuche, möglichst wenig Verpackungsmüll zu produzieren. Ich verbrauche möglichst wenig Wasser und Strom und achte so gut es geht auf meinen ökologischen Fußabdruck. Ich unterstütze Menschen und Organisationen, denen Umweltschutz und soziale Gerechtigkeit wichtig sind ...

So leiste ich meinen bescheidenen Beitrag zu einer Neuorientierung der Wirtschaft und der Menschen. Dabei leitet mich der Gedanke der Gemeinwohlorientierung bzw. die Idee des Wohlstands für alle.

Alle Menschen auf der Welt haben das gleiche Recht und sollten die gleiche Chance haben, ein Leben zu führen, in dem sie sich wohlfühlen können. Dieser Wunsch ist mir ein Bedürfnis. Dieses Bedürfnis ist Teil meines Selbstwertes. Indem ich mich hierfür einsetze, lebe ich meinen Selbstwert und bin so (ein bescheidener kleiner) Teil des globalen Wandlungsprozesses.

Das Leben befreit leben und erleben

Bei meinen Recherchen bin ich auf das Gelassenheitsgebet gestoßen. Es ist ein Gebet, welches vermutlich auf den US-amerikanischen Theologen Reinhold Niebuhr zurück geht. In seiner deutschen Fassung lautet es: „Gott, gib mir die Gelassenheit, Dinge hinzunehmen, die ich nicht ändern kann, den Mut, Dinge zu ändern, die ich ändern kann, und die Weisheit, das eine vom anderen zu unterscheiden." Die objektive Betrachtung meiner Lebensumstände hat mir geholfen, mir die erwähnte Weisheit zu erarbeiten.

Dies war mir möglich, da mir eines sehr deutlich wurde: in meinem Leben wirkten unterschiedlichste Umstände, auf die ich häufig keinerlei Einfluss hatte. Manchmal wirkten diese Lebensumstände in meinem Leben günstig, förderlich und führten gar zu Glück. Manchmal wirkten sie aber auch ungünstig, unglücklich, oder es kam sogar noch Pech dazu. Dies zu sehen und anzuerkennen, hat meine Selbst- und Lebensbewertung grundlegend verändert.

Ich konnte mich von den belastenden Fragen: „Was habe ich an finanziellen Erfolgen vorzuweisen?", „Welche Leistungen brachten finanzielle Erträge?", „Was habe ich an Geldwerten erwirtschaftet?" befreien. Von diesen Fragen befreit, konnte ich erkennen, dass mein Selbstwert von Leistung, Erfolg oder Geld gänzlich unabhängig ist. Mein Selbstwert hat ausschließlich mit dem Wert zu tun, den ich mir zuspreche!

Mein Selbstwert äußert sich in dem, was ich bereit bin, für mich zu tun! Ich bin bereit, für mich einzustehen. Ich bin bereit, für meine Werte und Bedürfnisse einzutreten. Weil ich dies auch wirklich mache, führe ich ein erfülltes Leben. Jegliche Entwicklung von Unbehagen und Unzufriedenheit wird nahezu unmöglich. Wenn sich dennoch einmal ein Unzufriedenheitsgefühl meldet, nehme ich es ernst. Die Zeiten, in denen ich meine Unzufriedenheit ignorierte, sind vorbei. Ich bin es mir selbst wert, auf meine Gefühle zu hören, auf sie zu achten und entsprechend zu handeln.

„Glücklich sein ist nicht der Zweck unseres Lebens, sondern das Ergebnis unserer Lebensweise." Dieses Zitat von D. Lostado hat mir deutlich gemacht, dass es in meiner Macht liegt, eine Lebensweise zu leben, die mich glücklich macht. Dies bedeutet:

- Ich nehme mein Leben an, so wie es war und ist – wobei ich geändert habe, was ich ändern konnte und hinter mir gelassen habe, was ich nicht lieben oder ändern konnte. So lebe ich frei von kräftezehrenden inneren Konflikten.
- Ich bin dankbar für das, was ich bin.
- Ich bin dankbar für alles, was ich habe.
- Ich lebe in einer liebevollen Umgebung und erlebe meine Familie und meinen Freundeskreis als Bereicherung.
- Ich mache vor allem, was ich als richtig und wichtig empfinde. So kann ich auch mein Leben als richtig und wichtig empfinden. Alles ist wert- und sinnvoll.
- Ich habe bei allem, was Verzeihen oder Versöhnung nötig gemacht hat, verziehen bzw. habe mich versöhnt. Ich genieße die damit verbundene Gelassenheit.
- Ich vertraue auf mich und mein Leben.
- Ich fühle mich frei!

Ich war lange davon ausgegangen, dass sich Gefühle einfach so einstellen. Deshalb glaubte ich, ich muss Gefühle hinnehmen, auch wenn sie mir das Leben schwer machen. Die Psychologie lehrt, auch Gefühle sind veränderbar. Ich habe gelernt, meine Gefühle wieder intensiver wahrzunehmen und bewusst mit ihnen umzugehen. Ich habe gelernt, mich mit allem nicht nur gedanklich, sondern auch emotional auseinanderzusetzen.

Manchmal komme ich gedanklich zu dem Schluss, dass ich an äußeren Gegebenheiten nichts ändern kann. Doch selbst dann, wenn ich zu diesem Ergebnis komme, kann ich emotional entscheiden: „So, das kannst du jetzt nicht ändern. Deine positive Haltung zu dir und deinem Leben kann aber davon unberührt bleiben. Mach das Beste aus der Situation und fühle dich trotzdem wohl!" Dies gibt mir die Freiheit, mich gut zu fühlen.

Wie positiv sich bewusste Entscheidungen auf das Leben auswirken, verdeutlicht folgende Erfahrung: Ich bin bereits sehr früh ergraut. Das hat mir aber nie etwas ausgemacht, weil ich diesbezüglich schon früh eine Entscheidung getroffen habe. Meine Mutter hatte in meiner Kindheit sehr dichtes dunkles Haar. Sie ist aber früh ergraut. Als ich heranwuchs, hat sie ihr Haar deshalb gefärbt. Ich konnte beobachten, wie ihre Haare hierdurch immer dünner wurden.

Nun habe ich leider eher dünnes und feines Haar. Deshalb habe ich mir als Jugendliche gedacht: Wenn du auch früh ergraust und dir dann die Haare färbst, dann bekommst du wahrscheinlich ein Problem. Wenn du färbst, bekommst du noch dünneres Haar oder gar eine Glatze. Also entschied ich mich: Ich will lieber gelassen mit grauen Haaren als ohne Haare leben!

Meine Haare wurden sehr früh grau. Dennoch konnte ich bei dieser Situation entspannt lächeln: Meine Kinder spielten im Auto „Ich sehe was, was du nicht siehst". Eines meiner Kinder sagte: „Ich sehe was, was du nicht siehst und das ist schwarz und weiß." Ich hatte zwar nie schwarzes Haar, aber ich wusste sofort, dass meine Haare gemeint waren. Ich war damals erst 28 Jahre alt.

Ich bin mir sicher, meine Gelassenheit hinsichtlich des frühen Ergrauens beruhte auf meiner bewussten Entscheidung, lieber grau als haarlos zu leben. Inzwischen bin ich mir sicher, eine solche bewusste Entscheidung zu treffen ist hinsichtlich aller Aspekte des Lebens möglich.

Ich habe mich entschieden, mich nicht mehr ohnmächtig zu fühlen. Deshalb lebe ich frei von jeglichem Ohnmachtsgefühl. Ich habe mich entschieden, mich nicht mehr als Opfer zu fühlen. Deshalb lebe ich frei von jeglicher Opferhaltung. Durch die objektive Betrachtung meiner Lebensumstände kann ich mein Leben von nahezu jeglichem negativen Empfinden bereit wahrnehmen.

Ich weiß, dass ich mich in meinem Leben mehr als bemüht habe. Ich habe immer mein Bestes gegeben! Mit dieser Überzeugung kann ich heute bei der Betrachtung meines Lebens Erfolgs- und Glücksgefühle empfinden. Deshalb kann ich mich hinsichtlich meiner Vergangenheit gut fühlen.

In einem Geschäft entdeckte ich Geschirrhandtücher, die mit Sprüchen bedruckt waren. Sie gehörten zur Reihe: Romantische Geschirrtücher von History & Heraldry. Auf einem Tuch stand: „Ich bin nicht reich und berühmt, aber ich habe unbezahlbare Enkelkinder." (© Hiko Candles) In Abwandlung dieses Spruches kann ich erfüllt und stolz sagen: „Ich bin nicht reich und berühmt, aber ich habe unbezahlbare Kinder". Auf einem weiteren Tuch stand: „Die besten Dinge im Leben sind die Menschen, die wir lieben, die Orte, wohin wir gehören und die Erinnerungen, die wir auf unserem Weg gewonnen haben." (© Hiko Candles) Es fühlt sich einfach gut an, diesen Satz als uneingeschränkt richtig zu empfinden.

Hinsichtlich meiner Gegenwart und Zukunft habe ich mich entschieden, mich gut zu fühlen, egal, was ist oder kommt. Ich weiß, ich habe die Freiheit hierzu. Diese Freiheit will und werde ich nutzen.

Ich bin mir sicher, bei der Umsetzung dieser Entscheidung unterstützt mich meine menschliche Natur. Wenn ich ein Neugeborenes oder ein Baby sehe, dann sehe ich: Jedes Baby ist im natürlichen und damit im positiven Sinne auf sich selbst bezogen – es misst der eigenen Person und dem eigenen Leben den höchsten Stellenwert zu. Es lebt auf vollkommene Art und Weise Selbstliebe und Lebensliebe. Es lebt auf vollkommene Art und Weise einen gesunden Selbstwert. Es vertraut darauf, dass diese Haltung der richtige Weg ist.

Dabei erscheint mir diese Haltung weder egozentrisch noch ausschließlich narzisstisch. Ich denke, ein Baby lebt nach der Devise: Wenn ich zufrieden bin und dies zeige, dann mache ich mit meiner Lebensfreude, meiner Begeisterung und meiner steten Weiterentwicklung auch meine Mitmenschen glücklich. Wenn ich meine Mitmenschen glücklich mache, dann machen auch sie mich glücklich. Hierdurch ist ein natürlicher Kreislauf von ausgewogenem Geben und Nehmen gegeben.

Ein Baby kann noch nicht bewusst handeln. Es handelt, weil es von Natur aus nur so handeln kann. Wenn ich Babys beobachte, dann empfinde ich deren natürliches Handeln als äußerst gesund. Ich bin davon überzeugt, so zu leben ist nicht nur für Babys äußerst gesund. Deshalb habe ich mich dafür entschieden, auch nach dieser Devise zu leben. Ich bin fest davon überzeugt, wenn ich zufrieden bin und dies zeige, dann färbt meine Lebensfreude und meine Begeisterung auch auf meine Mitmenschen ab. Wenn meine Mitmenschen sich zufrieden oder gar glücklich fühlen, dann fördern sie hierdurch auch mein Wohlgefühl.

Seit ich nach dieser Devise lebe, ist mein Leben viel reicher geworden. Denn mit meinem Selbstwert verstärkten sich auch die Gefühle von Zuversicht, Gelassenheit, Selbstvertrauen und Selbstliebe. Mit diesen Gefühlen erscheint die Welt, in der ich lebe, in neuem Licht.

In diesem Licht betrachtet, wachsen Gefühle von Dankbarkeit und Begeisterung bzw. Lebensfreude. Diese Gefühle erfüllen mich mit freudiger Erwartung und lassen mich zuversichtlich in die Zukunft blicken.

Getragen von diesen Gefühlen in meinem Herzen kann ich meine wiederentdeckten Werte gelassen vertreten und leben: Werte von einem friedlichen und harmonischen Miteinander. Werte von ausgewogenem Geben und Nehmen. Werte von Gerechtigkeit und Rechtschaffenheit. Werte von Harmonie und Leben in Lebensfreude. Diese Werte leiten mein Leben.

Bei allem, was ich mir für die Zukunft, nicht nur für mich, sondern auch für die Gesellschaft und die Entwicklungen in der Welt, wünsche, gilt: Alle gewünschten Veränderungen beginnen bei mir selbst! Ich habe bei mir angefangen und ich genieße die Veränderungen in meinem Leben jeden Tag aufs Neue.

Motiviert durch meine Veränderung wünsche ich mir sehr, dass auch andere Menschen ihren Selbstwert wiederentdecken. Mit diesem Wunsch verbinde ich eine große Hoffnung.

Diese Hoffnung bezieht sich auf die Überzeugung, dass sich so manches in der modernen Gesellschaft gerechter, umweltfreundlicher, gesünder und harmonischer gestalten ließe, wenn die Menschen zu ihrem gesunden Selbstwert zurückfinden.

Danksagung

Das Schreiben eines Buches benötigt viel Geduld, Ruhe und Zeit. Da dies so ist, bin ich oftmals zwar körperlich anwesend, aber dennoch für andere Aktivitäten, manchmal auch nur für Fragen oder einfache Anteilnahme, nicht erreichbar. Deshalb möchte ich an dieser Stelle meinen Kindern und meinem Mitbewohner für die Geduld, Ruhe und Zeit danken, die sie mir und meinem Projekt geschenkt haben.

Damit ein Buch entstehen kann, sind aber auch Menschen nötig, die sich mit ihm auseinandersetzen. Deshalb geht ein ganz herzliches Dankeschön an meinen besonderen Freund, Schreiblehrer und Lektor Thomas Frahm. Er hat sich mit viel Einfühlungsvermögen, Fachkenntnis und Hingabe diesem Werk und meiner Person als Autorin gewidmet.

Ein weiteres von ganzem Herzen kommendes Dankeschön gilt meiner sehr guten Freundin Anette. Sie hat an mich als Autorin geglaubt und die Entstehung dieses Buches mit konstruktiver Kritik unterstützt. Um ihren Glauben an mich noch zu untermauern, hat sie mir einen neuen Laptop und passende Programme geschenkt. Mit diesem neuen Arbeitsgerät konnte ich bestens ausgerüstet und mit neuer Motivation dieses Buch angehen. Danke für deine Freundschaft, Anette.

Nicht zuletzt gilt mein Dank meinem Leben, das mir die Augen für die dargestellten Zusammenhänge geöffnet und mich auf den Weg der Veränderung geschickt hat.

Britta Kanacher

Gerolstein, 20. Oktober 2019

Über die Autorin

Britta Kanacher, geboren 1963 in Kaiserslautern, studierte Vergleichende Religionswissenschaft mit den Nebenfächern Soziologie und Erziehungswissenschaft. Sie promovierte zu einem religionssoziologischen Thema.

Sie ist zwei Mal geschieden und Mutter von vier Kindern.

Sie arbeitete einige Zeit als freiberufliche Dozentin. Später war sie halbtags im Servicebüro einer Einrichtung des Betreuten Wohnens tätig.

Im Alter von 45 Jahren veränderte ein Zusammenbruch ihr Leben auf tiefgreifende Weise. In den Jahren danach investierte sie viel Zeit, um diese Erfahrung zu ergründen und die gewonnenen Erkenntnisse in ihr Leben zu integrieren.

Mehrere Buchveröffentlichungen.

Britta Kanacher wurde 2014 für den Indie-Autor-Preis nominiert!

Der Indie-Autor-Preis wurde 2013 von der Autoren- und Self-Publishing-Plattform neobooks initiiert. Seither wird er jährlich vergeben. Indie-Autoren sind unabhängige Autoren. Sie publizieren, ohne sich durch einen Vertrag an einen Verlag zu binden. 2014 wurde Britta Kanacher mit ihrem Titel „Hartz IV und Co. – Wie unsere Gesellschaft Armut provoziert und wie Betroffene ihre Würde bewahren" aus einer Vielzahl von eingesendeten Titeln für den genannten Preis nominiert.

Mehr Informationen unter:

www.britta-kanacher.de

www.facebook.com/brittakanacher.de

E-Mail an die Autorin: info@britta-kanacher.de